# 2013年
# 嘉兴经济社会发展蓝皮书

BLUE BOOK
OF JIAXING ECONOMIC
AND SOCIAL DEVELOPMENT
（2013）

周建新 主编

浙江大学出版社
ZHEJIANG UNIVERSITY PRESS

# 前　言

过去的 2012 年,是充满挑战的一年,也是极不平凡的一年。国际上,欧洲发生的主权信用危机仍在蔓延;中东局势更加复杂多变;世界主要新兴经济体受国际环境影响,衰退迹象进一步显现。经济发展的不平衡、不协调、不可持续的矛盾较为突出;资源、环境对经济发展、生活水平改善的约束越来越明显。在此大背景下,"积极稳健、审慎灵活"成为我国社会经济发展的主基调。浙江省明确了"稳增长、抓转型、控物价、惠民生、促和谐"的总体要求。为此,根据中共嘉兴市委六届九次全会提出的"保持平稳增长、突出转型升级、深化统筹协调、坚持务实为民"的工作要求,嘉兴市在劳动就业、收入分配、社会保障、教育、医疗、住房、环境保护等领域,出台了一系列政策措施,有力地促进了全市社会经济的稳定和发展,也使人民群众得到了实惠。

面对世界经济危机和国内宏观政策紧缩的双重压力,2012 年,嘉兴市组织开展产业升级、基础设施和社会民生等"三大"千亿工程,努力保持经济平稳较快增长;面对城市化发展和待就业人口增加的双重压力,大力落实促进就业再就业各项政策,稳定就业存量,扩大就业增量,努力保持社会和谐稳定;面对民生改革的迫切需求,重点抓好"菜篮子"工程、城乡居民社会保障统筹和扩大完善等工作,一方面保持重要消费品和服务价格基本稳定,另一方面保障居民基本生活需要;面对房价居高不下和人民群众生活中遇到的一系列发展难题,继续落实保障房建设和房地产市场调控政策,逐步完善城市基础设施,努力提升公共服务能力,不断提高城市的宜居程度。

2012 年,全市上下深入贯彻落实科学发展观,牢牢把握"稳中求进、转中求好"工作基调,负重拼搏、开拓进取,积极应对严峻挑战,着力提高工作针对性和有效性,经济社会发展呈现积极变化。各级党委和政府积极为企业解难题、为群众送温暖,实现了社会经济的和谐稳定发展。

2013 年,站在新的历史起点上,我们如何进一步突破体制、资源、要素等的束缚,充分激发群众的创造力,走出一条更具嘉兴特色的创新发展之路,变嘉兴制造为嘉兴创造? 如何进一步突破城乡二元结构的束缚,建立健全全民共建共享社会服务体系和社会保障体系? 如何进一步突破政府主导体制产生的约束,走出一条以社会管理、自主调节、良性发展的社会发展和民生改善之路? 需要通过改革创新的理论和举措求突破、求发展。

着眼于社会的长期稳定发展,我们仍然需要始终扭住经济建设这个中心,努力培育新的经济增长点,增强经济活力,促进经济平稳健康发展;仍然需要坚定转型升级目标,加快城乡统筹发展,加快产业结构调整,提高经济运行质量和竞争力;仍然需要增强发展保障能力,破解资源环境约束,推进文化生态建设,提高经济社会的可持续发展;仍然需要坚持发展惠民追求,加强和创新社会管理,加快社会事业和社会保障发展,保持社会和谐稳定。

本书通过对 2012 年嘉兴经济社会形势的分析,试图总结回顾过去给人们以启迪和激励,更希望通过分析引导人们去思考和研究,与广大读者一起共克时艰,戮力发展。

《2013 年嘉兴经济社会发展蓝皮书》课题组
2013 年 4 月

# 目　录

# 2012 年嘉兴经济社会发展总报告

□ 《2013 年嘉兴经济社会发展蓝皮书》课题组

2012 年,嘉兴深入贯彻科学发展观,牢牢把握"稳中求进、转中求好"的工作总基调,负重拼搏、开拓进取,积极应对严峻挑战,着力提高工作的针对性和有效性,经济社会呈现一系列新的积极变化。在全局形势总体良好的同时,需进一步关注嘉兴经济社会发展中存在的突出矛盾和问题。

## 一、2012 年嘉兴经济社会发展状况

全市生产总值 2884.94 亿元,增长 8.7%;财政总收入 471.92 亿元,其中公共财政预算收入 257.73 亿元,分别增长 13.4% 和 13.8%;城镇居民人均可支配收入 35696 元、农村居民人均纯收入 18636 元,分别增长 13.2% 和 11.5%。除地区生产总值增速和进出口总额增速指标外,全年主要预期目标顺利完成。环境保护与生态建设取得新进展,民生与社会事业进一步改善,城市文明进一步巩固提升。

**(一)经济运行稳中有进:面对国内外市场的双重竞争和环境容量与资源要素的双重约束,经济运行呈"低位开局、逐季回升、稳中有进"的态势。农业生产总体平稳,工业生产逐季回升,服务业发展贡献提高**

2012 年全市生产总值 2884.94 亿元,比上年增长 8.7%,增速比前三季度提升 0.8 个百分点,增幅比上年回落 1.9 个百分点。其中第一产业增加值 150.05 亿元,增长 1.1%;第二产业增加值 1620.82 亿元,增长 8.4%;第三产业增加值 1114.07 亿元,增长 10.2%。与前三季度相比,第一产业增速回落 1.6 个百分点,第二、三产业增速分别提高 0.6 和 1.5 个百分点。各县(市、区)经济均保持稳定增长。三季度以来,全市各地加大"保增促调"工作力度,各项政策

措施效应逐渐显现。与前三季度相比,四季度各地 GDP 增速又有不同程度提升。海盐在秦山核电和县内工业的强劲拉动下,GDP 增速继续在全市领先;平湖在美福石油、嘉兴石化等新增产能的推动下,增速提升明显。海盐、平湖年度经济保持较快增长,而其他县(市、区)均保持平稳增长,经济运行总体呈现稳步向上态势。

农业生产总体平稳。2012 年,全市全年农作物播种面积 510.7 万亩,同比增长 0.1%,其中粮食面积 311.8 万亩,增长 2.4%;全年粮食总产量 138 万吨,增长 1.9%。蔬菜播种面积同比下降 0.8%;果用瓜面积同比下降 8.2%。受养殖成本增加和效益下降影响,生猪生产稳中略降。年末全市生猪存栏量 274.9万头,下降 6.7%;全年生猪出栏量 461.1 万头,下降 4.7%。主要畜产品产量有所下降。全市肉类产量 39.27 万吨,同比下降 3.3%。其中猪肉产量 30.15万吨,同比下降 3.7%;禽肉产量 7.5 万吨,同比基本持平;禽蛋产量 8.4 万吨,同比下降 2.7%。全市农业结构继续调整,农、林、牧、渔、服务业总产值比例由上年的 44.4:0.3:40.6:11.0:3.7 调整为 2012 年的 47.4:0.4:37.4:11.0:3.8;全市农作物播种面积粮经比例由上年的 59.7:40.3 调整为 2012年的 61.1:38.9。

工业生产逐季回升。2012 年,全年工业经济呈现逐季回升态势,特别是进入三季度以来,受新增重点企业的陆续投产运行和产能释放,全市工业生产回升势头有所加快。全市工业增加值 1460.76 亿元,增长 9.1%,增速比一季度、上半年和前三季度分别提高 4.2、2.8 和 1.1 个百分点。工业对经济增长的贡献率为 55%,拉动经济增长 4.8 个百分点。其中规模以上工业增加值 1115.09亿元,同比增长 10.9%,比前三季度(8.2%)提高 2.7 个百分点,比上半年(5.4%)提高 5.5 个百分点,比一季度(3.7%)提高 7.2 个百分点,工业生产呈持续回升良好态势。主要工业行业拉动作用明显。全市 33 个规模以上工业行业中,28 个行业生产保持增长,比上半年增加 6 个行业,比一季度增加 9 个行业。特别是三季度以来,随着美福石油、嘉兴石化相继投产,核电企业、嘉兴电厂不断扩能,对全市工业回升的拉动作用明显。全市规模以上工业中,化工、电力两大行业工业增加值分别为 104.62 亿元和 162.56 亿元,同比分别增长31.9%和 16.1%,对全市工业生产增长的贡献率分别为 25.5%和 19.4%。内资企业生产快于外资企业。全市规模以上内资、外资企业工业增加值分别为745.91 亿元和 369.19 亿元,同比分别增长 11.6%和 9.5%,外资企业比前三季度回落 1 个百分点。大企业生产快于小企业。全市规模以上大、中、小型企业工业增加值分别增长 13.5%、11.2%和 8.9%,分别比前三季度提高 3、4.1 和1.7 个百分点。

服务业发展贡献提高。2012年,全市积极实施"服务业倍增计划",有力地推进了全市服务业发展。全市第三产业增加值1114.07亿元,增长10.2%,增速高于全省平均0.9个百分点,分别较一季度、上半年和前三季度提高3、2.5和1.5个百分点。服务业增加值对GDP增长的贡献率43.1%,比上年提高2.2个百分点,拉动GDP增长3.7个百分点。"服务业倍增计划"重点行业中现代商贸业和旅游休闲业发展较快,分别增长13.8%和14.9%;现代物流业、金融服务业和房地产业稳步增长,分别增长5.9%、5.3%和6.0%。现代港口物流业势头良好,全年嘉兴港货物吞吐量6003.89万吨、集装箱75.11万标箱,同比分别增长14.2%和45.9%。以商务服务业、服务外包和创意产业、科技服务业等为主的其他营利性服务业加快发展,全年增加值150.22亿元,增长10.8%,增速较前三季度提高2.4个百分点。

**(二)社会需求增降并存:影响经济增长的投资、消费和出口三个要素中,投资增幅有所回升,消费品市场平稳增长,外贸出口增幅有所回落**

投资增幅有所回升。2012年,全市固定资产投资1642.3亿元,增长10.4%,增速低于上年2.4个百分点,但比前三季度、上半年、一季度分别提高0.1个、1.8个和9.6个百分点。全市投资总量和增速分别居全省第5位和第11位。其中第一产业投资14.1亿元,增长11.6%;第二产业投资785.9亿元,增长2.3%;第三产业投资842.3亿元,增长19.1%。全市基础设施投资234.56亿元,下降16.5%,降幅比上年增加1.7个百分点。全市工业生产性投资742.1亿元,增长12.8%,比上年提高3.8个百分点,其中制造业投资711.06元,增长14.3%,增速比上年提高3.7个百分点。全市房地产投资415.88亿元,同比增长8.5%,增速低于上年33.8个百分点。全市生产性服务业投资239.59亿元,增长28.4%,增速比上年提高17.1个百分点。分类型看,国有投资400.8亿元,下降2.3%,增速比上年回落6个百分点;非国有投资1241.5亿元,增长15.2%,增速比上年回落1.5个百分点。

消费品市场平稳增长。2012年,全市社会消费品零售总额突破千亿元,达1083.74亿元,增长14.3%;增速比上年回落4.4个百分点;实际增长12.4%,增速比上年回落0.7个百分点。分季度消费品市场呈"U"形增长态势,1—4季度,全市当季零售总额分别增长14.3%、12.9%、14.6%和15.1%。批发和零售业占主导。全市批发零售贸易业、住宿餐饮业分别增长14.2%和14.7%。全市城镇、乡村市场分别增长14.6%和12.2%。吃穿住行类商品销售差异明显。受经济增长放缓、楼市调控、扩大内需政策调整等影响,车类、家电类、金银珠宝类消费降温明显。全市汽车类、石油及其制品、家用电器类商品零售分别增长 11.4%、14.2% 和 —17.3%，增幅同比分别回落 6.5、13.4 和 34.3 个百分点。

外贸出口增幅有所回落。2012 年，受国际市场持续疲软和外贸企业成本高企、效益下降等内外因素叠加影响，全市外贸稳增长压力加大。全年全市进出口总额 287.44 亿美元，同比增长 0.9%，增幅比上年回落 23.9 个百分点；其中出口 190.03 亿美元，同比增长 1.7%，增幅比上年回落 18.4 个百分点。

**（三）经济运行质量逐季回稳：工业效益降幅有所收窄，财政收入逐步趋稳，城乡居民收入稳步增长，居民消费价格涨幅回落**

工业效益降幅有所收窄。2012 年，全市规模以上工业企业主营业务收入 5606.55 亿元，同比增长 3.7%，利税总额 432.14 亿元，下降 4.7%，降幅分别比前三季度、上半年、一季度收窄 5.4、11.3 和 14.4 个百分点；其中利润总额 255.91 亿元，下降 10.8%，降幅分别比前三季度、上半年、一季度收窄 8.5、13.4 和 22.8 个百分点。规模以上工业企业亏损面 19.1%，较前三季度、上半年、一季度收窄 6.5、11.1 和 16 个百分点。

财政收入逐步趋稳。全年全市财政总收入 471.92 亿元，同比增长 13.4%；其中公共财政预算收入 257.73 亿元，同比增长 13.8%。（剔除省对市财政体制调整因素，全市财政总收入 456.45 亿元，同比增长 9.7%，其中公共财政预算收入 251.35 亿元，同比增长 11%。）全市公共财政预算支出 260.7 元，同比增长 8.3%，增幅低于上年 12.6 个百分点。全市财政用于民生支出 190.68 亿元，增长 9%，增幅高出财政支出 0.7 个百分点；民生支出占财政支出的比重由上年同期的 72.7% 提高到 73.1%。

城乡居民收入稳步增长。全年全市城镇居民人均可支配收入 35696 元，同比名义增长 13.2%，扣除价格因素，实际增长 10.8%，其中工资性收入、经营性收入、财产性收入和转移性收入分别占家庭人均总收入比重为 62.9%、12.4%、3.1% 和 21.7%。全市城镇居民人均消费支出 21720 元，同比名义增长 11.2%，实际增长 8.8%。全市农村居民人均纯收入 18636 元，同比名义增长 11.5%，实际增长 9.1%，其中工资性收入、经营性收入、财产性收入和转移性收入分别占家庭人均总收入比重 61.6%、31.5%、3.1% 和 3.8%；全市农村居民人均生活消费现金支出 12326 元，名义增长 15.1%，实际增长 12.6%。全市城乡居民人均收入比由上年的 1.89：1 扩大到 1.92：1。全市农村居民收入水平已连续九年位居全省第一；全市城镇居民人均可支配收入增速居全省之首。

居民消费价格涨幅回落。全年市区居民消费价格总水平上涨 2.2%，涨幅较上年回落 3.3 个百分点。从季度看，1—4 季度价格总水平同比涨幅分别为

4.5%、2.5%、0.9%和0.9%。从月度看,各月CPI基本呈现逐月回落态势,1月份涨幅最高,为5.5%,9、10月份涨幅0.7%,为全年最低。从分类看,食品价格上涨4.9%,涨幅较上年回落6.0个百分点,主要是受粮食和猪肉价格涨幅收窄的影响,粮食价格同比上涨2.3%,较上年回落11.2个百分点;猪肉价格涨幅下降2.1%,较上年回落32.9个百分点。服务项目和工业品价格同比分别上涨1.7%和0.4%,涨幅较上年分别回落3.4和1.5个百分点。

**(四)经济转型发展稳中有进:通过科技创新、优化增量、产业升级、资源集约等多措并举,着力解决发展中的深层次问题,推进经济转型升级**

以科技创新推进转型发展。全市以国家创新型试点城市为契机,继续加强科技创新平台建设,着力推进自主创新,提升科技综合实力和区域创新能力。一是各级政府财政科技支出稳步增长。全市财政用于科技方面支出持续较快增长。全市财政用于科技方面支出10.46亿元,增长10.3%。二是企业科技投入较快增长。全市规模以上工业科技活动费支出增长14.2%;全市列入统计的有科技活动企业R&D经费支出66.35亿元,增长12.5%。三是企业推进自主创新步伐加快。全市规模以上工业新产品产值1853.07亿元,增长12.4%,高出规模以上工业总产值增速4.7个百分点。

以优化增量推进转型发展,投入结构继续调整。全市三次产业投资结构由上年的0.8:51.8:47.4调整到0.9:47.9:51.2,服务业比重提高3.8个百分点。全市服务业固定资产投资增速高出制造业投资增速4.8个百分点,其中生产性服务业投资增长28.4%,高出制造业投资增速14.1个百分点,比重由上年的12.6%提高到14.6%。全市制造业投资比重由上年的42%提高到43.3%,主要行业中的化学原料及化学制品制造业投资94.3亿元,增长36.6%,设备制造业投资80.5亿元,增长26.6%;而纺织业、电气机械及器材制造业分别投资73亿元和60.4亿元,分别下降23.7%和24.8%。民间投资比较活跃。全市限额以上民间投资1005.89亿元,增长17.7%,增幅高出投资增幅7.3个百分点,比重由上年的57%提高到61.2%。全面落实支持浙商创业创新政策,浙商回归到位资金良好。全市引进浙商实际到位资金161亿元,完成市定目标任务的153%。

以产业升级推进转型发展,产业结构继续调整。全市第一、二、三产业结构由上年的5.5:57.6:36.9调整为5.2:56.2:38.6,服务业比重提高1.7个百分点。制造业产出结构继续调整。全市规模以上轻重工业结构由上年同期的48.7:51.3调整为48.8:51.2。新兴产业发展加快。全市规模以上战略性新兴产业增加值372.23亿元,增长18.3%,高出工业增速9.2个百分点;全市规模以上高新技术产业增加值220.89亿元,增长16.9%;装备制造业增加值246.05亿元,增长8.3%。全市高新技术产业和装备制造业增加值占规模以上工业比重分别达19.8%和22.1%。

以资源集约推进转型发展。2012年,全市各地认真落实市委、市政府《关于实施"两退两进"促进经济转型升级的若干意见》和《嘉兴市本级助推"两退两进"财税政策操作细则》等政策措施。全市"两退两进"工作取得新进展。一是"腾笼换鸟"工作有新突破。全市各地化工、印染、电镀园区企业腾退取得新突破。截至12月底,全市共腾退低效用地超万亩。二是"两新工程"有新进展。截至12月底,全市面上累计已有383个集聚点开工建设;全年改造集聚农户2.3万户;全年复垦土地面积1.36万亩。三是节能降耗有新成效。全年全市规模以上工业企业综合能源消费1193.6万吨标准煤(等价),增长2.6%,增速低于上年5个百分点;单位工业增加值能耗下降7.5%,降幅较上年增加1个百分点。八大高耗能行业能源消费927.0万吨标准煤,增长3%。全市各地工业单耗均呈现下降,嘉善县下降12.7%、秀洲区下降9.3%、桐乡市下降7.9%、南湖区下降7.2%、海宁市下降7.1%、海盐县下降7.0%、平湖市下降5.8%。

**(五)社会发展和谐有序:继续强化投入、完善服务、加强监管,居民生活水平逐步提高,生活质量稳步提升**

以保障和改善民生促进社会和谐稳定。深化统筹城乡就业,新增农村劳务合作社82家,帮助1.8万名城镇就业困难人员实现再就业。推动社会保险扩面提标,户籍人口养老保险参保率达到96.8%,城乡居民养老保险基础养老金标准提高到每月100元。完善社会救助机制,全年发放物价补贴775万元,城乡低保月均补助标准分别提高到334元和235元。加强保障性安居工程建设,开工建设各类保障性住房1.2万套,新增廉租住房受益家庭229户。积极发展老龄事业,新建改建居家养老服务照料中心171家,市老年大学新校区和老年活动中心建成使用。全面落实残疾人帮扶政策,在省内率先实现扶残助残爱心城市创建"满堂红"。创新社会管理服务,制定实施政府购买社会服务办法,市社会组织培育发展中心落成启用。开展新居民积分制管理试点。食品安全、生产安全、治安防范获得积极推进。

以区域城乡统筹发展推动现代化网络型田园城市建设。完善市域基础设施,大力实施城市交通通畅工程,新建改建城市道路54.5公里。启动"智能电网"建设试点,500千伏汾湖输变电工程扩建、220千伏安兴输变电工程等一批能源项目顺利投产。部署中心城市有机更新三年行动计划,高起点编制总体规划和重点片区详细规划,子城广场、南湖湖滨等区块改造全面提速。加强市区公交线网和场站建设,调整优化公交线路 35 条,新增公共自行车服务网点 100 个。推进"两新"工程和"美丽乡村"建设,优化"1＋X"镇村布局,建成示范性城乡一体新社区 24 个。深化王江泾、姚庄、崇福 3 个省级小城市培育试点工作,新市镇综合服务功能得到增强。加强区域协作,与沪杭在公交、教育、医疗、通信等公共服务领域的资源共享水平进一步提高。

以协调发展社会事业提升城市文明程度。健全"五城联创"长效机制,顺利通过全国文明城市文明程度指数测评和国家卫生城市复查验收。启动国家公共文化服务示范区创建,城乡一体化公共图书馆服务体系被评为省年度"十佳民生工程"。成功举办"2012 中国·嘉兴端午民俗文化节"。积极推进大运河联合申遗,启动长虹桥、长安闸等一批文化遗产保护修复项目。加快文化产业集聚区建设,国家话剧院长三角区域中心基地落户嘉兴。深入实施学前教育三年行动计划,新增公益性幼儿园 38 所。稳步推进义务教育小班化教学和校车制度等试点,实现省级义务教育均衡发展县(市、区)"满堂红"。深入推进校企合作,加强中等职业教育专业创新基地建设,组建嘉兴技师学院。开展省级规范化社区卫生服务中心创建,基层卫生服务一体化管理率达到 100%。体育事业、人口计生、妇女儿童事业等在服务地方经济社会转型发展中发挥了积极作用。

以狠抓节能减排和环境保护加强生态建设。加强能源消费总量和能耗强度双控管理,实行重点用能企业月度红黄绿"三色"预警制度。抓好行业环境准入和技术改造,实施节能重点技改项目 243 个,否决能评不达标项目 10 个,全面完成水泥粉磨机和印染行业落后产能淘汰任务。部署水环境治理攻坚,成立市治水办,推行落实市、县、镇三级"河长制"。组织开展河道清洁、拆除违章猪舍、封堵排污口等专项行动,关停和拆除猪舍面积 18 万平方米,新增截污管网 321 公里,清淤疏浚河道 1255 公里。强化水质监管,在全市范围设置 88 个监测点,严肃查处了一批涉水违法案件。加强重点区域大气污染治理,开展 PM2.5 监测。实施"四边绿化"行动,加强生态功能区、重点生态带保护建设,新增和改造绿化面积 5 万亩,市区新建生态绿道 253 公里。深入开展生态创建工作,新增国家级生态镇 2 个。初步测算,单位生产总值综合能耗下降 5%,化学需氧量、二氧化硫、氨氮和氮氧化物排放量分别削减 3.2%、3%、2.8%和 3.1%。

## 二、2012 年嘉兴经济社会发展值得关注的现象

2012 年,全市经济运行总体呈现筑底趋稳、逐步回升的良好态势,但受多年来粗放型增长方式的惯性影响,全市经济发展中的结构性、素质性矛盾仍然十分突出,国内外市场需求不足明显,资源要素环境瓶颈约束强化,产业结构升级

任务艰巨,微观企业生产经营压力大等问题亟待关注;全市社会运行总体平稳有序,但由改革发展所累积的外部影响仍然存在,社会结构调整、居民生活水平持续提升任务较为艰巨。

**(一)外需不振、投资增长乏力、消费率偏低,需求结构协调性仍待增强**

外需不振影响经济增长。2012 年,后金融危机时代外部需求不足、贸易壁垒增加和人民币升值波动等多重不利因素对全市外贸出口影响较大,特别是受欧美国家货币政策因素影响,尤其是美国实行 QE3(第三轮量化宽松政策)后,美元贬值的预期已经形成,欧美市场货币增加供给,加快了本币升值节奏,全市外贸出口总额增幅回落。全市规模以上工业出口交货值 1313 亿元,增长 4.1%,增速比上年回落 13.1 个百分点,低于销售产值增速(7.4%)3.4 个百分点。出口占销售产值的比重为 22.4%,比前三季度回落 0.9 个百分点;出口对销售产值增长的贡献率 12.8%,比前三季度回落 9.1 个百分点。全市出口份额较大的服装、化工、建材三大行业分别下降 4.9%、19.6% 和 0.5%。

固定资产投资增长仍显乏力。2012 年,全市固定资产投资与全省各市比较仍有较大差距。全市固定资产投资增长 10.4%,增速低于全省平均 11 个百分点,增速居全省第 11 位。一是基础设施投资和房地产投资这“两大支撑力”明显减弱。全市完成基础设施投资 234.6 亿元,下降 16.5%。其中核电投资 40.8 亿元,下降 34.3%;全市房地产开发投资增长 8.5%,增幅比上年回落 33.8 个百分点。二是国有投资和外资投资这“两资”投入动力不足。全年全市国有投资下降 2.3%;合同利用外资下降 9.6%,实际外资仅增长 3.5%。三是大项目和新项目这“两类”项目投资进度缓慢。受宏观经济不景气和企业盈利水平下降的影响,全市 38 个 10 亿元以上项目投资额 172.8 亿元,下降 19%;16 个 20 亿元以上项目投资额 97.4 亿元,下降 37.5%;594 个亿元以上项目投资额 614.6 亿元,仅增长 14.9%。全市 200 个亿元以上新开工项目投资额 224 亿元,与去年基本持平;13 个 10 亿元以上新开工项目投资同比下降 14.8%。四是固定资产投资效率亟待改善。2003—2011 年,全市固定资产投资占 GDP 比重始终保持在 60%,远远高于 25% 的世界投资率平均水平。而投资的效果系数则呈下降态势,“十五”时期平均为 0.25,“十一五”期间仅为 0.21,也就是说,每增加 1 亿元的 GDP,需要的固定资产投资由“十五”期间平均 4.02 亿元增加到“十一五”期间平均 4.75 亿元。

消费率仍亟待提高。长期消费率偏低会对经济增长带来影响。根据国际经验,消费对 GDP 的贡献率要达到 50% 以上,才能维持长期经济稳定增长。20 世纪 90 年代以来,世界平均消费率水平为 78% 左右,在所统计的 36 个国家中,只有 8 个国家的消费率低于 70%。相比之下,多年来,全市平均不到 40% 的消费率水平不仅与国外有明显差距,就是在国内也低于全国和全省平均水平。可见,消费率偏低已成为制约嘉兴经济快速增长的一个重要因素之一。

### (二)劳动力、资金、土地、电力、环境等资源要素瓶颈约束依然较强

结构性用工紧张和劳动报酬快速提高并存。2012 年 1—12 月,全市规模以上工业人均劳动报酬由同期的 3.54 万元提高到 3.98 万元,增长 12.6%。全市各类企业劳动力仍存在结构性缺口,大多数企业反映普遍缺乏熟练工人和技术工人。

资金有效需求不足与融资成本高并存。全年全市本币新增贷款 380.84 亿元,同比少增 31.92 亿元。12 月末,全市人民币贷款余额 3419.53 元,同比增长 12.5%,增速同比回落 3.7 个百分点。其中全市短期贷款余额同比增长 15.5%,而中长期贷款余额同比仅增长 6.2%,低于短期贷款增幅 9.3 个百分点。贷款需求结构呈现"短多长少"特征,全市金融机构信贷增速回落明显,显示出工业企业对盈利前景判断仍较为谨慎。一些中小企业融资难问题仍较突出,市场融资成本压力继续加大。以工业为例,1—12 月全市规模以上工业财务费用增长 30.3%,增速同比提高 2.2 个百分点,其中利息支出增长 23.2%;应收账款增长 11.2%,高出主营业务收入 7.5 个百分点。

土地空间制约加剧,土地供地难与落地难并存。一方面土地供应量大幅下降,2012 年全市土地出让总面积 2.01 万亩,减少 27%。以市区为例,市区投资强度已经处于全省第 4 位;另一方面,一些新增项目及优质企业扩大生产规模用地仍有缺口,土地资源配置不平衡,优质企业资源保障不足,特别是一些区位好、面积较大的土地成为稀缺资源,项目落地难仍不同程度存在。建设用地供需矛盾越来越突出。

短期电力需求减弱与长期电力供给紧张并存。调查表明,全市微观企业生产经营主要压力从要素制约转向市场制约。微观经济生产经营环境由电力供给紧张转变为需求减弱。全市工业用电量 289.23 亿千瓦时,增长 6.6%,增幅比上年回落 6 个百分点。但从长期看,近年来全市工业重型化趋势加快,2011年重工业首次超过轻工业,因重化工业电力需求弹性较大,从长期看,电力供给紧张状况仍将继续存在。

节能减排与水环境治理任务艰巨。按照省政府下达的"十二五"节能目标任务,目前全市万元 GDP 消耗标准煤 0.75 吨、消耗水 73.5 吨,比全省平均分别高出 0.05 吨和 4 吨。全市水环境形势依然严峻,2012 年全市 67 个市控断面五类水和劣五类水比重仍高达 80.6%。

科技投入的产出有待进一步提升。全市科技经费投入,以及研究与试验发展经费占生产总值的比重分别超过了 4％和 2％,均列全省第 2 位,但科技投入与产出并不同步。全市高新技术产业和装备制造业增加值占工业增加值的比重仅 19.8％和 22.1％,分别低于全省平均水平 4.3 和 10.6 个百分点。

### (三)服务业发展水平偏低,制造业总体处于产业链低端,传统产业"小、低、散"的格局依然突出,产业结构升级任务艰巨

2012 年,嘉兴市服务业发展仍居全省中下游水平。其中以传统生活性服务业为主,现代服务业特别是生产性服务业发展缓慢。从国际经验看,人均 GDP 在达到 5000 美元之前,经济发达国家或地区基本处于工业化时期,"投资主导—工业推动"的组合是经济增长的主要动力。人均 GDP 超过 5000 美元之后,消费快速扩张,服务业迅速崛起。2012 年,嘉兴按常住人口计算的人均 GDP 达到 63580 元,按年平均汇率(人民币对美元 6.3125∶1)折算,为 10072 美元,但嘉兴市服务业占 GDP 比重 38.6％,嘉兴市服务业增加值比重不仅未达到英克尔斯现代化标准(45％以上),也低于世界低收入国家的平均水平(49％),远远落后于西方发达国家 60％～80％的水平。从工业结构看,嘉兴制造业总体上处于产业链的低端,传统产业"小、低、散"的格局依然突出,目前规模以上工业户均总产值与常州、绍兴、南通存在明显差距,而工业结构升级缓慢会阻碍其他产业以致整个经济增长质量的提高。

### (四)工业效益下滑明显,商贸企业经济效益不佳,微观企业生产经营压力大

2012 年,受市场需求约束特别是外需减弱等影响,工商等企业生产经营效益提升压力大。工业效益下滑明显。1—12 月全市规模以上工业企业轻、重工业亏损面分别为 18.6％和 19.8％,比上年分别提高 4.9 和 8.3 个百分点。33 个行业大类中,32 个行业盈利,1 个行业亏损。其中化纤、化学原料、非金属矿物等主要工业行业实现利润同比下降幅度均在 30％以上,分别下降 71.4％、39.4％和 39.7％。全市工业生产者价格指数前三季度价格跌幅持续扩大,四季度跌幅逐渐缩小,并呈触底回升态势,但工业产品价格大幅回落是影响全市企业效益下滑的重要因素之一,全年全市工业生产者出厂价格指数同比下跌 2.86％,购进价格同比下跌 3.4％。商贸企业经济效益不佳。受国际市场需求减少、内销疲软等因素影响,对外贸易企业和以钢材、家电销售为主的内销企业经营形势严峻,经济效益下降。1—11 月,全市限上商贸企业主营业务收入 1182.76 亿元,增长 1.3％;利税总额 23.31 亿元,下降 22.6％,其中利润总额

7.03 亿元,下降 43.3%;亏损面 41.4%。

**(五)社会管理创新有待加强,民生保障、社会安全等还存在薄弱环节,影响社会和谐稳定的因素仍然不少**

一是受经济发展滞缓的影响,财政平衡、居民持续增收的难度加大,公共支出、社会建设和民生保障的可用资源受到制约。二是文化生态软实力与经济社会发展转型的新形势新任务还不相适应,水环境治理、人口总量控制和素质提升等任务艰巨,资源要素和空间环境制约问题仍然突出。三是民生诉求日趋多元,基本公共服务均等化程度还需提高,加强和创新社会管理服务、维护和谐稳定的压力加大。对社会运行和发展的规律把握不足,缺少引导、协调社会发展的有效手段和途径。

## 三、2013 年嘉兴经济社会发展展望和建议

2013 年,嘉兴经济社会发展面临的不确定、不稳定因素异常突出,未来影响经济发展因素不会明显变化,年内经济或仍将延续调整态势,全市经济保持稳步增长仍面临较大压力。

**(一)2013 年嘉兴经济社会发展展望**

1. 从国际看,2013 年,世界经济仍处于金融危机后的调整期,经济复苏依然面临较多困难,我国的出口形势依然严峻

美国、欧元区及新兴市场国家仍处于调整期。美国虽然暂时度过了财政悬崖,但是财政紧缩不利于经济复苏,低就业率也会影响消费增长和经济复苏的可持续性。欧元区仍未摆脱欧债危机的阴影,高失业率、高通胀和人口老龄化使经济增长面临较大的下行压力。日本因灾后重建和刺激消费带来的增长动力趋于消退,加之地缘政治紧张,可能严重影响与周边国家的经贸关系,经济走势有可能将差于 2012 年。新兴市场国家受到美日等国量化宽松政策所引发的新一轮流动性过剩影响,面临着通胀抬头的制约。这既给全球经济复苏蒙上了阴影,又将对我国的出口带来不利影响,我国外部经济环境依然复杂严峻。

2. 从国内看,2013 年,我国经济增长从高速增长转入中速增长的阶段转换特征将更趋明显,以内生活力和动力促进经济持续健康发展和社会和谐稳定成为关键

2012 年,我国经济呈现持续下行态势,进入四季度后初步显现触底企稳的迹象,全年国内生产总值 51.93 万亿元,增长 7.8%。2013 年我国经济增长从

高速增长转入中速增长的阶段转换特征将更趋明显,经济运行处于寻求新平衡的过程中,发展中面临的不平衡、不协调、不可持续问题将可能更为突出。针对这些矛盾和问题,中央提出 2013 年经济工作的主基调依然是"稳中求进",继续实施积极的财政政策和稳健的货币政策,保持国家宏观政策的连续性和稳定性;同时突出强调要把提高发展的质量和效益作为中心,着力增强经济发展的内生活力和动力,促进经济持续健康发展和社会和谐稳定。

3. 从嘉兴看,国内外市场的双重竞争和环境容量和资源要素的双重制约影响经济社会发展。同时,也为进一步调整结构、产业升级、加快改革和促进社会和谐提供了强有力的倒逼机制

2012 年嘉兴经济增速放缓,既有短期因素影响,也有长期原因。国内外市场的双重竞争和环境容量和资源要素的双重制约影响全市经济发展。当前嘉兴发展面临的困难,既有外部环境作用的影响,但更是经济发展转型期矛盾和压力的集中反映。长期看,由于劳动力、土地、资源、环境等要素约束的加剧,以低成本、高消耗的传统粗放型增长模式遇到了很大的制约,经济继续保持快速增长难度较大。后金融危机时代进一步凸显了实现从要素、投资驱动向创新驱动转变,推进企业兼并重组、优胜劣汰、技术进步的迫切性,并为当前如何进一步扩大内需、调整结构、产业升级和加快改革提供了强有力的倒逼机制。同时,社会潜在需求的存在以及社会总体稳定,也为经济社会转型发展提供了有利条件。

### (二)2013 年嘉兴经济社会发展建议

2013 年是全面贯彻落实十八大精神的开局之年,是实施"十二五"规划承前启后的关键一年,需要继续贯彻落实科学发展观,以提高经济增长质量和效益为中心,不断深化改革开放,进一步强化创新驱动,大力实施转型升级提速、民生福祉增进、发展环境优化"三大行动",着力在"稳增长、促转型、强平台、重统筹、惠民生、优服务"上抓落实、见成效,为加快打造"三城一市"、全面建设"两富"现代化嘉兴奠定更加坚实的基础。

1. 加快推进新型城市化,以城市化潜力带动基础设施投入与建设

2012 年嘉兴按常住人口计算的 GDP 达到 10072 美元,2012 年全市城市化水平为 53.3%,低于全省平均 9 个百分点。全市城市化发展滞后于工业化进程,也落后于全省水平。因此,要加快建设"1640"现代化网络型大城市,强化五县(市)城和滨海新城六个副中心对接和融合。要加快推进城市有机更新步伐,充分发挥市区中心城市的集聚优势。要稳步推进"两新"工程,推进现代新市镇建设,加快形成现代化网络型田园城市。

**2.大力开展招商引资,以"三资"齐抓促进大项目好项目增量提质**

树立全面协调可持续的科学招商观,坚持引进外资与引进民资和国资有机结合,引进龙头企业与完善产业配套和推进产业集群有机结合,进一步完善和落实浙商回归创业创新政策措施,进一步加大招大引强选优工作力度,每年在大项目引进和投资总量上,要力争实现"3 个 2",即争取 20 个世界 500 强或国际领先企业及 1 亿美元以上项目落户嘉兴,争取浙商回归和央企投资 200 亿元;全社会固定资产投资冲刺 2000 亿元。

**3.推动民营经济二次腾飞,以开发区二次创业来壮大实体经济**

进一步优化民营经济发展政策,完善政策扶持机制,推进金融创新建设,以开发区二次创业为契机,构建民企发展平台。抓住集聚区建设的机遇,按照"差异竞争、错位发展"的思路,重点培育十大产业集群,努力形成以高附加值传统优势产业、有规模特色的战略性新兴产业、生产性高技术服务业、制造与服务融合型产业为主体的产业体系。

**4.加快海洋经济发展,以海陆联运构筑经济发展新引擎**

全面实施海洋经济发展战略和滨海开发带动战略,大力推进"三位一体"港航物流体系建设,努力构筑嘉兴重要的经济增长极。以港口为依托,抓住机遇外引内联,建设以石化、电力、建材、造纸和汽车零部件为主的长三角临港先进制造业基地。加快内河航道网络建设和等级提升,努力使海河联运独特优势转化为经济优势。

**5.加快"两退两进"步伐,以向内挖潜来缓解资源要素制约**

扎实推进"退低进高"、"退二进三"工作,大力发展战略性新兴产业和高新技术产业。完善建设用地考核评价体系,强化"亩产论英雄"理念。加快关停淘汰和转移转产进程,盘活低效存量资产。切实做到"好中选优、大中选重",不断提高投资质量。

**6.加快"三社互动"建设,以构筑中间层来协调社会发展**

深化"三社"建设与互动发展,积极推进社区减负、社团孵化等,着力在拓展社区服务功能、培育发展社会组织、激励培养社工人才等方面取得新突破。尤其是要以社会中间层的发展壮大为核心,强化"三社互动"在协调、沟通、引导社会中的作用,将民生保障、社会服务、社会安全等逐步引入"党委领导、政府负责、社会协同、公众参与、法治保障"的框架中。

### 7. 加强环境综合整治，以形成合力来推进生态建设

以水治理为核心，下最大决心、用最实的举措、以最强的保障，深入推进环境整治攻坚战。坚持岸上与岸下齐抓、治标与治本同步，实施"三清两绿"、"139"行动计划以及区域联动。将环境整治的责任落实到人和项目。联动推进生产生活、工业农业、城市农村节能减排，分类推进集中和就近污水处理等设施建设。加强生态修复、监测预警等技术攻关，加快环保科技成果运用。坚持铁腕治污不放松，依法从严从快查处各类水环境违法违规行为。

经济篇

# 嘉兴实施"两退两进"促进经济转型升级研究[①]

□　郑国政

以科学发展为主题,加快转变经济发展方式,不断提升竞争优势是区域发展的主线。2011年以来,嘉兴市委、市政府作出了"退低进高、退二进三"("两退两进")促进经济转型升级的战略决策,以期通过区域经济转型升级的路径创新,加快转变经济发展方式,推进"三城一市"[②]和"两富"[③]现代化建设。

## 一、"两退两进":深刻的发展背景与现实制约的必然选择

"两退两进"是指将制造业中资源占用多、能源消耗高、环境污染重、已不适合在当地继续发展的相对低端低效的产业、企业或某些生产环节,从原所占有的空间中腾退出来,继而引进相对高端高效的先进制造业和现代服务业、优质企业或某些先进生产环节的行为与过程。[④]

### (一)实施"两退两进",有利于从根本上解决嘉兴经济领域中长期形成和累积的结构性、素质性矛盾与问题,加快产业转型升级,提升发展水平

当前嘉兴经济增长方式仍属于粗放型,产业层次整体水平不高,资源要素制约加剧,环境保护问题突出,特别是对土地的粗放利用,投资强度和亩均产出水平较低,经济增长和社会发展的压力日益增大。资源要素制约倒逼之下,必须转变观念、转向思维、转型发展。通过"两退两进"腾出更多的要素空间,可更

---

① 本文引用了嘉兴市第44期县处班"关于嘉兴工业经济'退低进高'推进工作的若干思考"课题部分观点。

② "三城一市"建设:嘉兴要建设成为"创业创新城、人文生态城、和谐幸福城,加快建设现代化网络型田园城市"。这是嘉兴城市发展的目标定位。

③ "两富"现代化:物质富裕、精神富有的现代化。

④ 摘自《嘉兴市实施"两退两进"促进经济转型升级若干意见》。

好地推动产业结构优化升级,增强经济可持续发展能力。

**(二)实施"两退两进",有利于腾出土地、能源和环境容量,重点发展先进制造业和现代服务业,提升发展保障水平**

嘉兴经济后续发展的资源要素已越来越少,特别是土地供给、环境容量等都已接近极限。"十二五"时期全市年平均工业用地指标不足 1 万亩,如果按亩均产出 200 万元测算,每年新增产值不到 200 亿元,而"十二五"规划确定嘉兴工业产值年均新增至少要在 1000 亿元以上。这就意味着,极其稀缺的新增工业用地指标,必然只能优先保障用地少、用能少、附加值高的战略性新兴产业项目。嘉兴的城市化水平和城市品质已不适应嘉兴的综合发展要求,只有通过有效实施"退二进三",才能加快发展现代服务业,提升城市品位与能级。

**(三)实施"两退两进",有利于改善生态环境,优化城市布局,增强城市综合服务功能,提高城市宜居水平**

"两退两进"将为城市有机更新提供新的契机与新的空间。2012 年,嘉兴明确提出了"两退两进"的五年目标,到 2015 年末,全市共腾退低效工业用地 3 万亩、力争 4 万亩,也就是每年平均 8000 亩。同时,进一步明确了城市有机更新三年行动计划与十年规划。两大行动的有效整合,将进一步促进资源要素优化配置,改善生态环境,优化城市布局,增强城市综合服务功能,提高宜居水平。

## 二、嘉兴实施"两退两进"的绩效分析

2012 年,嘉兴各地按照全市总体部署和要求,进一步统一思想、提高认识,研究制定政策措施,分解落实目标任务,稳步推进"两退两进"工作。通过强化工作机制,倒逼关停一批;锁定落后产能,强制淘汰一批;开展区域合作,有序转移一批;强化集约用地,技术改造一批;盘活低效存量,兼并重组一批。"两退两进"工作总体情况较好。其中,最重要的腾退低效用地目标完成情况良好。相关数据显示,2012 年全市共腾退低效用地 10151.8 亩,完成年度计划的126.9%。全市九大行政主体完成情况良好。按完成年度计划任务排序如下:海宁市、海盐县、平湖市、桐乡市、南湖区、嘉善县、秀洲区、经济开发区(嘉兴国际商务区)、嘉兴港区。实施"两退两进"对区域经济转型发展的影响主要表现在以下几个方面。

**(一)促进制造业产业层次的不断提升**

2012 年,嘉兴工业项目"退低进高"加快推进。18 个"两退两进"典型案例

分析显示,17个项目是典型的工业项目退低进高类型,只有一个项目是工业项目退低进高兼工业旅游及休闲农庄的二、三产协同发展复合类型。案例一:嘉善 YH 公司单晶炉转移项目。根据 YH 公司 2010 年数据测算,单晶产品产值21.25 亿元,占总产值的 34%,电力消耗 2.61 亿 kWh,却占到电力消耗总量的60%,呈倒挂现象。公司决定,将公司一厂区的 186 台单晶炉移向内蒙古生产,实施战略转移后,公司腾出 2000 平方米厂房引进浙江瑞钻新材料科技有限公司的金刚线项目,总投资 5000 万元,专门从事新材料研发及切割线生产。该项目落成后,能腾出 1.2 亿度用电空间,年产值可达 6 亿元,产值能耗为 26.4元/kWh,利税在 1.5 亿元左右。案例二:平湖低效空闲土地收回项目。YNH公司位于平湖经济开发区,于 2010 年征地 132.09 亩,注册资本 2050 万美元,总投资额 3380 万美元,主要生产电动车轮胎、自行车轮胎、ATV、轻卡、轮椅车胎、摩托车胎等各种车胎。该项目征地后,建设了部分厂房,部分土地尚未开发利用。2012 年,平湖经济开发区与企业协议收回 70 亩。目前,该地块已与日本某制钢株式会社洽谈,计划引进生产钢压延产品项目,项目落户后,预计总投资1.5 亿~2 亿美元,注册资本 7000 万美元。嘉善 YH 公司项目与平湖低效空闲土地收回项目,分别通过产业异地转移及空闲土地回收,实现了工业项目"退低进高"。

### (二)促进第三产业平稳有序发展

2012 年,"退二进三"工作平稳展开。部分"两退两进"项目正从工业经济转向服务经济,以及工业经济与服务经济混合发展的类型。出现了富有地方特色的产业项目,促进了第二产业与第三产业的融合发展。案例:嘉善 SML 巧克力项目——从耐火材料厂到 SML 巧克力工业旅游项目。大云耐火材料厂总占地面积 83 亩,原属集体企业,成立于 1978 年,注册资本 43.7 万元,主要生产耐火砖,但该厂长期处于停产、半停产状态,产出贡献基本没有。大云镇对该厂实施了退低进高,在原有地块上引进了 SML 食品有限公司工业旅游项目。SML 项目总投资 5 亿元,注册资本 8000 万元,新建总建筑面积 38620 平方米的生产车间、仓库和办公等配套用房和工业旅游设施,引进国际先进的巧克力生产设备和成形流水线 38 台套,形成年产 2 万吨纯可可脂巧克力的生产能力,可实现销售收入 18.3 亿元。该项目与该镇生态温泉旅游紧密融合,除产品生产的二产元素之外,还包括了参观展示、互动娱乐等三产元素,形成工业旅游项目。"SML 巧克力大世界"文化旅游项目将分为四个部分:一是巧克力工厂及巧克力展示体验馆,游客可以自己动手制作个性化巧克力,体验巧克力制作的乐趣;二是 SML 体验乐园,建设半开放式的儿童乐园;三是 SML 生态庄园,其中有可可豆种植园、SML 菜园果园、"甜蜜之旅"婚庆基地;四是 SML 休闲会所。项目预计于 2014 年竣工。

### (三)促进城市有机更新的加快实现

2012 年,"退二进三"有力地促进了嘉兴城市有机更新。"两退两进"与城市化发展的有机融合,是加快转型发展与推进"三城一市"建设的重要目标。城市周边大量低效用地的腾退和实施资源要素优化配置,能较好实现六个方面的发展预期:一是拉动经济增长;二是推动产业升级;三是提高资源利用效率;四是改善生态环境;五是提升城市品位;六是维护百姓安居乐业。案例:嘉兴经济技术开发区推进城市功能有机更新。嘉兴经济技术开发区所辖的嘉兴市城区三条主入口道路城南路、城北路和城东路,由于历史原因,道路两侧布满了"低、小、微"工业企业。这些企业占据着优越的地理位置和土地资源,但企业产出少,产业层次低,城市形象差。为了适应现代化城市建设发展的需要,逐步调整优化开发区产业结构和空间布局,改善三大路口的城市面貌和居民生活环境,提高城市品位,提升综合竞争力,推动开发区现代服务业发展。从 2010 年上半年起,开发区开始制定方案,对城南路、城北路和城东路实施"退二进三"。从实践看,开发区主要道路"二次开发"工作取得较好效果。三条主要道路沿线共计拆迁企业 36 家,腾出存量土地 559 亩,新引进了 14 个三产项目在主要道路沿线落户,汽车特色街区等一批新的特色产业逐渐崛起。2012 年,开发区加大"二次开发"工作力度,截至 2012 年 8 月底,累计完成签约拆迁建筑面积 15.5 万平方米,盘活存量土地 356.57 亩,新引进并完成注册项目 9 个,完成固定资产投资 4.2 亿元。

### (四)为区域生态环境改善创造了条件

2012 年,"两退两进"为区域生态环境改善创造了条件。以整体性思维推进"两退两进",将有力地改善区域生态环境,提高嘉兴的宜居水平。案例一:嘉兴经济技术开发区浙江 LS 公司整体搬迁项目。浙江 LS 有限公司位于开发区,总用地面积 138 亩,是 2004 年 12 月成立的中外合资企业,主要生产销售漆包线、电线电缆产品及生产电线电缆用设备等。2011 年企业完成产值 1.5 亿元,实现利润 98 万元,纳税 115 万元。由于生产漆包线对环境影响较大,LS 公司周边居民的环保诉求强烈。管委会通过反复洽谈协商、不断完善搬迁补偿方案,加快了企业整体搬迁的推进工作。2012 年 3 月,经济开发区与 LS 公司签订了企业整体搬迁协议,地块内 1 万平方米的建筑物已完成了现场移交,企业搬迁工作有序推进。案例二:海宁新围制革厂关停淘汰项目。海宁长安镇 2012 年初淘汰关停了海宁新围制革厂年产 5 万标张的制革生产线一条，腾出土地 30 亩引进海宁 J 公司。该公司离子染色复配、分装技改项目总投资 1.35 亿元，主要产品为阳离子染料，项目建成后预计年产阳离子染料 8500 吨，实现销售收入 18000 万元，利税 6800 万元。项目投产后，该地块的亩产效益将大幅度提高，污染物实现零排放。

## 三、嘉兴实施"两退两进"的几点启示

### (一)"两退两进"是基于城市化与创新驱动转型发展的实践探索

嘉兴正经历着城市化的快速发展期与产业高级化的重要转型期。亟待解决几个重大问题：一是"三城一市"的城市发展目标定位如何与城市现代化、产业高级化有机结合？其实现的路径与实施抓手是什么？二是实现"三大培增"[①]计划所急需的要素资源如何供给？三是应对国内外竞争环境的变化，如何尽快提升产业组织化水平，做大做强企业？四是如何更好地回应民众的环境利益诉求？从现实看，嘉兴正经历着从基于规模和发展空间快速扩张基础上的经济增长向以城市化与创新驱动实现科学发展的转型期。第一，嘉兴已进入了城市化带动工业化并逐步实现现代化的重要阶段，推进城市化的过程将是嘉兴新时期经济增长最重要的动力源；第二，不断强化的土地生态环境等资源约束，使得以外延式增长为特征的要素驱动或投资驱动的基础不复存在；第三，国内外竞争环境的变化，导致传统比较优势不断弱化，许多建立在成本竞争基础上的劳动密集或低附加值产业发展空间不断缩小，嘉兴制造的传统优势正在迅速弱化；第四，民众对环境保护的要求与呼声日益强烈。因此，只有通过制度创新，才能使土地、资本、劳动力等要素在相应的制度框架内发挥出最大功能。[②]"两退两进"是基于"五个结合"加快转型发展的创新探索。即：通过市场调节与政府推动相结合、要素倒逼与加强监管相结合、淘汰落后与转型提升相结合、规划先行与有序推进相结合、政策扶持与利益共赢相结合加快转型发展。这不仅可以突破要素资源的瓶颈制约，而且还可促进产业竞争力的提升，将有力地促进"三城一市"和"两富"现代化建设。制度创新是促进发展模式转型的核心。

---

① "三大培增"：服务业增加值、战略性新兴产业产值、大企业数倍增。

② 新制度经济学认为，经济增长的关键在于制度因素。土地、资本、劳动力等要素只有在相应的制度框架内，才能发挥出最大功能。城市化作为伴随社会经济增长和经济结构变迁而产生的社会现象，同样与制度安排及制度变迁密切相关。如果缺乏有效率的制度或是提供不利于生产要素聚集的制度安排，就会阻碍要素的流动、产业结构的升级、规模效应和聚集效应的有效发挥，就会妨碍城市吸引和扩散效应的实现，从而阻碍城市化进程的正常进行。

### (二)"两退两进"必须基于市场调节与政府推动的双重结合

后发国家现代化过程的基本经验是市场调节与政府推动相结合,这在"东亚模式"中尤为典型。中国改革开放 30 年发展经验也是如此。嘉兴推进"两退两进"工作的第一原则是"市场调节与政府推动相结合",这正是基于市场配置资源不断完善及发展方式路径依赖双重考量的正确选择。产业升级更多需要企业基于市场信号作出选择。坚持以企业为"两退两进"的实施主体,充分发挥市场配置资源的基础性作用,这是"两退两进"的基础。加快城市发展、推进环境保护、增进民生福祉,更多需要政府着力推动。因此,"两退两进"需要政府强化政策约束和激励机制,推动低端低效产能的淘汰和腾退;需要政府制定明确的产业导向,引导产业升级;需要政府规划先行和有序推进,实现城市功能的有机更新。

### (三)"两退两进"必须基于城市现代化与产业高级化的双重整合

实现现代化的过程,是一个地区城市化与产业结构升级的互动过程。城市化将促进第一产业结构优化、第二产业结构提升、第三产业健康发展;产业结构高级化将进一步促进城市现代化。开发区及工业园区的提升,将成为城市的有机组成部分。"两退两进"是促进城市现代化与产业高级化双重整合的重要手段和必然选择。实施"两退两进",通过关停淘汰、转移转产、倒逼提升、兼并重组、鼓励"进三"①等方式促进转型发展,隐含着两层意义:在区域发展层面,为各县(市、区)、乡镇、工业园区等各个区域提供因地制宜地推进城市现代化与产业高级化的多种选择手段;也隐含着需要进一步探索的各个重要领域。包括:探索建设"异地园区"②,实现产业梯度转移,工业园区"二次创业"③,促进企业兼并重组,城市有机更新路径等多个方面。在企业层面,为企业决策提供了更多选项。一是鼓励企业"进三"促进城市有机更新;二是鼓励企业按照产业发展规律实施产业梯度转移;三是鼓励企业提升产业层次及资本有机构成(机器换人);四是鼓励企业兼并重组做大做强;五是明确需要关停淘汰的八类小型企业④。实现城市现代化与产业高级化的双重整合,需要我们以更加主动与积极的姿态去谋划与推进。

---

① 鼓励"进三":指鼓励企业退出低端制造业,发展第三产业。

② 异地园区:指两个独立行政经济体通过跨空间的经济合作,由项目承接地提供建设和发展用地,实现两地资源互补、协调发展的一种区域经济合作模式。

③ 工业园区"二次创业":指工业园区在经历了一次创业并已具备较强实力的基础上,为了实现更高的目标,对园区进行根本性的改造,并使园区在新的更高阶段和平台上重新开始发展。

④ 八类小型企业:冶炼、造纸、印染、水泥、制革、化工、化纤、电镀。

### (四)"两退两进"必须基于激励机制与倒逼机制的灵活运用

"两退两进"须因地制宜组合运用各种手段。法律、经济与行政手段的组合灵活运用是"两退两进"成功的关键。嘉兴实践处于探索的起步阶段,更多地表现为通过行政推动实施"两退两进"。从倒逼机制看,通过严格依法处置闲置土地,全面推行差别电价水价政策,强化用能"双控"管理①与探索建立市域内企业或项目用能交易制度,加强污染物排放总量控制与全面开展排污权有偿使用和交易工作,加强行政执法与监管,严格新增投资项目评审准入制度,建立健全项目复核验收制度等七项制度,将有力地约束倒逼各个主体作出调整与选择。从激励机制看,通过鼓励提升低效工业用地利用水平,鼓励企业就地发展服务业,建立鼓励企业退地机制,鼓励企业搬迁改造,加强税收支持和财政奖励,加强金融支持,加强对实施主体用地指标的支持等七项措施,将更多激励企业及开发区(工业园区)实施战略与战术调整。基于经济增长、城市发展、环境保护、民生就业、社会稳定的多重考量,从长远趋势看,表现为四个可能的趋势:一是经济、行政、法律手段作为组合工具更为灵活地运用;二是实践中需依个案决定手段的类型及组合;三是推进初期会更多使用行政手段;四是转型发展新阶段将更多使用经济手段。

### (五)"两退两进"必须建构富有远见与执行力的组织体系

"两退两进"需要不断探索和积累经验,需要各方面共同提高执行力,需要制定完善的评判标准和政策措施加以推进,需要与引导企业转型升级的长期任务一起综合考量,更需要随着经济社会的发展调整战略与策略。从嘉兴实践看,通过四个关联的保障机制,有效地实现了年度目标。一是加强组织领导。建立了主要领导牵头的分层分级领导、执行与督查机构,合力推进"两退两进"工作。二是健全工作机制。在普遍成立领导小组及办公室的基础上,通过建立责任人制度、月度报表制度、情况通报制度、例会制度、督查考核制度等,全力推进"两退两进"工作。三是强化考核督查。从 2012 年起,将"两退两进"年度计划完成情况纳入市对县(市、区)年度目标责任制考核内容。四是营造良好氛围。充分发挥新闻媒体的舆论导向作用,及时宣传报道各地工作方案、政策措施、成功经验,定期公布各县(市、区)实施"两退两进"动态情况,进一步达成共识,形成合力。完善的组织架构与严格的督查考核制度是实现目标的重要保证。

---

① 用能"双控"管理:指能源消费总量和能耗强度"双控"制度。

## 四、实施"两退两进"有待进一步完善的问题

### (一)要进一步摸清家底,强化部门合作

"两退两进"工作是一项系统工程,有效推进此项工作,需要两个重要的前提条件。一是摸清家底。相关研究显示,目前嘉兴全市 2000 万元以上规上企业有 3650 多家,而规下企业有 3 万多家,甚至更多。[①] 规下企业不列入统计指标体系,要摸清实情,需要巨大的努力。因此,要进一步调查摸底,做扎实细致的工作。二是部门协力。腾退土地方面,需要发改、经信、国土、规划建设等多个部门的联动与共同努力。因此,需进一步建立部门协力的工作机制,加强相互之间的协作、配合与交流。在淘汰落后产能、低效利用土地监管等方面,需要环保、安监、消防、税务等相关部门进一步整合力量,强化联合执法的综合手段,真正形成合力,发挥综合优势。

### (二)要进一步细化与量化相关政策

在现阶段,"两退两进"工作主要还是依靠政府的行政推动,需要有可操作性的政策作为依托。当前,有两个问题有待解决:一是需进一步细化宏观政策。嘉兴在市、县两级层面均已出台了"两退两进"的相关政策,但大多为相对宏观的导向性政策,在实际操作过程中还存在不少瓶颈与障碍。如:可适用的强制性政策数量有限,专门性的法律、法规较少,给开展工作带来一定困难。二是需进一步研究具有可操作性的量化标准。由于各地实际的产业结构和发展水平有较大的差异,"两退两进"工作对象标准难以统一,缺乏具有说服力与可操作性的量化标准,实际操作难度大。随着"两退两进"工作的不断深入,这一问题也将越来越突出。

### (三)要进一步破解实施过程中的要素制约

"两退两进"的展开,需要规划腾退土地的合理使用,需要解决腾退土地的收储回购资金。一是需做好腾退土地的用地规划。当前"两退两进"的重点对象是"低、散、小"的企业,在空间布局上呈现点状化、碎片化,缺乏整体性、规模化,因此,腾退出的土地也多数呈点状化、碎片化。从长远计,"退"后不宜急于"进",应先腾空间,科学合理地做好用地规划,采取相对成片成堆的方式引进新

---

[①] 数据引自"关于嘉兴工业经济'退低进高'推进工作的若干思考"课题报告。

项目。二是需要通盘考虑腾退土地的收储回购资金。闲置低效土地收储与出让过程中,需要筹集巨额资金,同时又要尽可能实现项目资金自我平衡。当前,受银根收紧等宏观调控因素影响,存在融资难和融资成本高等问题。同时,对闲置低效土地收储与出让过程中,单独地块很难做到资金自我平衡,且周转期较长。因此,需要通盘考虑腾退土地的收储回购资金。

### (四)要进一步谋划"进高"的具体对策

实施"两退两进","退低"有多种选择,"进高"需要更多谋划。从实践看,当前存在"退低不平衡,进高缺选择"的问题。因此,需要深化"退低"与"进高"的相关工作。一是要进一步推进"有序转移"及"兼并重组"项目。即从实施"两退两进"初期关停淘汰项目居多,逐步转向有序转移及兼并重组等项目,在更高的层次上谋划发展空间的高效利用。二是要进一步谋划"进高"的路径与对策。即依据现有产业基础和产业优势,在规划的引领下,重点引进符合区域产业定位的先进制造业与战略性新兴产业。当前,在宏观经济形势走弱,企业投资意愿不强,新增项目较少,"进高"项目缺少选择的背景下,需进一步研究真正实现"进高"的策略。尤其要防止因项目缺少,在没有更多选择余地的情况下,可能造成"退低进低"现象和低水平重复建设的情况。必须强化新建项目复核验收制度。

### (五)要进一步营造浓厚的社会氛围

实施"两退两进"存在着企业和相关主体的短期利益与区域发展长远利益的矛盾。从主体单位看,推进"两退两进"短期内可能会对当地一些考核指标产生一定影响,甚至影响地方税收、职工就业等;从企业看,部分落后低效产能还有一定市场空间,企业不愿退,其背后更隐含着以地换钱、坐地论价的思想。但实施"两退两进"事关区域长远与未来,需要努力营造实施"两退两进"的良好工作氛围和社会氛围。要充分发挥新闻媒体的舆论导向作用;要组织举办推进"两退两进"工作专题研讨会、现场交流会以及报告论坛等各类活动,进一步达成共识,形成合力。

# 2012 年嘉兴市区工业经济分析与展望

□ 余 剑

2012 年,嘉兴市市区工业经济总体发展良好,在促生产、调结构、转方式、增效益上作出了积极努力,工业生产速度逐季回升,企业经济效益稳步改善,自主创新稳定发展。但发展速度低于嘉兴市平均水平,外需持续低迷,新兴产业不振,小微企业发展困难,市区工业经济仍面临复杂的发展环境,需进一步强基固本,着力提升工业经济发展的质量和效益。

## 一、市区工业经济运行基本态势

2012 年,嘉兴市市区工业经济企稳回升,生产增速持续加快,利润降幅逐季收窄,工业投资平稳增长。同时,受宏观经济环境影响,出口形势依然严峻,新兴产业盈利下滑明显,小微企业经营依旧困难等影响发展后劲问题应予关注,工业经济提质增效依然任重而道远。

### (一)生产稳步增长,增速逐季回升

2012 年,嘉兴市区规模以上工业企业 835 家,占嘉兴市五分之一,实现增加值 252.47 亿元,同比增长 8.3%(可比价,下同),比前三季度(5.0%)提高 3.3 个百分点,比上半年(1.1%)提高 7.2 个百分点,比一季度(-3.7%)提高 12 个百分点。市区工业逐季回升,但增速弱于其他县市。

从轻重工业看,重工业快于轻工业,增速差距逐季扩大。2012 年,市区规模以上轻、重工业分别实现工业增加值 113.94 亿元和 138.53 亿元,同比分别增长 3.0%和 12.9%,重工业增幅高于轻工业 9.9 个百分点,差距比前三季度扩大 3.3 个百分点,比上半年扩大 4.3 个百分点,比一季度扩大 9.1 个百分点。

从企业规模看,大中型企业支撑发展,小微企业增长缓慢。2012 年,市区规

模以上工业企业中,大中型企业有143家,实现工业增加值169.21亿元,同比增长10.6%,增速较前三季度、上半年和一季度分别提高4.6、9.8和16.6个百分点,对市区规模以上工业增加值增长的贡献率为84.1%,拉动市区规模以上工业增加值增长7个百分点;市区规模以上工业企业中,小微型企业共有692家,实现工业增加值82.87亿元,增长3.8%,增速较前三季度、上半年和一季度分别提高0.9、2.0和15.8个百分点。大中型比小微型企业增速高了6.8个百分点。

从行业大类看,市区前十大行业"九升一降",黑色金属冶炼行业领跑市区工业经济。2012年,市区前十大行业工业增加值186.74亿元,同比增长8.8%,对市区工业增加值增长贡献率达到78.6%,拉动市区规模以上工业增长6.5个百分点。其中,黑色金属冶炼行业领跑市区工业经济,同比增长61.9%,对市区工业增加值增长贡献率达41.9%,拉动市区规模以上工业增长3.5个百分点;纺织业、化学原料、橡胶和塑料业、建材、汽车制造、电气机械、通信设备和电力工业也实现增长,同比分别增长4.3%、0.7%、4.3%、7.4%、7.9%、10.0%、4.4%和7.3%;而纺织服装仍然下降,同比下降3.7%。

表1 2012年市区前十大工业行业增加值变化趋势

| 行业 | 工业增加值（亿元） | 1—12月 | | 1—9月（%） | 1—6月（%） | 1—3月（%） |
|------|------|------|------|------|------|------|
| | | 增长（%） | 拉动（%） | | | |
| 十大行业合计 | 186.74 | 8.8 | 6.5 | 5.0 | 0.3 | −3.8 |
| 纺织业 | 33.85 | 4.3 | 0.6 | −0.3 | −2.4 | −2.9 |
| 纺织服装 | 18.72 | −3.7 | −0.3 | −0.7 | −8.1 | −4.4 |
| 化学原料 | 17.45 | 0.7 | 0.1 | −1.6 | −10.1 | −17.1 |
| 橡胶塑料 | 13.32 | 4.3 | 0.2 | 4.2 | 4.9 | 6.3 |
| 建材工业 | 13.31 | 7.4 | 0.5 | 1.7 | −12.2 | −24.8 |
| 黑色金属 | 18.67 | 61.9 | 3.5 | 40.4 | 32.5 | 0.5 |
| 汽车制造 | 13.88 | 7.9 | 0.4 | 13.1 | 13.6 | 4.7 |
| 电气机械 | 12.68 | 10.0 | 0.5 | 8.2 | 8.4 | 14.6 |
| 通信设备 | 19.27 | 4.4 | 0.3 | −4.0 | −10.3 | −10.3 |
| 电力热力 | 25.58 | 7.3 | 0.7 | 4.3 | 2.1 | 3.3 |

数据来源:嘉兴市统计局。

### (二)利润降幅收窄,效益有所回升

2012 年,嘉兴市区规模以上工业企业利润总额 56.30 亿元,同比下降 10.1%,降幅分别比前三季度、上半年、一季度收窄 11.3、11.5 和 31.5 个百分点,市区工业利润降幅逐季回升,降幅低于嘉兴市平均 0.7 个百分点。

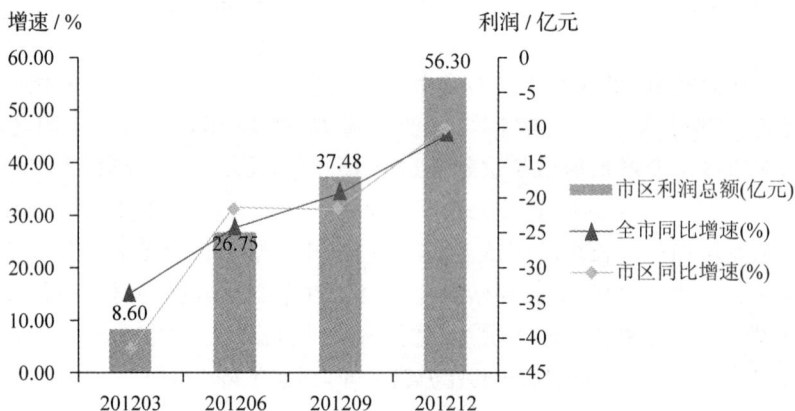

图 1  2012 年市区工业利润及增幅变化
数据来源:嘉兴市统计局。

2012 年,市区规模以上工业企业经济效益考核得分为 282.18 分,同比下降 14.67 分,分别比一季度(250.53)、上半年(273.50)、前三季度(275.64)高 31.65、8.68 和 6.54 分。其中成本费用利润率、全员劳动生产率、产品销售率、亏损率、新产品产值,得分分别高出嘉兴市平均 0.71、6.46、0.10、0.38 和 1.64 分。

分行业看,市区规模以上工业涉及的 30 个行业中,29 个行业盈利,1 个行业亏损。利润总额前十大行业中,6 个行业增长 4 个行业下降,其中,橡胶塑料增长最快,同比增长 4.4 倍;食品、电气机械、汽车制造分别增长 93.1%、22.1%、9.6%,非金属矿物利润(−41.9%)下降最快;纺织业(−29.4%)、化学原料(−24.3%)、计算机通信(−23.3%)和通用设备(−21.6%)下降均快于市区平均水平;服装下降 7.6%;

### (三)投资平稳增长,结构调整优化

2012 年,嘉兴市区工业投资 150.73 亿元,同比增长 13.2%,比嘉兴市平均高 10.9 个百分点。其中,制造业投资为市区投资增长的主要动力来源,2012 年完成 145.29 亿元,同比增长 13.5%,占全部工业投资比重的 96.4%,对市区工

业投资增长贡献率达到 98.7%,拉动市区工业投资增长 13.0 个百分点。

工业行业结构通过工业投资方向的转变而得到调整。2012 年,市区主要制造业投资行业中,通用设备等装备制造行业增长加快,占比上升。市区装备制造业完成投资 51.88 亿元,同比增长 22.8%,占比由去年同期的 33.0%上升至35.7%,对市区工业投资增长贡献率达到 54.9%,拉动市区工业投资增长 7.3个百分点。而传统行业纺织业投资额为 17.91 亿元,虽仍是主要投资行业,但2012 年一直处于负增长的态势,比 2011 年下降 2.8%,占比明显下降,由上年同期的 14.4%下降至 10.6%,下降了 3.8 个百分点。

### (四)自主创新深入,新产品稳发展

建设创业创新型城市是嘉兴第七次党代会提出建设"三城一市"的重要内容之一,嘉兴市创业创新型城市建设正在深入实施,创新成效不断显现,工业创新成果对工业经济增长拉力进一步加强,贡献度进一步显现。2012 年,市区规模以上企业科技活动经费支出总额 19.48 亿元,同比增长 12.7%,高于主营业务收入增速 11.9 个百分点。全年市区规模以上工业新产品产值 436.65 亿元,同比增长 5.1%,高于市区工业总产值增速 0.5 个百分点,对市区规模以上工业总产值增长的贡献率为 34.9%,拉动工业总产值增长 1.6 个百分点;新产品产值率为 31.7%,同比提高 0.2 个百分点。

## 二、市区工业需要关注的问题

### (一)外需增长持续低迷,出口贡献有所下降

市区工业出口在工业经济中份额近几年虽呈逐年下降的趋势,但仍占五分之一以上,出口持续低迷对工业的发展影响明显。2012 年,市区规模以上工业企业出口交货值 280.17 亿元,同比增长 3.9%,增幅比一季度(-0.2%)、上半年(-0.9%)和前三季度(1.9%)分别提升 4.1、4.8 和 2.0 个百分点。但工业出口回升幅度较小,低于销售产值增速(4.7%)0.8 个百分点。出口占销售产值的比重 20.6%,比一季度(22.5%)、上半年(23.1%)和前三季度(21.0%)分别回落 1.9、2.5 和 0.4 个百分点。出口对销售产值增长的贡献率 17.2%,比前三季度(21.0%)回落 3.8 个百分点。

### (二)科技投入增长乏力,新兴产业效益下滑

近几年,嘉兴市工业企业科技投入一直呈现稳定增长的态势,但由于受经

济下行影响,2012 年市区工业企业发展缓慢,大型工业企业个数不升反降,规模以上工业企业科技活动经费支出总额和购置技术成果费用同比增速均居于嘉兴市倒数第二,低于嘉兴市平均,占嘉兴市的比重分别较去年同期下降 0.3 和 7.2 个百分点。

表 2　2012 年市区工业企业科技主要指标与其他县(市)比较

| | 科技活动经费支出总额(亿元) | 同比增长(%) | 占嘉兴市比重(%) | 购置技术成果费用(亿元) | 同比增长(%) | 占嘉兴市比重(%) |
|---|---|---|---|---|---|---|
| 市区 | 19.48 | 12.7 | 19.8 | 2.7 | 6.6 | 57.1 |
| 嘉善 | 13.03 | 18.3 | 13.2 | 0.1 | 41.2 | 2.7 |
| 海盐 | 9.47 | 17.7 | 9.6 | 0.8 | 228.9 | 17.3 |
| 海宁 | 20.41 | 19.3 | 20.7 | 0.1 | 524.2 | 2.2 |
| 平湖 | 15.11 | 16.2 | 15.4 | 0.6 | −15.6 | 11.8 |
| 桐乡 | 20.95 | 6.1 | 21.3 | 0.4 | 8.7 | 8.9 |
| 嘉兴市合计 | 98.45 | 14.2 | 100.0 | 4.8 | 20.2 | 100.0 |

数据来源:嘉兴市统计局。

与此同时,市区战略性新兴产业经营效益下滑明显。2012 年,市区战略性新兴产业工业企业 84 家,主营业务收入 377.8 亿元,同比下降 2.9%,利润总额 22.77 亿元,同比下降 27.4%,分别低于嘉兴市平均 2.6 和 8 个百分点。市区六大战略性新兴产业实现利润总额二升四降,新能源产业继续亏损,新材料产业利润以 28.1% 的降幅大幅度下滑。

表 3　2012 年市区战略性新兴产业主要经济指标

| 行业 | 企业个数 | 主营业务收入(亿元) | 同比增长(%) | 利润(亿元) | 同比增长(%) |
|---|---|---|---|---|---|
| 市区新兴产业合计 | 84 | 377.88 | 2.9 | 22.77 | −27.4 |
| 新能源产业 | 4 | 1.79 | −14.6 | −0.02 | — |
| 新材料产业 | 55 | 273.26 | 3.6 | 17.84 | −28.1 |
| 节能环保产业 | 8 | 53.08 | 11.3 | 2.17 | 14.5 |
| 生物产业 | 4 | 2.18 | 8.4 | 0.30 | 22.3 |
| 核电关联产业 | 1 | 0.25 | −1.1 | 0.02 | −49.0 |
| 物联网及相关产业 | 12 | 47.33 | −7.9 | 2.46 | −43.7 |

数据来源:嘉兴市统计局。

### （三）小微企业经营状况依旧困难

2012 年，在国家出台一系列支持小微企业发展的相关政策后，嘉兴市政府印发了《关于促进小型微型企业健康发展的意见》，市区各级党委、政府积极贯彻落实，市区工业经济总体呈现稳步回升的态势，但量大面广的小企业经营仍然困难。市区规模以上工业中，小微企业单位数占 84.1％。在外需减弱及国家宏观调控的大背景下，小微企业受资金、人才、技术等限制，普遍低价格、低技术、低收益、低附加值，相比大中型企业，在市场危机面前首当其冲，受影响大，市区工业经济小微企业占主体的经济结构，也使得工业经济回暖放慢步伐。2012 年，市区规模以上工业企业中，692 家小微企业主营业务收入下降 1.9％，利税总额下降 3.5％，实现利润总额下降 5.5％，增幅分别比大型企业低 6.0、5.6 和 4.5 个百分点。

## 三、市区工业经济运行趋势展望及对策

2012 年市区工业经济运行企稳回升，中央提出的稳中求进的工作总基调和着力推出的"稳增长"相关政策措施功不可没。市区各级政府稳增长政策的纷纷出台落实在很大程度上促进了工业经济企稳回升。但当前工业经济环境依然乍暖还寒，进一步回暖面临各方面的压力。市区众多企业特别是传统制造业，在市场内需低迷和外需萎缩的双重挤压下，盈利水平大幅下降。传统工业品出口竞争优势逐渐削弱，未来出口升温的难度依然很大。"高产能、高库存、高成本，低需求、低价格、低效益"格局尚未得到根本改观，传统工业经济提质增效依然任重而道远。

展望 2013 年，制造业采购经理指数、新订单指数工业生产价格指数等先行指标持续好转，工业化、信息化和"八大工程"的深入推进，将为扩大内需、工业经济企稳回暖提供广阔的市场空间。为此，市区工业经济应加快转型升级步伐，着力提升发展的质量和效益。一是着力实施创新驱动发展战略，提升产业核心竞争力。强化企业创新主体地位，在一些关键领域形成核心竞争力和新的增长点，特别是推动战略性新兴产业快速健康发展，积极引进高级技术和人才，培育其成长为对市区工业经济具有全局带动和重大引领作用的高效益产业。二是着力优化小微企业发展环境，增强中小企业内生动力。加大小微企业扶持力度，围绕市区主导特色产业，培育和发展一批以创新能力强、科技含量高、产品特色鲜明的小微企业，积极鼓励小微企业抱团走向国际市场，并加快建设小微企业服务和交流平台，优化小微企业发展环境，引导和推动小微企业集聚发

展。只要继续围绕"稳增长、调结构、转方式、增效益"做足文章,2013 年,市区工业经济有望进一步企稳回升,迎来新一轮的发展。

### (一)做好工业转型升级的统筹规划

按照统筹城乡发展的要求,以"二退二进"工作为契机,科学合理布局工业和生产性服务业的重点发展区域。按照经济发展与环境保护相结合、企业搬迁与产业集聚相结合的总体要求,统筹兼顾"退二"与"进三",完善产业布局。按照国家十大产业调整和振兴规划及省十二个行业转型升级规划,制定我市主要产业转型升级实施方案和"十二五"重大工业项目规划,明确目标定位、总体布局、发展导向以及相应的配套措施。加强各重点行业转型升级实施方案与国民经济和社会发展规划、土地利用总体规划、城乡规划、主体功能区规划、生态功能区规划及产业规划等其他规划的衔接。做好各类园区发展规划的研究、修编和实施工作,加快市镇工业园区建设。

### (二)加大对工业转型升级的资金扶持力度

在财政扶持方面,统筹安排现有市级扶持工业类财政性资金,建立市区工业转型升级专项资金,重点用于产业集群培育、企业技术改造、企业技术和管理创新、节约能源资源、国内市场开拓、企业分离发展服务业等,同时鼓励更多的企业申报国家和省各类财政补助。在金融支持方面,完善政府与金融机构的沟通协调机制,搭建对接合作平台,引导金融机构对符合我市转型升级要求的工业项目加大信贷支持力度。支持金融创新,继续开展排污权、出口退税、保单、仓单以及知识产权等质押贷款,规范发展股权质押贷款。优先安排中小企业信用担保和风险补偿专项资金,支持担保机构发展,建立担保机构绩效评价机制。加快发展小额贷款公司和村镇银行。优先支持符合转型升级方向的企业在境内外上市,发行债券、短期融资券、中期票据以及上市公司再融资。鼓励中小企业境外融资。探索设立产业投资基金,加快建立市级科技风险投资公司,参与对我市鼓励发展产业领域的股权投资。通过并购贷款、房地产信托投资基金、股权投资基金和规范发展民间融资等多种形式,拓宽企业融资渠道。

### (三)构筑实施工业转型升级的人才环境

一方面,不断完善吸引人才的社会环境。加大投入,建设一批人才公寓。支持通过商业保险等途径,为在企业从事技术开发的高层次人才建立补充养老、医疗保险。鼓励事业单位人员自主创业或到企业工作,支持高校毕业生自主创业。另一方面,积极完善吸引人才的企业环境。利用嘉兴市企业经营管理学院、嘉兴企业家创业创新论坛、嘉兴市中小企业创业辅导中心等服务平台,加强宣传培训力度,更新企业高层管理人员的经营理念,促使企业主动加大对人力资源建设的投入。通过增加财政投入、优化城市教育费附加使用和表彰奖励等,鼓励支持企业培养高技能人才。

### (四)落实服务型政府建设

推动行业协会规范发展,进一步发挥其在促进行业转型升级中的积极作用。加强工业经济运行状况的监测分析,完善产业指导信息发布制度,加大涉企政策宣传力度,引导企业生产经营以及各地工业转型升级。继续转变政府职能,深化行政审批制度改革,依法减少审批事项,简化审批程序,下放审批权限。进一步规范涉企收费和行政执法行为,切实减轻企业负担。

### (五)建立推进工业转型升级的工作机制

切实加强对工业转型升级的组织领导,各地、各有关部门要各司其职,各负其责,加强协调,密切配合,形成推动工业转型升级的合力。分年度提出具体目标、落实工作措施,切实把促进工业转型升级的要求落实到各项工作中。进一步完善工业经济年度目标责任考核办法,充分体现转型升级的要求。

# 2012—2013 年嘉兴服务业发展形势分析与展望

□ 朱莹莹

党的十八大报告提出要实现经济结构战略性调整,推动服务业特别是现代服务业发展壮大。"十二五"期间,嘉兴将进入人均 GDP7000 美元至 10000 美元的发展阶段,消费结构和产业结构将会发生加速转变。在这工业化中后期转型的重要时期,加快服务业发展是顺应经济发展规律和阶段性发展规律的必然选择,也是经济发展稳中求进的关键之举和结构调整的重要突破口。2012 年,全市坚定实施服务业优先发展战略的决心和信心,出台了《嘉兴市服务业"十二五"发展规划》,从产业布局、主要任务、重点工程和保障措施等方面为服务业发展指明方向,全力推动服务业特别是现代服务业发展水平更上一个新台阶。

## 一、2012 年嘉兴服务业发展概况

### (一)服务业总体增速稳步提升

2012 年,全市服务业增加值达到 1114.07 亿元,同比增长 10.2%,增速高于全省平均 0.9 个百分点,高于 GDP 增速 1.5 个百分点。服务业产值占 GDP 的比例稳步提升,2012 年达 38.6%,比去年提高 1.7 个百分点。服务业对全市经济增长的贡献率达到 43.1%,比上年提高 2.2 个百分点,拉动 GDP 增长 3.7 个百分点。全年完成服务业投资 842.3 亿元,同比增长 19.1%,高于固定资产投资增速 8.7 个百分点。服务业投资占固定资产投资的比例为 51.3%,首次超过 50%。

### (二)生产性服务业加快发展

生产性服务业包括交通运输和仓储邮政业、信息传输计算机服务和软件

业、批发业、金融业、租赁和商务服务业、科学研究技术服务和地质勘查业等 6 个门类。投资总额达 239.59 亿元,占服务业投资总额的 28.4%。

### (三)服务业集聚区建设全面开展

2012 年,嘉兴市制定了《嘉兴市现代服务业集聚区发展规划(2011—2015)》和《嘉兴市现代服务业集聚区认定管理办法》,全市规划建设 40 个市级服务业集聚区,省级产业大平台、省级服务业集聚示范区和市级服务业集聚区三个层次梯度推进的良好局面已初步形成。2012 年新认定嘉兴国际创意文化产业园等 4 个第二批省级现代服务业集聚示范区,目前全市省级服务业集聚示范区达到 8 个,超过全省平均水平。同时,新认定嘉兴综合物流园、月河古街商贸集聚区等 10 个首批市级现代服务业集聚区,目前共有县级以上 70 多个服务业发展平台。通过享受推进重点服务业企业加快上市、鼓励支持金融服务业企业发展、增大对现代物流项目建设补助以及财政支持、规费减免等各项政策,集聚区不断完善和提升这些平台的内涵,使之真正发挥集聚和示范效应。

### (四)服务业招商引资不断强化

2012 年,全市以服务业集聚区为载体,突出抓好集群招商、区域招商和对口招商。举办了"嘉兴市浙商创业创新洽谈会暨服务业发展(上海)推介会",签约 21 个服务业项目,总投资达 407 亿元;召开了全市服务业发展大会暨服务业集聚区建设推进会,举行了服务业重大项目银企对接签约仪式;在台北举行了旅游文化发展、现代物流二场服务业发展恳谈会;此外各县(市、区)也纷纷开展服务业专题招商活动。2012 年,全市共举办服务业招商活动 30 多次,引进外资项目 88 个,实际利用外资 4.68 亿美元;引进浙商回归项目 550 个,实际到位资金 175 亿元。同时,各地开始了服务业招商的重要项目和客商资源库建设。

### (五)服务业项目和品牌建设大力推进

建立服务业重点建设项目库,加大服务业投资力度。全年共列入重大服务业项目 27 项,共争取了国家级、省级资金支持近 2000 万元,名列全省前列。服务业投资"百项百亿"工程计划完成 301.8 亿元,为年度计划的 110%。制定出台了《嘉兴市服务业标准化试点项目管理办法》,2012 年共获得国家级服务业标准化项目 1 个,省级服务业标准化项目 6 个,市级服务业标准化项目 7 个。大力推进服务业"个转企",制定出台了《关于支持个体工商户转型升级为企业的实施意见》。引导服务业企业注册商标,开展"品牌服务进民企"活动,全年新申报服务商标注册 413 件,核准 356 件,累计达 2780 件。按照空间布局和产业链集聚一批相关产业,做大做强服务业品牌。积极组织申报和认定省、市级服务业名片和著名商标,累计创建浙江服务名牌19个、嘉兴服务名牌46个,浙江省著名商标7件、嘉兴市著名商标25件,涉及旅游餐饮、现代物流、综合商贸等多个服务领域。

## 二、嘉兴服务业发展的主要问题

### (一)服务业整体规模偏小

尽管当前嘉兴已基本进入工业化后期,"工业经济"开始向"服务经济"转型,但服务业的发展仍滞后于工业。尽管服务业各项指标同比均有所增长,但从全省排名情况来看,与先进地区相比,仍居全省中下游水平。2012年嘉兴市服务业增加值总量和增幅在全省分别排名第7位和第4位,占GDP比重居全省第10位,仅为38.6%,低于全省平均水平6.5个百分点。

### (二)结构调整速度不快

虽然服务业内部门类齐全,但企业层次低、附加值不高、竞争力偏弱等问题较为突出。从产业结构看,批发零售、商贸餐饮、交通邮政仓储等传统服务业远高于金融保险、信息科技、中介服务等新兴服务业。从比较劳动生产率来看,比较劳动生产率最低的居民服务和其他服务业、批发零售贸易业和住宿餐饮业占了主体,而房地产、金融业、信息服务业等行业相对较弱,造成了全市服务业整体产出效益偏低。从企业规模看,缺乏带动力强的大型服务业企业,2012年全市尚无销售收入超过100亿元的企业,大企业培育成效不明显,影响了嘉兴服务业的综合竞争力。

### (三)集聚区辐射带动功能不突出

近年来,全力着力于服务业集聚区建设,成效明显,但整体而言服务业集聚区建设起步不久,各服务业集聚区未能有效整合。一方面,多数集聚区尚处于规划建设和招商阶段,部分集聚区依然采用传统的"铺摊子"方式发展,集聚、集约发展程度有待提高。另一方面,县(市、区)的集聚区前阶段以自发开发建设为主,对发展的重点不够明晰,对发展的内在规律缺乏研究,对集聚区的规划范围、产业布局、功能定位和政策措施还不够完善。此外,服务业集聚区仍以传统业态为主,全市现有40余家服务业集聚区中专业市场占三分之一左右。新型服务业态仍处于缺乏规模效应的成长阶段,知识密集型的信息服务、科技服务、创意设计等现代服务业集聚区建设相对滞后,生产性服务业集聚区占服务业集聚区比重较小,服务业集聚区功能单一,辐射带动功能不明显。

### (四)要素瓶颈约束依然突出

土地方面,尽管 2012 年以来积极开展全市范围的"退二进三"工作和市区的城市有机更新工作,为经济社会大发展腾出了空间,但总体而言,全市服务业土地供应量下降明显,流拍流挂情况时有发生。流拍用地 26 宗,总面积达 40.3 公顷。1—11 月全市累计供应服务业用地 140 宗,共 294.8 公顷,同比减少47.8%;服务业供应量占建设用地供应总量的 16.62%,同比下降超过 10 个百分点。资金方面,投资结构仍不合理,新兴服务业投资后劲明显不足。如 1—11 月,信息传输、软件和信息技术服务业投资完成仅 6.4 亿元,占服务业投资的0.8%;租赁和商务服务投资仅完成 40.9 亿元,占服务业投资的 0.6%。人才方面,尽管近几年来人才培养和引进工作成绩显著,但就总体而言,对劳动力的吸纳程度较低,人才队伍层次不高,特别是在金融、现代物流、服务外包、信息服务、文化创意等领域的高层次人才领军型人才匮乏。

## 三、2013 年嘉兴服务业发展趋势预测

### (一)服务业增速逐渐趋稳

预计到 2013 年,全市服务业增加值将突破 1200 亿元,服务业增加值增长9.5%左右,高于 GDP 增速 1 个百分点以上。服务业占 GDP 的比重提高 1.2 个百分点,服务业对全市经济增长的贡献率达到 45%左右,全力推动实体经济发展和全市经济平稳较快发展。

### (二)服务业投资高速增长

预计 2013 年,全市将完成服务业固定资产投资增长 15%左右,继续高于全社会固定资产投资增幅 1 个百分点左右,总额将达到 1000 亿元,占全部投资比重将高于 50%。其中,现代物流、设计研发、服务外包等生产性服务业的投资将成为重点,占服务业投资总额的比重将高于 2012 年 2 个百分点左右。

### (三)大项目和大平台建设不断强化

继续实施"百项百亿"投资计划,2013 年总额将占到服务业投资的 40%右。逐步完善充实全市"十二五"动态管理的服务业项目储备库。加快集聚平

台建设,重点抓好省、市级服务业集聚示范区建设,积极培育第三批省级示范区,组织认定第二批市级示范区,预计新增省、市级示范区13家左右。

### (四)服务业企业培育加大力度

2013年重点扶持5家省级重点服务业企业,认定100家主营业务突出、市场竞争力强的市级服务业重点企业,培育近100个成长企业、100个小微企业作为监测扶持对象,以点带面,推进服务企业的健康快速发展。同时,加快企业主辅业务分离和小型企业培育,2013年服务业"主辅分离"和"个转企"各达100家左右。

### (五)"退二进三"和有机更新稳步开展

2013年积极实施城市有机更新和"退二进三"工作,近百个"退二进三"项目的实施,将腾出土地近3000亩,有力保障服务业发展用地。完善市域总体规划、片区发展规划和各类专项规划,以城市功能转换和有机更新加强规划控制和资源统筹,实施联动开发,拓展城市功能和优化产业结构。

### (六)与沪杭对接深入实施

作为长三角核心上海连接南翼杭州的重要节点,嘉兴具有临沪和沿湾,建设高技术产业、临港产业和商贸物流基地以及运河沿岸重要港口城市的优势。优越的区位交通条件,成熟的产业承接平台,加之大力实施"与沪杭同城"战略,嘉兴将借沪杭之力,成为承接上海、杭州总部经济、商务会展经济、科技研发和服务外包等生产性服务业的重要平台。一方面,通过推介会和招商考察等多种形式,组织招商队伍赴上海、杭州开展重点企业、行业龙头、省外浙商商会的服务业专题招商推介活动。另一方面,保持与沪杭来禾投资商的交流联系,积极开展沪杭中介招商,提供优质的项目服务,促进以商引商。

## 四、加快嘉兴市服务业发展的几点建议

### (一)提升服务业结构层次

#### 1.优先发展生产性服务业

重点发展现代物流、科技研发、商务服务、金融服务、服务外包和创意产业等生产性服务业。一方面,加大对生产性服务业的投入和政策支持力度。如对相关项目建设用地优先安排,价格上予以优惠;扩大融资渠道,完善信用担保机

构和风险投资基金;加强财政资金支持,降低税负水平,加大重点项目的补助力度。另一方面,要加强生产性服务业与制造业互动发展。鼓励和引导企业实施主业、辅业分离,如支持生产制造企业将售后服务、后勤物业、餐饮和教育培训等内部服务功能剥离,整合组建专门的服务企业。引导企业逐步将发展点集中于技术研发、市场拓展和品牌运作,以核心竞争优势整合配套企业的服务供给能力,大力发展产业内部专业化分工。

2.提升发展生活性服务业

进一步提升旅游休闲、商贸、房地产业和社区服务业等消费性服务业的发展规模和水平。首先,围绕打造国内一流的旅游休闲城市,整合区域特色旅游资源,加大营销策划和市场开拓力度,加快建设长三角区域旅游集散地。整合区域内南湖、湘家荡、西塘、九龙山、南北湖、乌镇、盐官等一批重点旅游景区,大力发展特色文化旅游,培育和推广一批文化旅游品牌,努力把嘉兴打造成为国内一流的旅游目的地、长三角重要的旅游集散中心。其次,优化城乡商业网络,提升新兴业态比重,加强商贸中心、城市综合体、特色街区建设,加快市中心商贸区、江南摩尔、高铁中央商务区、中港城等现代商圈建设,提升服务环境和服务能力,增强辐射功能。第三,促进社区服务业健康发展。进一步完善以政府提供的公共服务、市场提供的商业服务、居民提供的志愿互助服务为基本架构的社区服务的网络体系,推进社区工作者专业化、职业化发展,支持引导各类社会组织、企业和个人以多种形式投资兴办社区服务业。

3.加快发展高端特色服务业

重点发展现代物流、文化创意、服务外包、现代金融、高端旅游等高端特色服务业。在发展布局上,着力打造以嘉兴现代服务业集聚区为代表的高端特色服务业核心功能区,以沿边古镇旅游和滨海生态旅游功能区、沿路港口物流功能区、科技商务服务功能区、市场生产性服务业功能区为代表的高端特色服务业综合配套功能区。在创新驱动上,通过知识创新、技能创新和管理创新,培育扶持知识密集型高端特色服务业,提供具有高技术含量、高人力资本含量、高附加值的服务产品,抢占发展制高点,提升市场竞争力。在产业融合上,依托高新技术和先进制造业优势,以延伸重点领域产业链为切入点,加快服务业公共技术及信息交流平台建设,推动产业发展的社会专业化分工,在更高层次上形成产业融合发展态势。在借力沪杭上,主动承接沪杭等周边大城市高端服务业的带动辐射和转移,引进国际优质资本、高端人才以及先进技术、管理理念、经营方式、组织形式,促进高端特色服务业的全面提升。

### （二）抓好服务业重点载体建设

#### 1. 重点平台建设

服务业集聚区是现代服务业发展的重要载体和突破口。一方面，要高起点高标准建设一批服务业集聚区，重点建设中央商务区、总部基地、软件与服务外包基地、科技创业园、创意产业园、物流园区等集聚区。加强公共服务平台建设，完善配套服务功能，大力提升集聚区要素资源吸附能力、产业支撑能力和对周边地区的辐射带动能力。要从嘉兴产业特点出发，以嘉兴现代服务业集聚区和滨海新区为龙头，以嘉兴科技城、嘉兴现代物流园等一批省、市级服务业集聚示范区为主阵地，打造服务业发展新高地。另一方面，尽快出台《嘉兴市现代服务业集聚发展规划》，包括全市集聚区的布点规划，打破区域局限，立足全市，对资源利用、产业布局、功能定位等各方面进行统筹考虑、统一设计、整体运作，引导资源有效配置和集约利用，以避免重复建设。此外还要包括每个集聚区内部的发展规划，以明确各自的发展目标、发展导向和业态分布，形成一批特色鲜明、功能完善、结构合理的现代服务业集聚区。

#### 2. 重大项目建设

一方面，继续编制实施"百项百亿"工程，做好服务业重大建设项目，着力推进一批服务业浙商回归和海洋经济重大关键性项目，争取一批重大项目，如阿里巴巴集团华东配送中心、世合国际新农村、海宁浙商总部开工建设，同时加快独山港煤炭中转码头、军民使用机场、嘉兴环球中心、桐乡平安养老等项目的建设，积极推进第一医院地块、百福弄地块等城市有机更新项目前期工作。另一方面，重点抓好项目统筹、实施、招商工作，组织好服务业项目融资推介会、银企洽谈会等活动，加快项目推进。同时，积极争列省服务业重点项目，力争在数量和质量上继续位于全省前列。

#### 3. 重点企业培育

重点培育和扶持一批品牌知名度高、创新能力强、社会贡献大、产业带动明显的服务业龙头骨干企业，积极扶持海宁中国皮革城股份有限公司、浙江清华长三角研究院、桐乡乌镇旅游开发有限公司、浙江九龙山开发有限公司、浙江网娃动漫文化有限公司等省服务业重点企业的发展，同时积极认定发展潜力较大的市级服务业企业，充分落实重点企业享受的税收减免和资金补助政策。建立服务业企业梯度培育机制，监测扶持一批成长企业和小微企业。编制服务业品牌培育计划，进一步加强对服务产品和企业名片、商标、商号、老字号等申报、认定工作，同时积极开展其他多种形式的品牌创建活动。

### (三)强化服务业要素保障

1. 人才要素

现代服务业是高知识、高技术、高人力资本、高附加值的产业,人才在现代服务业的发展中起着十分关键的作用。要加快现代服务业专业人才特别是服务业领军人物的引进和培养,促进现代物流业、服务外包业、商务会展业、金融业等重点行业的人才队伍建设,努力实现人力素质的提升和高端人才的聚集。建立和完善人才引进、培养和使用的优惠政策和激励保障机制,最大限度地调动人才的积极性、创造性。一是加大人才培养力度。根据实际需要,制定现有人才的培养目标和培训计划,实施继续教育工程,选派专业人才赴境外培训,促进现有人才知识更新能力提升。加大财政资金投入力度,整合教育和培训资源,建立更多服务人才培训基地,支持在高校中新增设现代服务业相关专业和人才培训基地。二是优化人才引进环境。对知识密集型服务企业引进的高端人才,给予个人所得税抵扣优惠。对为服务业集聚区作出特殊贡献的企业家、高级管理技术人员,给予其购房、子女入学、家属落户等方面支持。在人才的培养、引进过程中,同样要注重一业一策的政策,注重针对性。

2. 土地要素

以"两退两进"为抓手,积极推进城市有机更新,提升土地集约节约利用水平。通过腾退低效用地、土地整治、有机更新保障供给,并在年度土地利用计划中加大对服务业用地需求的支持力度。加大批而未供土地消化利用和供而未用土地处置力度,加快推进利用存量建设用地发展现代服务业,切实提高项目用地产出率。同时积极申报省级重点项目,解决服务业重大项目用地,建立重大产业项目用地保障机制,争取省级大产业项目土地奖励指标。

3. 资金要素

完善财政支持服务业发展的相关政策措施,落实财政专项资金,做好年度服务业相关财政专项资金项目申报和资金拨付工作。加大金融支持服务业发展力度,积极组织银企对接会,搭建银企合作平台,通过发行企业债券,发行短期融资、中期票据、中小企业集合票据等债务融资工具,为企业发展提供资金支持。多渠道缓解企业和项目建设资金制约,大力争取产业结构调整、产业振兴、中小企业技改、高技术产业发展等中央和省预算内扶持资金。全面落实营业税差额征税政策,继续做好服务业营业税改征增值税试点。

### (四)完善体制机制建设

**1. 强化政策引导机制**

全面梳理落实近年来国家、省、市出台的一系列鼓励服务业发展的优惠政策,解决好相关政策的配套、操作和协作问题,确保政策落实到位和发挥实效。学习先进地区服务业发展经验,进一步完善加大服务业发展政策实施力度。深入调研,制定出台一批有吸引力的扶持政策,积极引导大型现代服务业企业落户。

**2. 强化统计考核机制**

贯彻落实《嘉兴市进一步加强服务业统计工作的意见》,提高服务业运行情况分析的质量和效率。建立健全服务业集聚区和服务业重点行业统计,加强统计薄弱环节治理,做到应统尽统,定期公布"嘉兴服务业统计监测评价体系"。根据服务业"倍增计划"和《嘉兴市服务业目标责任制考核办法》,科学制定来年目标责任分解指标,定期组织开展对各县(市、区)、嘉兴经济技术开发区(国际商务区)、嘉兴港区和市级部门的督查与考核。

**3. 强化创新服务机制**

通过不断借鉴学习广州、济南、武汉、天津等列入国家服务业综合改革试点城市经验,建立完善服务业创新体系、标准体系,努力在重点项目用地改革、水电气与工业同价、吸引建立现代服务业产业投资基金等方面进行探索和创新。创新审批管理与推进机制,建立服务业项目预评估机制,推行重大投资项目审批全程代办制度和政府投资项目代建制度。积极发挥有关部门和行业协会作用,根据行业特点,全力协调解决服务业重点行业、重点企业发展中的困难和问题。

# 嘉兴市村级集体经济发展研究

□ 徐连林　叶祝女

党的十八大报告在论述"推动城乡发展一体化"时明确提出,要"壮大集体经济实力"。发展壮大村级集体经济是整个农村经济发展的重要组成部分,只有加快村级集体经济发展,才能做强新农村建设主体,增强积累和投入能力,为社会主义新农村建设提供物质保障;才能巩固农村基本经营体制,增强村级组织为农服务的能力,解决一家一户办不了、办不好的事情,推动农村生产力的不断发展;才能确保基层组织正常运转,提高农村基层组织的凝聚力和战斗力,巩固党在农村的执政基础。尤其是在当前我市统筹城乡综合配套改革、打造城乡一体化先行地、建设现代新农村的新形势下,村级集体经济的发展更是发挥着不可替代的基础性作用。因此,深入了解当前我市村级集体经济的发展状况,研究探讨现阶段发展壮大农村集体经济的对策措施,具有重大的现实意义。

## 一、村级集体经济发挥着现代新农村建设的基础性作用

当前,我国尚未建立起覆盖城乡的公共财政体制,村级集体经济在保障农村基层组织正常运转、提供农村公共服务、增加农民收入等方面起着十分重要的作用,是社会主义新农村建设的主力军。

### (一)村级集体经济是农村基层组织运转的经济基础

加强农村基层组织建设、保证农村基层组织的有效运转是建设社会主义新农村的组织保证。与城市基层组织的运转经费由财政提供不同,长期以来农村基层组织的运转经费(村干部报酬和办公经费等)一直由村级集体经济组织承担。因此,只有村集体经济发展壮大了才能确保基层组织正常运转,才能提高农村基层组织的凝聚力和战斗力,巩固党在农村的执政基础。

### (二)村级集体经济是农村基础设施建设的主力军

农村基础设施是农业生产和农民生活的基本保障,其状况直接影响农业的生产能力和农民的生活质量。根据公共性的大小,农村基础设施建设的资金分别由政府财政和农村集体提供:"村外"的公共设施,如通村公路、大中型水利设施、电力设施等由政府提供;"村内"的公共设施,如村内道路、小型农田水利设施、公共卫生设施等由村级集体经济组织或农民出资建设。农村税费改革后,村内公共设施建设采取了"一事一议"的筹资机制,但这一机制能筹集的资金数量有限,村内基础设施建设所需的资金仍需要依靠村级集体经济组织筹集。从调查的情况看,无论是生产性基础设施还是生活性基础设施,村级集体经济组织都是农村基础设施的主要提供者。

### (三)村级集体经济是维护农村基本经营制度的重要保障

以家庭承包经营为基础、统分结合的双层经营体制,是农村基本经营制度,是党的农村政策的基石。在这一体制内,"分"是"统"的基础,"统"是"分"的保障,单纯强调"分"的作用,而忽视"统"的功能,只能解决温饱问题,要想实现共同富裕,就必须大力发展集体经济,优化和完善"统"的服务功能。从全市来看,村级集体经济"统"的功能不强,已成为影响和制约农村经济发展、农民增收致富的重要因素。当前农村正在发生新的变革,发展现代农业、推进规模经营不可逆转,迫切要求开展多元化、多层次、多形式的农业、农村社会化服务,这既为发展村级集体经济提出了新的要求,也为增强村级集体经济组织服务功能开辟了广阔的空间。发展壮大村级集体经济,是现阶段农村生产力发展对生产关系变革提出的必然要求,是完善和发展统一经营的迫切需要。

### (四)村级集体经济是促进农民收入增长的重要支撑

在家庭经营体制下,农民的增收和致富主要依靠农民自身的力量,但村集体经济的发展状况对农民收入的增长仍起到重要作用。表现为:村集体经济实力强大就有能力改善农业基础设施,从而为农民发展高效生态农业提供必要的条件;村级集体经济的发展可以为农民提供就业机会,直接增加农民收入;村级集体经济强大的村,通过股份制改革,农民成为股东,能够从集体资产的经营收益中分红。调查显示,凡是村级集体经济发展较好的村,农民的收入水平往往较高,农民人均收入与村集体经济收入之间存在显著的正相关性。

## 二、嘉兴市村级集体经济发展的主要成就和存在问题

2009 年市政府下发《关于进一步发展壮大村级集体经济的若干意见》（嘉政发〔2009〕40 号）以来，我市各级政府认识上高度一致，十分重视发展壮大村级集体经济和集体经济薄弱村转化工作，分别结合实际制定出台了相应的扶持政策，并采取大量积极有效的措施，促进了村级集体经济的快速发展。

### （一）嘉兴市村级集体经济发展的主要成就

#### 1. 村级集体资产快速增长

从总量来看，村级集体资产已达到一定规模。据农经统计资料显示，2012 年底，全市 889 个村（股份）经济合作社，拥有村级集体资产总额为 138.47 亿元，村均 1557.6 万元，分别比 2008 年底增长 64.2% 和 68.7%，平均年各增长 13.2 和 14.0 个百分点；村级所有者权益为 69.72 亿元，村均 784.2 万元，分别比 2008 年增长 43.0% 和 45.2%，平均每年各增长 9.4 和 9.8 个百分点。从资产构成来看，流动性资产和固定资产二者占了资产总额的 94.1%；从资产增量来看，固定资产比 2008 年增加了 35.32 亿元，占总资产增量的 65.2%；流动资产增加了 15.48 亿元，占增量的 28.6%，由此可见，村级资产质量得到有效提高，可用于村级集体增收的资产增长较快。

#### 2. 村级集体收入稳步增长

依附于村级资产的快速增长和财政补助力度的加大，村级集体经济收入呈稳步增长的态势。2012 年，村级集体经济总收入 14.92 亿元，村均 167.8 万元，比 2008 年分别增长 44.1% 和 47.9%，平均年增长 9.6 和 10.3 个百分点。其中村级经常性收入（包括经营收入、发包与上交收入、投资收益）62887 万元、上级财政补助收入 53136 万元、其他各类收入 33218 万元，村均分别为 70.7 万元、59.8 万元和 37.4 万元，各占总收入的 42.1%、35.6% 和 22.3%，村级收入来源呈现"三足鼎立"之势，而且村级经常性收入的增速位居首位。

#### 3. 村级经济薄弱村转化效果明显

近三年来，各地着力在薄弱村的转化上加强扶持，通过强化班子建设，开展物业项目建设，引导异地抱团发展，加强财务监管等有效手段，巩固发展一般村，加快转化薄弱村，从总体来看效果明显。到 2012 年底，全市村级总收入在 30 万元以下的薄弱村从 2008 年的 90 个下降到 24 个。

#### 4. 村级集体经济支出呈刚性增长趋势

2012 年，全市村级集体总支出 12.00 亿元，村均 134.9 万元，比 2008 年增

长 50.4%,高出同期收入增幅 6.3 个百分点。一是村级组织运转经费占总支出的比重近一半。2012 年,保障村级组织运转的管理费支出 57254.7 万元,占总支出的 47.7%,村均 64.4 万元,比 2008 年增加 19.4 万元。二是公共基础设施建设及维护性支出比重加大。除去上级对新农村建设和村庄整治等各类公共基础设施专项补助外,2012 年村级组织支付的公共服务费用 12266.5 万元,用于农业发展支出 32702.2 万元,二者合计为 44968.7 万元;村均 50.6 万元,二者占总支出的 37.5%。

**5. 村级集体经济收益呈两极分化趋势**

2012 年,全市 889 个村集体经济收支结余总额为 29290 万元(村级经济总收入－村级经济总支出),村均 32.9 万元。但是,当年无经营收益(经营收入－经营支出)的村有 494 个,占 55.6%。经营收益 5 万元以下的村 42 个,5 万～10 万元的 34 个,100 万元以上的 93 个,全市仍有一半以上的村入不敷出。50% 的收益集中在不到 20% 的村内,富裕村与薄弱村之间的集体经济收入逐渐拉大,两极分化趋势日益明显。

**6. 村级集体经济增收渠道呈不断萎缩趋势**

一是租金收入增势减缓。受宏观调控政策影响和土地等要素制约,村集体对非农建设用地的支配空间越来越小,建造标准厂房、商业用房等新增物业难度加大。二是政策性收入空间缩小。随着农村税费改革的深化,《农村土地承包法》的贯彻实施,村一级已全面取消固定面向农民收取的村公益事业资金,土地流转收益全部返回到户。2012 年,全市发包上交收入仅占总收入的 5.6%,比 2008 年下降了 3 个百分点。三是补助性收入剧减。由于大规模土地整理基本完成,建设征用速度放缓,土地征占用等补助收入将大幅减少。因此,一些村由于缺乏可以利用的资源和资产,难以找到"新的增长点";还有一些村即使有资源可以开发利用,但由于集体经济没有积累,缺少启动资金,只能望洋兴叹。

**(二)嘉兴市村级集体经济发展的存在问题**

**1. 土地空间不足**

从前几年的发展来看,多数薄弱村以挖掘原有的集体建设用地资源为主要手段开展物业项目建设;少数村通过从农户手中流转土地进行物业项目建设(后遗症较大),如此,村内原有的土地资源已得到了充分的挖掘。今后的状况,一是即便有政府的资金扶持,村级要开展物业项目建设,也苦于缺乏建设用地而难以落地;二是未经审批而违规操作,出现浪费,造成损失。从全市来看,无论是经济强村,还是薄弱村,要发展物业经济,土地是最大的一个制约因素。

### 2.发展资金匮乏

一方面，村集体收入减少与支出增加的矛盾日益突出，造成积累空虚。从分村情况看，村级经济收入在 30 万～50 万元的村只能勉强维持正常运转，而村级集体经济收入 30 万元以下的村日常开支难以维持，甚至村干部报酬也得不到保障。另一方面，金融机构风险意识不断加强，薄弱村依靠贷款开展创收项目建设的门槛提高，村集体融资无门；村民在发展集体经济方面的积极性不高，甚至多有抵触情绪。为不触减负的高压，村干部在筹资无路、缺少资金的情况下，对集体创收项目只好望而却步。薄弱村尽管有政府的扶持，但有的连配套资金也难以筹集，或者偿还的难度很大。

### 3.人员素质不高

从我市村集体资产管理和运营的过程看，其管理主体基本上由村班子成员组成，而在某些时候又经常是主要领导人说了算。在资产和财务管理上，虽然监督机制较为健全，但在执行中存在不到位的情况。村财务人员业务素质不高，变动频繁，而且往往只负责报账职能，镇（街道）核算中心财务人员只负责核算职能，而村财务理财小组又无法真正履行好监督职能，使一些村主要负责人的行为实际上失去了监督，极个别村甚至出现了村集体资产"全体农民所有、少数干部使用、个别领导占有"的现象。

## 三、嘉兴市村级集体经济发展的典型模式

近年来，在各级党委、政府的重视下，各地坚持从实际出发，依据当地资源、地理条件、发展环境，通过"筑巢引凤"找商机，依靠政策扩总量，开发三产兴市场，开源节流盘存量，多轮驱动发展壮大村级集体经济，形成了集镇型、城郊型、沿路型、资源型、市场型等多种发展模式，走出了一条发展壮大村级集体经济的路子。

### （一）物业经营型

物业经营的对象基本上是标准厂房、市场、沿街店铺、民工公寓等，既具有自然升值的功能，又对管理者的经营能力要求较低，可以成功规避村集体经济管理主体素质较低问题。因此，一些地理环境优越、经济实力较强的村，利用自身优势投资建造物业后出租，获得稳定的租金收入。一大批经济薄弱村也在盘活村内集体建设用地的基础上，通过政府的政策扶持，积极开展有稳定收益的物业项目建设，增加集体经济收入。从当前来看，推进物业经营模式，对有一定土地资源，且地理位置尚可的薄弱村来说，是最为直接有效的转化途径。如海

宁市马桥街道先锋村利用地处海宁(中国)经编科技工业园的优势,建造标准厂房3.5万平方米用于出租,每年可为村级集体经济增收400多万元。南湖区凤桥镇永红村利用扶持政策,建造标准厂房、店面房等,每年为集体增收36万元,走出了一条比较稳定的发展路子。

### (二)抱团发展型

多数薄弱村地处偏僻,资源不足,发展村级经济门路不多,单兵作战能力更弱。因此,对比较偏远的薄弱村而言,迫切需要通过联合整合资源,实现共同发展。一是由镇(街道)政府牵头,在工业园区内统一为经济薄弱村建造标准厂房,增加薄弱村收入。二是村与村合作共谋发展,既有薄弱村之间的互相联合,又有强村带弱村型的联合。如平湖市新仓镇芦湾村等7个原薄弱村共同投资1400多万元在镇工业园区"车业创业孵化中心"内,建设标准厂房11924平方米,平均每村每年收益20多万元。钟埭街道由经济强村花园村带2个集体经济薄弱村联合建设17000多平方米的综合性商务大楼。新埭镇9个村经济合作社共同出资1000万元组建平湖新联实业有限公司,以开发物业为主实施资本经营。

### (三)资源开发型

利用资源和产业优势,通过土地整理、宅基地复垦、土地流转等,加大对基础设施的投入,盘活资源性资产,挖掘集体经济新的增长点;通过提升鱼塘、果园等,以拍卖、承包、租赁、股份合作等方式,把产业优势转化为经济优势,增加村级集体经济收入。如桐乡市洲泉镇马鸣村通过土地整理和复垦后出租,年收益增加15万元。平湖市新仓镇开展宅基地拍卖尝试,8个宅基地拍卖净收益达90万元。秀洲区王江泾镇民和村利用集体土地提升鱼塘298亩,年租金收益18万元。还有一些村利用沪杭高速、乍嘉苏高速、杭州湾跨海大桥沿线的优势,以场地租赁等形式参与高架广告经营,收取固定租金,拓展增收渠道。

### (四)服务创收型

依托地处城郊和工业功能区的优势,大力发展商饮服业,主动为工商企业和新居民提供全方位的服务;依托村经济合作社,加快土地规模化流转,在提供服务的同时实现增收。如嘉善县魏塘镇庄港村利用地处魏塘镇郊,当地工商企业发达,新居民集中居住的条件,积极提供服务,推进农村三产的发展,通过服务集体经济实现增收30多万元。秀洲区油车港镇合心村全村共流转土地面积2190亩,占农村土地承包总面积的51%。农村土地经营权的流转,在产业结构进一步得到优化和乡村环境进一步美化的同时,还有效促进了农民和村集体经济的增收。

### (五)管理增效型

通过科学规范集聚点、强化资产和财务管理、推进农村社区股份合作制改造等手段,增强村级组织增收节支的能力,压缩村级非生产性开支,达到管理出效益的目的。如桐乡市屠甸镇汇丰村通过实施新村集聚,进行土地平整和宅基地整理,既新增了200多亩土地,为今后村级集体经济的发展腾出了更多的土地空间,又避免了重复建设和不必要支出,大大减轻了村级集体经济的负担。农村集体资产产权制度改革推进顺利,全市到2012年底,共有841个村完成了集体资产产权制度改革,占总村数的94.6%,既强化了村干部发展村级经济的意识,又提高了全体股东参与、监督村级经济的主动性。

## 四、进一步加快我市村级集体经济发展的若干建议

### (一)盘活自身存量,优化资源配置,拓展村级集体经济发展途径

#### 1.发展农业设施

发展设施农业是实现农业现代化的必然要求,也是促进农村集体经济发展的重要途径。围绕粮油、水产、水果、蔬菜、花卉苗木、食用菌、畜牧、蚕桑等产业开展现代农业生产设施项目建设,加大对村(股份)经济合作社等集体主体的财政帮扶力度,按照一定面积,给予村(股份)经济合作社实际投资额一定的补助。鼓励村(股份)经济合作社利用集体所有的农地、水面等资源,围绕主导特色产业,农业观光旅游等新兴产业,以集体独资或吸收其他资金参股等方式建设大棚、粮食烘干、仓储等农业设施,以出租、承包等形式取得稳定收入,将资源优势转化为集体经济发展优势。

#### 2.盘活资产经营

鼓励村(股份)经济合作社充分挖掘、整合闲置或低效使用的办公用房、老校舍、仓库等各类集体资产,通过厂房、机器设备、鱼塘、闲置土地等集体资产出租或入股经营的方式,搞活存量资产,发包和租赁经营,以存量换增量。同时,还可以对区域位置优越的宅基地实行有偿选位,探索开展宅基地有偿使用制度改革,拓宽村级集体经济增收渠道。

#### 3.兴办服务项目

以村(股份)经济合作社为投资主体,为农村一、二、三产业提供生产经营的

专项服务和配套性服务。组建服务合作、富民合作等各类合作组织,联合兴建写字楼、民工宿舍、仓储设施、商铺店面、农贸市场等物业项目。鼓励高速公路、国道沿线的村通过广告位租赁以获取稳定的收入。同时,要抱团联合发展。对一些地理位置偏远或受规划限制、村内资源匮乏、发展空间较小的薄弱村,要以镇为单位,统一在城镇规划区或工业园区内安排一定用地指标,用于薄弱村兴建物业;鼓励村与村、村与企业抱团联合在新市镇、新社区周边联建或联购物业项目,增加村级集体资产和集体经济收入。

### (二)多方支持帮扶,弥合发展鸿沟,创新村级集体经济发展方式

#### 1. 就地发展

对位于城郊,二、三产业发达的村,要挖掘集体建设用地资源,采取各种形式开发兴建物业项目,获得稳定收入。积极开展集体土地确权登记,鼓励村级组织以村庄整治、宅基地复垦为抓手,增加集体建设用地存量,通过物业开发、租赁等增加集体收入。

#### 2. 异地开发

对一些地理位置偏远、村内资源匮乏、发展空间较小的薄弱村,要以镇(街道)为单位,统一在城镇规划区或工业园区内,安排一定的用地指标,用于薄弱村兴建物业;鼓励薄弱村异地购置物业,增强经济薄弱村的"造血"功能。

#### 3. 抱团联合

鼓励村与村抱团联合在城镇规划区或新市镇、新社区周边,联建或联购物业项目,增加物业收入。鼓励有条件的地方,以村为主体投资组建开发公司,组团式经营物业项目,采用统一购置、统一租赁、统一收益分配模式,增加村级集体资产和集体经济收入。

### (三)加大财政支持,实行税费减免,强化村级集体经济发展动力

#### 1. 鼓励开展"一事一议"筹资筹劳建设村内公益事业

拓宽村级公益事业建设投入渠道,建立以村民"一事一议"筹资筹劳和村级经济组织投入为基础,财政奖补资金为引导,企业与社会捐助为补充的多元投入的村级公益事业建设投入新机制。建议市财政对上年度"一事一议"实际筹资筹劳 5 万元以上且收缴率在 80% 以上的村,继续给予工作经费上的奖励。对开展村内公益事业建设"一事一议"筹资筹劳的村,按照一事一议财政奖补办法组织实施,对结合美丽乡村建设实施的与村民生产生活密切相关的村内公益事业"一事一议"项目优先予以立项奖补。

2. 建立村干部基本报酬财政补助制度

根据经济社会发展水平,参照农民人均纯收入,合理确定村干部基本报酬。扩大财政对村干部基本报酬转移支付的范围,减少村级非生产性支出。

3. 实行税费减免政策

落实各级有关规定,对村集体创收建设项目,免收征地管理费、土地登记费、房屋登记费、城建配套费、墙改费等规费;减半收取白蚁防治费、工程质监费、测绘费、散装水泥费等事业性收费和需委托中介机构出具的如设计、审计评价、公证、评估等服务费用。对村集体建设项目依法办理土地出让的,其出让金收益部分,经济薄弱村通过财政全额返还,一般村返还 50%。村集体通过资产租赁获得的房产性、营业性收入,薄弱村按照应上缴税收地方留存的 100% 返回,其他村返还 50%。村集体通过资产租赁获得的房产性、营业性收入等地方留存部分,实行先征后奖。村级组织用于非营利性的公共活动场所的用水用电,按照居民生活价格标准执行。对企业用于村级公益事业的捐赠支出,按一定办法在计算应纳税所得额时扣除。同时,鼓励电信运营企业等加大对惠及"三农"的资费政策倾斜力度;鼓励金融机构通过下浮贷款利率等方式支持村级集体经济项目建设。

### (四)优化发展环境,突破要素制约,夯实村级集体经济发展基础

1. 落实村级发展用地机制

坚持优先、适量、兼顾的村级发展用地原则。一是落实用地指标。根据全市经济薄弱村现状,各县(市、区)在每年建设用地指标中切出 5% 的指标,专门保障村级集体经济发展,重点向经济薄弱村倾斜。市里每年安排 100 亩土地指标,统筹用于市本级薄弱村建设有固定收益的项目(区按 1∶1 的面积配套),或者通过指标折抵入股等形式,力求用地指标效益最大化,支持薄弱村发展物业经济。二是开展农村土地综合整理。通过农村土地综合整理,新增建设用地指标的 50%,用于本村集体发展物业性创收项目。由于规划因素无法在本村落实的,可置换到城镇规划区、工业园区内发展物业经济。三是建立土地征用留用地政策,村集体土地被征用的,按批准征用土地面积的 5%～10% 作为村级发展留用地,用于发展二、三产业。镇(街道)政府可在区位条件相对较好的城镇规划区内安排部分建设用地,用于经济薄弱村发展物业经济。

2. 加大金融支持力度

各金融机构特别是农村合作银行,要在信贷上优先支持村集体发展物业项目建设,允许村以《村经济合作社证明书》作为贷款主体依据,对经济薄弱村发

展集体经济建设项目的,贷款利率按基准利率下浮 20％,其他村按照基准利率执行。鼓励发展各类农民信用合作组织,完善信贷支持机制,解决村集体融资难问题。

3.选好配强班子

一是加强基层组织建设。要切实加强以村党组织为核心的村级组织建设,形成以村党组织为领导、村经济合作社和村委会合理分工、各司其职、相互配合的组织管理体系。建立健全村级组织工作制度和议事规则,着力建设一支守信念、讲奉献、有能力、重品行的农村基层干部队伍。二是选配优秀带头人。按照市委《进一步加强基层党组织建设的意见》和"领雁计划"的要求,把选优配强村级组织班子,尤其是村党支部书记作为农村基层组织建设的首要任务抓好落实。三是加强干部队伍建设。加强对村干部致富技能、市场经济知识、经营管理等方面的培训,使村级班子真正成为带领农民开拓创业、加快促进富民强村的核心力量。完善村干部基本报酬财政转移支付制度,在现有标准的基础上,按全市农民人均纯收入逐步提升。进一步完善激励约束机制,将村干部报酬与发展集体经济挂钩,增强村干部干事创业、发展集体经济的积极性,着力建设一支守信念、有能力、重品行的农村基层干部队伍。

**(五)加强管理考核,健全运行机制,提高村级集体经济发展质量**

1.加强对村集体资金资产资源的监管

农村集体资金、资产、资源(简称"三资"),是发展农村集体经济和实现农民共同富裕的重要物质基础。要加强村经济合作社组织建设,摸清集体"三资"现状,加快健全和落实农村集体"三资"管理制度,推进民主管理进程。强化农村"三资"管理服务中心的监管职能,建立"群众民主监督、会计核算监督、上级审计监督、电子网络监督"四位一体的监督机制,着力构建"管理规范、监督有力、运行高效、富有活力"的农村集体"三资"管理体制和运行机制,保证村级集体的正当收入不流失,不断提高村集体资产的利用率。

2.强化村集体经济的民主管理

进一步规范和完善村级集体经济民主决策的内容、形式和程序,集体经济发展规划、发展项目、工程建设、资产变更等重大事项和重大支出必须实行民主决策。严格执行村级财务收支预决算制度,完善村财务公开和民主管理制度,积极发挥民主理财小组作用,做到村级财务按月公开、逐笔公开,重大财务事项随时公开,经营性资产出租全部公开招投标。在目前已完成村集体资产股份制改革的基础上,加强村级集体经济审计监督的经常化、制度化和规范化建设,强化事前监督。

3. 全面加强督查考核

对村级集体经济申报的项目，须经实地踏看、审核认定后，方可确定实施，项目管理要严格执行支农项目责任管理制度，并建立项目监督验收组，实行年度考核和项目验收。把村级集体经济发展成效纳入各镇年度目标管理责任制考核，并作为各镇党委落实基层组织建设工作责任制的重要内容纳入年度述职。对村级集体经济发展好、增速快、后劲大的村和为村级集体经济作出突出贡献的村"两委"班子，实行考核奖励。

# 嘉兴产业集群优化升级分析

□ 洪银梅

20 世纪 80 年代后期以来,处于县域经济环境下、以块状经济为典型表现形式的产业集群在嘉兴快速发展,目前已成为嘉兴区域经济的重要特色、支撑和动力,在整个工业经济中占有举足轻重的地位。进入 21 世纪,面对日益激烈的市场竞争和土地供给、环境污染等资源环境问题的约束,传统区域特色经济集群低、小、散的弊端不断暴露,主要靠低成本获取竞争优势的增长难以持续,提高产业集群的创新能力和持续竞争力,是嘉兴经济转型升级中亟待研究解决的一个重要课题。

## 一、嘉兴产业集群发展的现状与特点

### (一)嘉兴产业集群发展的现状

经过 20 多年的发展,嘉兴已形成了包括嘉兴港区化工新材料产业集群、海宁皮革制品产业集群、海宁许村布艺产业集群、平湖光机电产业集群、南湖通信电子产业集群、南湖汽配机电产业集群、秀洲工业园区新能源产业集群、秀洲洪合针织产业集群、嘉善电子信息产业集群、平湖服装产业集群、海盐核电关联产业集群、海宁经编产业集群和桐乡濮院针织产业集群等在内的 38 个产业集群支撑的工业格局。其中,年产值超千亿的产业有 3 个,分别是纺织、新材料和装备制造,超百亿产业集群 13 个;年销售收入、实现利税、吸纳就业人员分别占全市工业的 60%、55% 和 90%。①

桐乡濮院羊毛衫、海宁许村布艺、秀洲区王江泾织造、海宁马桥经编被中国

---

① 《嘉兴市培育现代产业集群成效明显》,http://www.zjdpc.gov.cn/art⑫9/20/art_229_281996.html.

纺织报评为 2012 年中国纺织行业最具影响力的十大产业集群;以国际商务区为核心的现代服务业集聚区被列为省级产业大平台;在由中国社会科学院工业经济研究所主办的三届"中国百佳产业集群"评比中,嘉兴入选的产业集群数量始终名列前茅(见表 1)。

表 1  "中国百佳产业集群"嘉兴入选产业集群

| 届次 | 第一届 | 第二届 | 第三届 |
|---|---|---|---|
| 产业集群 | 嘉善中国木业及家具<br>海宁中国皮革加工<br>桐乡中国毛衫<br>平湖中国光机电<br>海盐中国紧固件 | 中国桐乡濮院羊毛衫<br>中国桐乡崇福皮草<br>中国海宁皮革<br>中国海宁经编<br>中国平湖出口服装加工<br>中国海盐紧固件 | 海宁中国皮革<br>中国海宁经编<br>中国崇福皮草<br>中国平湖光机电 |
| 嘉兴入选数 | 5 | 6 | 4 |
| 浙江入选数 | 36 | 29 | 24 |

### (二)嘉兴产业集群发展的特点

1. 以专业镇为基础,形成了大协作、大产业、大市场格局

以专业镇为基础,通过大量中小企业的分工合作,做大产业、扩大市场影响力,是嘉兴产业集群最基本的特征,纺织、皮革、经编等传统产业集群的发展几乎都是通过这种路径。以王江泾纺织产业集群为例。作为全国发展与改革试点镇和浙江省首批 27 个小城市试点镇,在全球经济危机的大背景下,王江泾镇的传统纺织产业逆势上扬,已形成了织造、化纤、印染、服装生产等现代纺织产业集群,成为浙江绍兴中国轻纺城、江苏盛泽中国东方丝绸市场、辽宁西柳市场的面料重要原产地和我国薄型面料的重要生产基地,其纺织市场的辐射力覆盖全国,成为嘉兴市极富影响力的纺织大镇、工业强镇和经济重镇。

2. 以工业园区为依托,成功闯出了独特的产业发展之路

依托工业园区,做大做强产业,是嘉兴产业集群发展的另一个重要特征。如嘉兴港区化工新材料产业集群,依托地理区位、港口岸线及产业基础等优势,紧紧抓住浙江省海洋经济发展示范区国家战略和嘉兴市滨海开发带动战略机遇,全面推进"三大倍增计划",发展循环产业链和化工新材料为主体的产业项目,加快建设和培育"以大港口综合物流和省级产业集群转型升级示范区的大平台",化工新材料产业产值超过 400 亿元,成为国内具有一定影响力的化工新材料产业集群。

在海宁经编的发展历程中,海宁中国经编针织科技工业园发挥了至关重要的作用。众多经编生产企业将园区作为集聚地和创业基地,逐渐形成了特色明显、设备先进、技术领先、效益突出、平台健全等的经编产业基地。目前,海宁经编产业园区内 85% 以上的企业从事经编及相关产业,是国内乃至世界经编业的一个重要生产加工基地,其经编行业产量占全国行业总量的 20%,显示了强大的生命力。

3. 以产业转移寻找新的发展空间,努力提升传统产业集群附加值

据统计,嘉兴 38 个产业集群主要分布于 18 个制造行业中,主导产业以传统制造业为主,经济主体以中小企业为主。由于国际市场需求萎缩,国内市场需求有限,加上要素制约、成本上升、环境倒逼,嘉兴传统产业集群面临全行业的盈利难题。面对巨大的压力,嘉兴传统产业集群探索了一条"园内提升,园外拓展"的道路,以产业转移寻找新的发展空间,不断提升传统产业集群附加值。如嘉善县在江西永新县建设的永新·罗星工业园,平湖市与山东金乡县合作建设的以服装等传统密集型产业为主的金平湖产业园,以及与江苏东海县合作的以箱包及相关配套产业为主的平湖箱包产业园,都为嘉兴产业转移探索出了一条新路。

又如海宁经编产业园在安徽郎溪县开建新的园区,以产业转移来寻找新的发展空间,进一步提升海宁经编产业集群影响力和竞争力;海宁皮革产业建立了国内最先进的皮革公共实验室,成立皮革品牌风尚中心,与中国美院和清华大学合作成立实验基地,每年举办声势浩大的"中国皮革风尚周",努力推动产业集群的竞争力从初级生产要素转向高级生产要素,提升了产业的持续竞争力。

4. 以专业市场为支撑,不断扩大总量和市场份额,在国内外具备了一定知名度和美誉度

嘉兴专业市场已形成一定的规模。据统计,到 2011 年底,全市共有年成交额超亿元市场 53 个,超 10 亿元市场 12 个;①2012 年上半年,全市共有各类商品交易市场 327 个,总交易额(不含网上交易额)498.59 亿元。海宁中国皮革城、濮院羊毛衫市场、中国茧丝绸市场等 3 家市场入围 2012 年全国百强市场。海宁皮革、海宁家纺、桐乡针织和秀洲羊毛衫针织等特色产业群与专业市场存在较好的互动关系,在专业市场的支撑下,不断扩大总量和市场份额,知名度和美誉度不断得到提升。如中国毛衫名镇洪合,以洪合羊毛衫市场为依托,全镇 12000 多家毛衫企业和经营户,年产毛衫 4 亿件,针织毛衫及配套产业占洪合工

---

① 方霞、孔洁雯:《嘉兴去年超亿元市场 53 个》,http://www.zjol.com.cn/ 2012-10-19.

业比重 50% 左右,毛衫产量占全国毛衫产量的 10%,80% 以上产品远销到美国、俄罗斯、南非等 30 多个国家和地区,在国内外具备了一定的知名度和美誉度。[①]

## 二、嘉兴产业集群发展中存在的问题

产业集群的发展,在区域产业发展中发挥了较好的示范引领作用,增强了嘉兴经济的实力,强化了嘉兴的区域竞争潜力。但从目前嘉兴产业集群发展现状和特征看,还存在以下突出问题。

### (一)产业集群总体产业层次偏低,产业链延伸不够

大部分集群分工与专业化程度不高,产业前后关联效应不强,没有形成产业链,研发、营销和品牌等主要增值环节不为自己掌控,低成本、低附加值仍是不少企业参与竞争的主要策略,贴牌生产几乎是许多外向型企业的生命线。

低成本竞争的主要缺陷是其所依赖的劳动力、原材料及交易成本的廉价状况不是永恒不变的,在全球竞争空前激烈、焦点日益转向技术和创新竞争的形势下,低成本的比较优势难以长期维持。因为为其他知名品牌贴牌生产只是处于低附加值环节,在技术服务上难以形成密切联系主导企业的产品,产业链延伸不够,导致集群缺少自我增强机制,从而影响其在国内外的竞争力。

### (二)产业集群内企业规模偏小,实力不强

从企业看,关键企业、龙头企业数量不多,实力不强。一是大企业数量少,目前除化工、化纤行业大企业比重比较明显外,其他行业大多在 3% 内;二是大企业实力还不强,如在由浙江省工业经济联合会、浙江省企业联合会和浙江省企业家协会主办的“2012 浙江省企业领袖峰会暨企业家活动日”上,揭晓了我省的综合百强、制造业百强和服务业百强企业榜单。嘉兴市只有两家企业入围,其中桐昆集团股份有限公司以 290 亿元营业收入排第 27 位,新凤鸣集团股份有限公司以 118 亿元排第 76 位。而杭州、宁波、绍兴分别有 37 家、21 家和 17 家企业入围,其中列首位的杭州浙江省物产集团公司营业收入是 1670 亿元,嘉兴的差距非常大。

### (三)产业集群内部创新能力不足,产品同质现象严重

一是嘉兴产业集群中有大量劳动密集型中小企业,这些企业大多缺乏优秀

---

① 张海生:《嘉兴洪合毛衫出口何以逆势增长》,《中国经济时报》2012 年 9 月 24 日。

人才,自主创新能力薄弱,技术创新不够,产业发展很大程度上要依赖技术模仿和装备更新。二是集群内企业协作水平比较低,企业间合作创新和知识交流缺乏,更多的是依靠有实力的单个企业与科研机构、高等院校等进行技术合作,经济带动力不强。三是创新能力的低下导致了设计能力的不足,进而使得产品缺乏差异化,产品同质现象严重。

### (四)缺乏集群品牌的整体战略规划,品牌运作水平较低

由于差异化的品牌和营销手段不足,导致不少企业经营困难,出现尽管市场占有率较高但产业却处于低利润率状态,影响市场经济秩序和区域后续发展能力。

### (五)基础设施和法律法规不健全,产品仿制现象较多

基础设施欠缺,具体表现在金融担保体系、信用体系和研发体系缺位,政策上对企业的支持力度不够,政府部门办事效率和服务质量不高,使得集群内部企业往往丧失商机,集群优势受到抑制,很难实现集群的迅速升级。

由于缺少行业规范标准和有效的监管,产品仿制、侵害知识产权的现象较多,部分企业在本地交易过程中还存在价格难谈、货款难收等不确定性,企业之间很少交易,更谈不上合作创新和知识交流,行业竞争环境还需大力优化。

## 三、嘉兴产业集群优化升级的必要性分析

### (一)产业集群优化升级的内涵

产业集群优化升级包含了产业集群优化和产业集群升级两个相辅相成的同向概念。产业集群优化是产业集群升级的前提,产业集群升级是产业集群优化的结果。

#### 1.产业集群优化

产业集群优化是指通过调整,使产业集群实现协调发展,具体包括产业集群结构合理化和高度化。所谓产业集群结构合理化,是指根据消费需求和资源条件,对不理想的产业集群结构进行调整,使资源在产业集群之间进行合理配置和有效利用。所谓产业集群结构高度化,是指产业结构不断向深度加工化和高附加值化发展,以更有效充分地利用资源。

#### 2.产业集群升级

产业集群升级是指产业集群利用自身所处区域的特有优势,一方面,加强

内部经济业务合作,发展和完善产业集群内部产业网络;另一方面,积极回应全球产业网络的变化,努力嵌入全球价值链的战略性环节,从而获取更多附加值的活动。产业集群升级主要体现在技术创新能力的升级、内部组织结构的升级、产业集群内主导产业的升级和外向关联的升级等四个方面。

### (二)影响嘉兴产业集群优化升级的原因分析

#### 1.外部环境因素

经济增长模式越来越不适应世情的变化和要求。长期以来,我国经济增长模式的基本特点是高度依靠投资和出口,以及低成本生产要素的高强度投入。这种模式导致了我国长期以来过高的储蓄率和投资率,以及过低的消费率。当世界经济出现危机,外部需求萎缩,出口增速下降时,就需要扩大内需以保证经济的增长,但国内市场在短期内难以形成替代出口的空间,经济增长难以持续。所以,传统的经济增长模式在后危机时代面临着必须转变的压力。

规模扩张与空间环境间的制约矛盾加大。与省内其他地市相比,嘉兴有海无滩,没有低丘缓坡,土地后备资源明显不足,可供开发的土地资源极其有限,受基本农田保护任务制约,建设用地供应紧张,土地供需矛盾突出。如目前嘉兴港区化工新材料产业园区规划面积仅 10 平方公里,土地供给已达上限,产业规模扩张与空间承载制约之间的矛盾日益凸现,特别是规模扩张对港区安全、环境承载力的压力加大。

#### 2.内在发展矛盾

据统计,嘉兴 38 个块状经济主要分布于 18 个制造行业中,主导产业以传统制造业为主,经济主体以中小企业为主。在面临要素制约、成本上升、环境倒逼的形势下,产业竞争力逐渐下降。

传统产业集群的低成本竞争优势逐步流失。以劳动、资源密集型产业为主的传统产业集群,主要依靠价格竞争得以生存发展。由于产业集聚的外部效应,弥补了企业规模效益的不足,使传统产业能形成合力,并得以迅速发展。但随着土地供给、劳动力成本以及生态环境因素的制约,产业的低成本竞争优势式微。

供求之间的结构性矛盾越来越严重。主要体现在需求结构和供给结构两大方面。需求结构的矛盾主要表现在内外需不平衡、投资与消费不平衡,以及消费对经济增长贡献偏低等;供给结构的矛盾主要表现在低附加值产业比重过大、自主创新能力不强,以及科技创新对经济增长贡献较低等方面。此外,过量的产能和有限的需求之间也构成了供求之间的结构性矛盾。

上下游企业联动发展的格局不明显。现有的产品领域中,上游环节的产品,下游延伸产品相对较少,集群布局的主要是各大企业的加工制造环节,本土化布局相对较少,技术工艺"受制于人",创新本土化有待提升。

知识产权保护较难。因业内企业数量过多,难以形成企业联盟或技术合作,"搭便车"成为业内较普遍心态,模仿而非创新成为传统产业集群的一大特点,集群内的技术溢出效应极为明显。

吸引高端要素集聚发展乏力。相比上海、杭州等地吸引高端要素的比较优势还不明显,这直接影响了产业价值链和竞争力的提升。

## 四、嘉兴产业集群优化升级的具体实践与创新做法

### (一)实施"两退两进"方略,为优化产业集群创造良好环境

"两退两进"即"退低进高、退二进三",是指将制造业中资源占用多、能源消耗高、环境污染重、已不适合在当地继续发展的相对低端低效的产业、企业或某些生产环节,从原所占有的空间中腾退出来,继而引进相对高端高效的先进制造业和现代服务业、优质企业或某些先进生产环节的行为与过程,是有效破解当前嘉兴面临的土地制约、环境能耗等突出问题的必然选择,是促进嘉兴产业集群优化升级的重大决策。

近年来,嘉兴坚定不移地实施"腾笼换鸟"、优二进三方针,把实施全市面上退低进高和重点区域、重点环节退二进三作为拓展空间、优化集聚、加快转型发展的重要举措,制定出台了实施"两退两进"促进经济转型升级的若干意见,明确提出到 2015 年末,全市腾退低效用地 3 万亩、力争 4 万亩,亩均销售收入和亩均税收分别达到 300 万元以上和 12 万元以上的目标。全市各类产业集群亩均投资强度由 2006 年的 70.6 万元提高到 2011 年的 150.1 万元、五年提高112.5%,容积率由 0.56 提高到 0.65、五年提高 16%。[①] 据初步统计,2012 年,全市共腾退低效用地 10151 亩,完成全年目标的 126.9%。其中,实施关停淘汰项目 85 项,腾退低效土地 4530 亩,如嘉兴经济技术开发区关停了环境污染严重的浙江蓉胜精线有限公司,腾退土地 138 亩;收回低效闲置土地 133 项,腾退土地 5061 亩,如平湖市经济开发区协议收回伊诺华公司 70 亩低效闲置土地,用于引进总投资超过 1.5 亿美元的钢压延项目。[②]

在抓好"退"的同时,着力加快"进"的步伐。2012 年,全市通过加层或翻建

---

① 《嘉兴市培育现代产业集群成效明显》,http://www.zjdpc.gov.cn/art/2012/9/20/art_229_281996.html.

② 朱卉:《"两退两进"揭开转型升级序幕》,《嘉兴日报》2013 年 1 月 9 日。

改建厂房,新增厂房12.6万平方米,零增地技改新增设备投资35亿元。如嘉兴市凯力塑业有限公司通过产品转型,年产值从原来的不足1000万元,增长到2011年的5000多万元,再到2012年的1亿余元,就是提高土地利用效率的一个典型案例。

### (二)深化城乡统筹改革,联动推进产业集群优化升级

以列入全省统筹城乡综合配套改革试点为切入点,以优化"1640300"(嘉兴市区为中心、5个县(市)城区和滨海新城为副中心、40个左右新市镇为骨干、300个左右城乡一体新社区)城乡空间布局为着力点,协同推进城乡土地集约利用、产业集聚发展。

一是充分发挥主副中心城市承载现代服务业集群发展的主阵地作用。结合开展"两退两进"和城市有机更新,按照城市功能上品位、产业集聚有内涵的要求,充分发挥国际商务区龙头带动作用,统筹推进城市东南片区、湘家荡区域、空港新城和嘉兴科技城、浙江科技孵化城等重点区块开发建设,合理布局科技研发、文化创意、旅游休闲、服务外包、现代物流等产业功能区块。

二是充分发挥新市镇承载先进制造业集群发展的主阵地作用。统筹布局市镇工业功能区、商贸公共服务区、城乡一体新社区和现代农业园区,以实施"两分两换"优化土地使用制度为动力,以现代新市镇和城乡一体新社区"两新"工程建设为抓手,加大农村土地整治复垦力度,加快用地指标流转,强化制造业集聚发展、转型提升的要素保障。

### (三)以"两化"深度融合试验区建设为契机,提升产业集群创新能力和综合竞争力

"两化"融合是指信息化和工业化的高层次、深度结合,即以信息化带动工业化、以工业化促进信息化。

2012年,平湖光机电产业集群被列入浙江省产业集群"两化"深度融合第二批试验区名单,连同2011年列入的嘉兴港区化工新材料产业集群和海宁皮革制品产业集群,嘉兴已有3个产业集群进入全省"两化"深度融合第一批试验区名单;2012年,嘉兴港区化工新材料产业集群、南湖通信电子产业集群等12个产业集群被确定为嘉兴市级产业集群"两化"深度融合第一批试验区。

以"两化"深度融合试验区建设为契机,嘉兴加快了提升产业集群创新能力和综合竞争力的步伐。为了进一步加快信息化进程,各试验区均已制定详细的实施方案,明确了发展目标和推进举措。如海宁皮革产业集群就提出,争取通过三年努力,使全市规上革制品企业产品研发设计应用率达90%,生产控制系

统应用率达 80％,皮革产品信息技术(条形码)应用率达 100％,电子商务应用率达 85％。桐乡濮院针织产业集群则提出,2011 年重点建设 320 创意广场、物流信息化平台、电子商务应用平台,2012 年建成濮院毛纺织原料电子交易市场。

### (四)深入实施创新引领战略,强化产业集群科技和人才支撑

把集聚创新资源、加强科技创新作为加快产业集群优化升级的核心动力,深入实施创新引领战略,着力打造产业集群的"绿色发动机"。

一是构建服务产业集群的科技平台。近几年,嘉兴先后引进集聚了浙江清华长三角研究院、浙江中科院应用技术研究院等国内外大院名校 70 余家,初步形成了以嘉兴科技城、浙江科技孵化城、国际商务区、嘉兴高新区为核心的"两城两区"科技创业创新带,相关科研院所与 40 个产业集聚区的 1000 多家企业建立了各种形式的产学研合作关系。各县(市)也搭建了一批有影响力的区域创新平台,如海宁经编、海盐标准件、嘉善电子通讯等省级创新平台,为产业集群优化升级提供了强有力的科技支撑。

二是实施 2012 年第三批"创新嘉兴精英引领"计划。新引进了中科院上海技术物理研究所、国家纳米科学中心、南昌航空大学等 9 家水平较高的共建创新载体,努力争取与大院名校对接,形成以龙头企业为核心的产学研联盟,起到引领和示范提升产业层次和优化产业结构作用。

三是突出高层次人才向现代产业集群优先配置的导向。更有针对性地实施"创新嘉兴精英引领计划",着力打造"星耀南湖"人才工作、"南湖百杰"评选等系列品牌,促进人才数量稳定增长、质量稳步提升。2012 年全市每百万人人才拥有量达到 2264 人,入选和引进国家"千人计划"数量位居全省地级市之首。

四是主动顺应信息化与工业化融合发展趋势,把加强研发设计作为深化集群产业链、推进产品创新、增强市场竞争力的重要环节,完善政策举措,扶持培育工业设计企业,初步形成了嘉兴创意创新(软件)园、桐乡濮院 320 创意广场、海宁中国皮革城品牌风尚中心等一批工业设计集聚区。

五是积极实施品牌带动战略,坚持以设计创品牌、强品牌,鼓励企业由"产品制造"向"设计制造"转变,涌现了雅莹服饰、麦包包、五芳斋等一大批典型企业。

### (五)鼓励企业做大做强,夯实产业集群主体实力

一是大力实施企业"倍增计划"和"百千"企业产业培育行动,以壮大总部型、品牌型、上市型、高新型、产业联盟主导型的"五型企业"为重点,大力发展具有较强示范带动作用的龙头企业。鼓励支持优势规模企业以品牌为龙头、技术

为核心、资本为纽带,加大横向并购等力度,加强延伸产品开发和新兴市场开拓,更好地发展实体经济,带动产业集群,支撑区域发展。目前全市已有 13 家企业列为省级工业行业龙头骨干企业,有 2 家企业产值超百亿元,2 个县工业总产值超千亿元。

二是抓成长型中小企业、科技型中小企业和初创型小企业的培育工作,通过技术、资本、产业和市场等要素的融合,引导和扶持中小企业之间建立按工序分工的协作关系或拉长产业链,推动中小企业集群发展。

三是鼓励龙头骨干企业推行供应链管理,积极分离一些配套加工、基础件供应及特定生产工艺给劳动密集型、贴牌生产型中小企业,加快构建"中小企业服务产业主导企业"的组织网络形式,提高专业化、精细化、协作化生产水平。

## 五、嘉兴产业集群优化升级的对策建议

### (一)确立企业在自主创新中的主体地位,鼓励企业加大创新投入

鼓励企业坚持技术创新、管理创新、制度创新,注重产品结构升级,淘汰落后生产能力,淘汰低端产品、低附加值产品、低层次技术和工艺。

重点推进基于企业间互动合作、联合攻关的集群式创新,建立和完善集群式创新机制,强化产业链上中下游的协同创新,推动那些以"贴牌"生产为主的企业从 OEM(原厂委托制造)向 ODM(原厂委托设计)、OBM(建立品牌)转变,使集群内企业沿着全球分工体系中的价值链不断提升,从低附加值产品向高附加值产品、从低加工度向高加工度、从生产普通零部件到关键的核心部件跃升,实现先进制造业的聚集发展。

### (二)积极打造区域国际品牌,增强核心竞争力

区域国际品牌是一种公共资源,指在某个区域范围所形成的以产业集群为依托具有较强生产能力、较高市场占有率和影响力的产业或产品的地理标志,它代表着本区域在自然、文化、经济、社会等各方面的独特和创新之处。

发展区域国际品牌有利于改变产业集群及集群内企业的增长观念和发展模式。在一个具有区域品牌影响力的产业集群中,存在着专业化的分工合作体系,一些龙头企业专注于品牌建设、市场营销和新产品研发等"微笑曲线"两端高附加值方面的工作,而大量的中小企业为龙头企业提供生产、物流、配件等配套服务。在这种有序的分工合作中,区域内的企业由于能够共享这种公共的品牌效应(合法地"搭便车"),就不会片面追求规模型、速度型的增长方式,而会转

到追求技术进步、提高产品质量的轨道上来,从而促进区域产业集群的整体升级。

嘉兴各个产业集群聚集有大量企业,生产能力强,主导产品在国内外具有较高的市场占有率和一定的知名度,具有打造区域国际品牌的良好基础条件。

### (三)强化政策扶持,优化发展环境

及时解决项目建设、企业生产存在的问题。在项目引进、立项、环评、报批等方面推行"提前介入、专人负责、优先办理、特事特办、跟踪服务"等一系列服务措施,并不断简化行政审批,推行绩效管理,提高服务企业的水平,为企业在融资、用地、供水、供电、运输、社保、人才等方面提供优质服务,形成零障碍、低成本、高效率的投资环境。

加强在提供创新公共设施和公共产品方面的作为,满足产业集群的共性需求。企业集聚的过程中有许多公共性需求,针对企业的公共性需求,政府可以按照公共资源共享最多原则,集中建立以产业集群为基础的技术创新平台,形成具有较强创新能力的创新网络,从而显著增强公共投入的规模经济效应。

扶持中介机构,支持建立企业与支撑机构之间基于市场化基础上的互动合作的战略联盟关系,引导建设高效便捷、功能完备的,包括信息、咨询、金融、物流、技术、人才、商贸、法律、会计、审计、公证、仲裁等在内的支撑性服务平台,降低企业的交易费用,为产业集群发展提供充足的社会支持。

加大知识产权保护制度建设力度,保护技术创新成果,严厉打击假冒伪劣行为,保持企业创新动力,规范企业行为和市场秩序,制止集群内企业的恶性竞争,为产业集群创造良好的市场环境。

### (四)推广绿色低碳经济,促进产业集群可持续发展

产业集群能否实现可持续发展,根本在于能否在广度和深度上推进循环经济,实现资源的综合利用。基于嘉兴资源压力不断加大,环境形势极为严峻的现实状况,必须坚持以3R(减量化、再利用、资源化)原则发展产业集群,在产品设计,原料选取,加工制造,销售运输,及废弃物处理的整个产品生产周期中,全面节约使用各种资源,尽最大可能降低消耗,将对环境的影响危害减到最小。

为此,必须严格执行环保法规和标准,强化企业环境保护的监督和管理,抑制高消耗、低产出、低效率的产业发展,逐步淘汰高消耗、低产能的企业,递增发展清洁生产示范企业,构建产业集聚与生态效应互动的新格局,推进绿色产业集群的创建和壮大。

社会（文化）篇

# 2012年嘉兴市省级小城市试点镇
# 培育发展的实践与思考

□ 林　晨

　　近年来,随着经济社会的进一步发展,国内各地尤其是经济先发地区日益深刻意识到,要解决当地城乡发展不平衡,推进城市化进程,实现统筹城乡发展,需要大力打造一批集聚人口规模超过一般乡镇的区域性中心镇作为城市网络的中间节点。浙江省从1995年开始对小城镇进行综合改革试点,2007年出台了《关于加快推进中心镇培育工程的若干意见》,全省分两批累计批准设立中心镇200个。但是在实践中,这些中心镇在经济迅速发展、人口快速集聚的同时,土地、户籍、行政审批等现有政策内的硬约束却日益彰显。为此2010年底,浙江省委、省政府决定开展小城市培育试点工作,首批选择了27个经济强镇作为小城市试点,计划通过三年时间培育成初具规模的小城市。嘉兴2007年提出发展"新市镇"的目标,各镇城市功能逐步强化和完善,进入了促进新市镇向现代化小城市转型升级的新的发展阶段。在首批省小城市培育试点中,嘉兴秀洲区王江泾镇、桐乡市崇福镇和嘉善县姚庄镇经层层筛选,脱颖而出,被列入浙江省小城市培育试点镇。目前,随着试点工作进入三年计划的第三年,随着下放行政审批权限、优化用地指标、加强项目建设等一系统措施的推进,两年来,试点镇建成区新集聚人口53.4万人,二、三产业从业人员比重上升为90.2%,镇化率提高了5.1个百分点,人口城市化超出土地城市化4.2个百分点,正朝由"镇"向"城"转变的目标推进。

## 一、嘉兴市推进省级小城市试点镇培育发展的主要措施

　　嘉兴历史上商品经济发达,市镇星罗棋布,不乏人口过万户的大镇巨镇。改革开放后,农业工业化进程推动嘉兴传统市镇的复兴。嘉兴市小城镇发展历

经丰富实践,通过扩大建制镇的规模,增强其综合实力,90 年代初嘉兴有 140 多个乡镇,截至 2011 年底,已经撤并至 44 个。2007 年,嘉兴市推出了《关于推进强镇扩权积极培育现代新市镇的若干意见》,开始步入市镇发展的新阶段。2009 年,嘉兴进一步提出以"两分两换"为动力,全力推进"两新"工程(现代新市镇和城乡一体新社区)建设。2010 年出台了《关于深化完善新市镇建设的若干意见》文件,提出,下阶段我市新市镇建设的主要目标是促进新市镇向现代化小城市转型升级,到 2015 年,全市三分之二的新市镇将形成集聚水平高、城市功能全、经济繁荣、环境优美、生活富裕的现代化小城市雏形。

### (一)浙江省开展小城市培育试点的主要目标任务

浙江省小城市培育试点的主要目标是,到 2015 年,纳入小城市培育试点的中心镇要实现以下方面:建成区面积 8 平方公里以上,户籍人口 6 万人以上或常住人口 10 万人以上,户籍人口集聚率 60% 以上,形成比较完备的基础设施网络。年财政总收入 10 亿元以上,农村居民人均纯收入 2 万元以上。社会事业发展网络比较完善,建立权责一致、运作顺畅、便民高效的行政管理体制,以及权责明确、行为规范、监督有效、保障有力的行政执法体制等。同时,在"制定完善小城市规划"、"着力提升小城市功能"、"大力发展小城市经济"、"加快集聚小城市人口"、"全面提升小城市管理水平"等方面,提出了明确的任务,以及在管理权限、机构设置、行政区划、要素保障、财政管理、税费支持、专项资金等方面给予了政策保障。按照"一年一个样,三年大变样"的工作要求,浙江通过政府推动、投资拉动和改革促动,努力将首批 27 个规模大、条件好的中心镇培育发展成为功能定位清晰、空间布局合理、经济繁荣发达、服务功能完善、生态环境优美、体制机制灵活、能主动承接大中城市辐射和有效带动周边乡村发展的区域政治、经济、文化和科教中心。

### (二)嘉兴市关于小城市试点镇培育发展的主要措施

崇福镇、王江泾镇、姚庄镇三个镇被列入省首批小城市培育试点镇后,市委强调了"以'两分两换'推进'两新'工程建设为重点,加快城乡区域统筹发展"的工作思路,提出在新市镇发展中要突出抓好首批 3 个省级小城市试点,示范带动新市镇建设,率先形成现代化小城市的雏形。具体采取了以下措施。

#### 1. 行政推动

嘉兴市切实加大了工作谋划和运用行政力量推进力度,加强对小城市培育试点工作的组织领导和协调,理顺县(市、区)业务主管部门和试点镇的关系,健全监督考核和评价体系,建立完善县(市、区)镇两级协调运转的工作机制。定期召开省级小城市培育试点工作推进会,在市委书记的统一领导下,各级各部门加强组织领导和工作协调,在小城市规划、资源整合、政策配套、干部队伍建设等方面予以配合和支持。3个试点镇所在的县(市、区)全面建立了县(市、区)委书记联系小城市培育试点制度,亲自联系、亲自部署、亲自调研、亲自协调。为解决试点镇在培育试点过程中存在的困难和问题,2011年底嘉兴集中开展小城市培育试点"双月专项服务"活动,在规划修编、项目建设、重点改革推进、扶持政策落实和五大中心建设等方面进行了专门对接和服务,取得了积极成效。全市市级机关各部门单位共同参与,体现了市委市政府对试点镇的重视和关心,提振了试点镇的培育信心和决心。

### 2. 制度创新

嘉兴市从制度层面上对小城市培育试点进行改革创新,营造有利于试点镇发展的制度环境。重点推出了行政审批权限下放、党政机构整合、服务平台构建等一系列体制机制改革,探索形成与小城市发展相适应、权责一致、运转协调、便民高效的新型基层行政管理体制和运行机制。

首先,转变政府职能,增强管理服务功能。通过转变政府职能、理顺县(市、区)镇职责关系、推进执法重心下移、完善公共服务等一系列措施,进一步提高试点镇党委、政府科学决策和统筹协调的能力,重点是赋予试点镇县级经济社会管理权限,各试点镇建立城镇管理综合执法大队,负责城镇综合性管理;县(市)派驻试点镇的机构建立分局,分局正职由县(市)部门领导兼任或明确为副科级;在核定的编制内,试点镇可根据工作需要设置内设机构;试点镇的党政一把手升级,书记进入所在县(市)委常委,镇长明确为副县长级,列席县(市)政府常务会议等。截至2012年底,秀洲区已下放了13个部门的128项行政审批事项;嘉善县下放了22个部门的129项行政审批事项;桐乡市下放了10个部门,扩权事项达80多项。

其次,优化机构设置,合理配备人员编制。按照精简、统一、效能原则,统筹试点镇党委、人大、政府机构和群团组织设置,按照优化资源配置、提高工作效率、便于服务群众的要求,整合镇政府的行政事业职能,切实优化组织结构,在保持其行政事业机构编制总量稳定的前提下,将原4~6个党政机构和5~6个事业机构整合为10个党政机构和1个事业综合服务中心,在机构编制总量保持基本稳定的前提下,合理配备人员编制和领导职数,工作人员根据工作需要允许交叉任职,实行统筹安排,实现了行政资源集约利用。

第三,以理顺职责关系、下移管理重心为重点,稳步推进"大综合"行政执法体制改革。秀洲区集中了涉及经信、农经、规划等17个部门22类共1761项行政强制、监督职责,以委托形式交由王江泾镇综合行政执法中心承担;嘉善县将法律、法规、规章所规定的全部或部分行政处罚权涉及价格、文化、体育、交通、食品安全等 24 个方面,委托县城管执法局姚庄执法中队履行;桐乡市城管执法局崇福分局集中行使发改、经信、规划等 18 个部门的行政处罚、行政强制、监督检查职能共 2129 项。

**3. 要素支持**

嘉兴市在政策设置、财力补助、要素配置等细节上对小城市培育试点进行调整与倾斜,特别是各地都强化了对各试点镇资金、土地、人才等方面的要素保障力度。

在资金保障上,县(市、区)财政积极筹措资金,按照与省级专项资金不低于 3:1 的比例落实配套资金,于 2011 年建立专项扶持资金,暂定三年,每年 12000 万元。重点支持交通、水利、污水垃圾等小城市基础设施和教育、卫生、文化体育等设施建设。例如王江泾镇建立一级财政体制、税费返还机制和投融资体制,建立金库,并通过股份制形式组建小城市建设投融资公司,给予相当于市一级的投融资职能,承担重大项目的开发与建设。

在土地保障上,建立建设用地计划单列制度,对与小城市培育试点各项建设项目相关的工业发展指标和土地出让指标给予相应倾斜。明确每年安排省下达计划指标的 20% 建设用地指标,镇级土地整理指标予以 100% 留镇,试点镇盘活的建设用地 100% 留镇使用。例如,桐乡市自 2011 年起,每年安排崇福镇新增建设用地指标不少于 500 亩。又如,嘉善县修编土地利用规划时,适当增加姚庄的建设用地指标,统筹的主要污染物替代量指标 40% 优先用于姚庄镇。

在人才保障上,创新用人机制,加强队伍建设。通过培训进修、挂职锻炼、公开考试录用等多种方式,调整优化试点镇干部队伍结构,增强干部履职能力和水平。桐乡市建立完善省市建设、规划、环保、交通等部门和大专院校专业人才到崇福镇任职、挂职和交流互派锻炼制度。秀洲区建立王江泾镇引才计划,每年安排一定比例经费用于人才引进和培育,每年引进各类人才 100 名以上。创新柔性引才方式,优化人才环境,开通管理型人才交流渠道。建立市、区专业人才到王江泾挂职制度。嘉善县加强企业管理人才和中高级技术人才队伍建设,从引进和培养两方面入手,形成梯队,建设熟悉国际国内市场、具有现代管理知识和能力的企业家队伍;鼓励企业、中介机构以及大专院校联合办学,开展定向和岗位培训,培养现代制造业发展所需的中高级技工人才;对有重大技术贡献的人员,政府和企业给予表彰和奖励。

**4. 构筑廉政防线**

嘉兴市强化试点镇的廉政建设。2011 年,嘉兴召开全市规范镇(街道)权力运行、开展新市镇"一把手"阳光权力行动工作会议,以规范权力运行作为核心,以对"一把手"的监督作为工作重点,把建立决策民主、执行有力、监督透明、制度完备的镇(街道)权力运行机制作为关键,从源头上预防腐败现象的发生,采取了一系具体措施,切实把好"清权"关、"确权"关、"亮权"关、"制权"关、"督权"关。2012年,嘉兴召开全市新市镇权力阳光运行工作推进会,研究部署深化新市镇"一把手"阳光权力运行工作。市纪委牵头制定了以阳光决策、阳光用人、阳光财务、阳光工程、阳光征迁、阳光信访、阳光服务为主要内容的《推进新市镇权力运行"七事阳光"指导意见》,各县(市、区)分头领衔调研、进行破题,形成了"七事阳光"实施细则的操作样本。这些工作有力地保障了省级小城市培育试点镇建设工作开好局、起好步。

## 二、嘉兴三个小城市培育试点镇行动计划及2012年工作情况

被确定为省级小城市培育试点镇后,嘉兴的崇福、王江泾、姚庄三镇分别制订了小城市培育试点三年行动计划,提出"一年一个样、三年大变样"的目标。在过去两年多时间里,在严峻复杂的国内外经济形势下,三个试点镇稳步有效推进,保持强劲发展态势,体现了发展的特色化,已成为我市经济新的增长极,稳增长、调结构、惠民生的新生力量。

### (一)各试点镇三年行动计划中的主要内容

#### 1.功能定位方面

崇福镇提出构建都市结点小城市,打造活力开放新崇福,构建以中国皮草之都、杭州都市经济圈示范结点新市和江南运河文化名城为特色的工贸新城。王江泾镇提出构建经济圈结点小城市,全力打造"中国织造名镇、江南湿地新城、浙北商贸重镇"。姚庄镇提出打造上海都市圈核心层内现代化小城市,功能定位为:"城乡统筹全国样板;产业协调临沪新城;宜居宜业幸福小城"。

#### 2.行动目标方面

崇福镇提出,城市建设实现新跨越,三年累计完成全社会固定资产投资105亿元。建成区面积新增3.5平方公里,达到10平方公里。建成区常住人口达到10万人以上,比2010年增加2.9万人,城市化率达到64%。经济实力迈上新台阶,三年投入资金13.5亿元,到2013年经济区工业增加值占全镇工业总量70%以上。全镇地区生产总值达到77亿元,年均增长15%;财政总收入达到11.9亿元以上,其中税收收入8亿元以上。社会发展谱写新篇章,三年共完成教育、卫生、文化、体育等社会事业投资2.5亿元,2013年城镇居民人均可支

配收入和农民人均纯收入分别达到 42000 元和 22000 元。要素支撑实现新飞跃,三年提供建设用地 2800 亩,其中盘活存量用地 1000 亩、新增用地 1800 亩。三年筹集政府性建设资金 31 亿元,其中财政性资金 20 亿元。三年引导社会各项投资 74 亿元。至 2013 年各类人才总量达到 8500 人以上,其中外来人才达到 5000 人以上。

王江泾镇提出,城市建设快速推进,三年完成全社会投资 86.1 亿元,其中,政府性投资 23.8 亿元,企业和社会投资 62.3 亿元。三年建成区常住人口达到 4.8 万人,其中,新集聚 1.7 万人。三年使用建设用地 3394 亩,其中,通过改造提升传统落后产能及农村宅基地置换工程,盘活存量土地 650 亩、新占用 2744 亩;建成区面积扩大到 9 平方公里,其中,三年新增 2 平方公里。经济实力显著增强,三年完成工业和第三产业投入 71.5 亿元,2013 年 GDP 总量达 63 亿元,财政总收入达 8.5 亿元,其中,税收收入 7.6 亿元;城镇居民可支配收入达 36000 元,农村居民人均纯收入达 20650 元。产业结构明显优化,提升传统纺织行业、发展机械家具制造等新兴产业,产业结构从以纺织制造业为主转变为先进制造业和现代服务业共同发展格局。生态环境持续改善,打好湿地旅游休闲养生基地、湿地生态农业基地两张特色牌,初步形成可持续发展的生态产业体系。公益事业全面提升,三年完成就业保障、教育卫生、文化体育、养老医疗等社会、公益事业投资 12.56 亿元。

姚庄镇提出,临沪新城加速推进,至 2013 年,累计完成全社会固定资产投资达 130 亿元。2013 年建成区常住人口达到 6 万人,比 2010 年增加 2.3 万人;城市建成区常住人口集聚率达到 66%。三年开发建设总用地达 2.5 平方公里,其中,盘活存量土地 1 平方公里、新增建设用地 1.5 平方公里。城市建成区面积扩大到 9 平方公里。累计完成基础设施投资 10.2 亿元以上。经济转型整体提速,依托光伏产业园的产业平台建设,加快新型工业化产业升级和集群发展,至 2013 年实现 GDP 73 亿元,年均增长率达 20.2%,比 2010 年增长 73% 以上;财政总收入达 8.0 亿元,其中,税收收入 7.1 亿元;通过三年计划的实施,人均 GDP 由 2010 年的 6.2 万元上升到 2013 年的 8 万元。第三产业增加值由 2010 年的 8.4 亿元上升到 2013 年的 19.0 亿元,增幅达 1.26 倍。社会事业全面提升,至 2013 年累计完成社会事业投资 4.15 亿元,2013 年城镇居民可支配收入达 36000 元,农村居民人均纯收入达 21000 元。环境生态持续改善,至 2013 年累计完成投资 5.91 亿元,全面展开城市园林、绿化、水质、大气等保护工作,推进资源节约型和环境友好型社会建设。

**(二)各试点镇 2012 年主要工作情况**

2012 年,浙江省提出的小城市培育试点重点任务是着力加大有效投入,小城市培育试点镇完成投资1000亿元以上；加快推进产业发展，积极引进战略性新兴产业；不断强化要素保障，建立用地指标权重增加、计划单列的制度；切实加强规划管理，实现城镇规划建设用地控制性详细规划全覆盖；规范完善公共服务和管理，重点抓好服务平台运行机制和管理制度建设；继续深化体制机制创新，全年小城市培育试点镇和中心镇建成区新增常住人口50万人以上，其中小城市培育试点镇新增20万人以上，城镇化率提高1个百分点以上。根据省里的工作意见，嘉兴提出要树立特色理念，深化特色定位，编好特色规划，发展特色产业，彰显特色文化，保护特色生态，突出城乡统筹，走出一条具有嘉兴特色的小城市发展新路。三试点镇的具体工作如下。

1. 崇福镇

崇福古称语溪，又名语儿，是一座有着6000多年文明史和1100多年建镇史的江南古镇。崇福原为崇德县城所在地，1958年行政区划调整后并入桐乡县，现在的崇福镇由四乡一镇合并而成，下辖26个行政村、3个社区，区域面积100.14平方公里，户籍人口10.3万人，建成区面积7.8平方公里，建成区常住人口7.4万人，新居民将近5万人。崇福镇地处杭州都市圈紧密层，是中国皮草名镇和桐乡市的副中心。崇福镇2012年全镇地区生产总值达到62.58亿元，同比增长18%；实现财政总收入11.59亿元，其中税收收入7.5亿元，分别增长21.7%和20.5%；城镇居民人均可支配收入36890元，农村居民人均收入19245元，同比分别增长15%和16.5%；累计完成全社会固定资产投资32亿元，其中工业生产性投入14.56亿元；全镇三次产业比为4.2：61：34.8。

崇福镇修编完成《崇福镇城镇总体规划》，确定了"一核四区三片"的城市空间发展框架。2012年，为加快人口集聚，崇福镇以改善城市面貌为突破口，加大各类基础设施建设力度，扎实开展"征地拆迁年"和"百日攻坚决战小城市"活动，强势推进征地拆迁和项目平台建设，同时实施宅基地住房改革，上千户农户愿意选择合适的安置方式，到镇区购房居住，既集聚了人口，又为项目实施腾出空间。行政审批服务分中心、城市综合执法中心、应急维稳中心、就业保障服务中心、土地储备中心等五大中心全面建成并投入运作。民生工程扎实推进，和谐社会建设成效显著，努力构建综治维稳工作"大稳定、大综治、大调解、大信访"格局，建立健全全员维稳工作责任制，率先成立镇级政法委。在嘉兴市率先成立村慈善工作站，实现所有行政村、社区慈善工作站全覆盖。实施文化建设规划、公共文化惠民、文化产业发展三大工程，荣获浙江省文化强镇、嘉兴市公共文化服务体系示范镇和嘉兴市文化工作先进集体等荣誉。

2. 王江泾镇

自南宋以来，王江泾就是江浙两省交界处的一个丝绸集镇，方圆数十里，明末清初时,王江泾就被誉为江南四大名镇之一。目前全镇总面积127.3平方公里,建成区7平方公里,有33个行政村,8个居民委,全镇人口约13万人,其中,户籍人口约8万人,新居民约5万人。王江泾镇2012年全镇实现地区生产总值56亿元,增长10.6%;完成财政总收入7.1亿元,增长11.6%;完成全社会固定资产投资27.7亿元,增长7.8%;农民人均纯收入18418元,增长15.2%。

王江泾镇高起点编制了《王江泾省级小城市培育试点镇总体规划》、《王江泾镇莲泗荡周边区域控制性详细规划及城市设计》等一系列规划。镇域空间结构规划为"一城三区两带",分别是湿地新城,退二进三转型区、传统产业提升区、新兴产业培育区以及湿地保护带和生态农业带。其中江南湿地新城总规划面积20平方公里,重点建设城市核心区、商贸综合区、工业功能区、优美住宅区和生态休闲区五大功能区,一方面对老镇区进行有机更新改造,另一方面在河东区块引入新型现代化商贸服务业态,发展中高档生态型房地产业,借助湿地景观大力推进休闲旅游服务业发展。大力加强城市基础设施建设,全年小城市建设投入3.4亿元,佳源中心广场一期建成,长运汽车站投入使用,"镇村公交"列入全省标准化试点,小城市形象品位大幅提升。2012年,王江泾加快纺织业结构调整,进一步促进集群发展,不断把传统纺织业推向"微笑曲线"的两端,同时积极培育机械家具等新兴产业,工业功能区集聚水平也得到进一步提升。三个工业园区共进驻企业252家,销售超亿元企业有35家,占全镇规上工业总产值比例超过九成。规模以上工业企业实现产值130亿元,增长2.4%。完成工业生产性投入13.5亿元,增长9.3%,其中设备投入10.8亿元。项目推进力度加大,"退低进高"节约集约用地226.5亩,"退二进三"腾出土地97.3亩,农村土地综合整治复垦宅基地705亩。同时完成合同利用外资686万美元,实际利用外资1842万美元,引进市外内资3.8亿元。全镇共开工建设各类项目250个,其中1000万元以上重点项目开工建设35个,投入达14.9亿元;500万元以上的政府性投资项目开工建设23个,投入达4.8亿元。社会事业全面发展,建立了东华大学继续教育学院王江泾教育中心,王江泾医院成功创建为二级乙等医院。社会保障日益完善,社会养老保障覆盖率达到96.5%,财政补助资金达4500万元。社会管理更加有效,在全区率先成立镇政法委。加大小城市四大公共服务平台建设力度,审批服务中心进驻15个部门,设置13个办事窗口,承担128项服务事项,共办理业务51300项,增长10.5%,成功创建为浙江省示范乡镇行政服务中心。

3. 姚庄镇

姚庄镇位于浙江省嘉善县东北部,被称为浙江省接轨上海的"桥头堡"。全镇区域面积75平方公里,建成区面积7.97平方公里,辖18个行政村和4个社区居委会,户籍人口 4 万人,新居民 2.8 万人。2012 年姚庄镇实现地区生产总值 52.5 亿元。完成全社会固定资产投资 31.5 亿元,其中工业生产性投入 22 亿元。实现一般财政收入 4.6 亿元,其中地方财政收入 1.83 亿元。

姚庄镇大力推进投融资体制改革,拓展融资渠道,相继成立了姚庄城镇投资开发有限公司、姚庄新市镇投资开发有限公司、临沪新区投资开发有限公司 3 家公司,为小城市建设搭建融资平台;积极引进金融机构到姚庄设立分支机构,试点以来新增金融机构 3 家,分别为嘉善联合村镇银行姚庄支行、众成小额贷款公司、工行姚庄支行。同时,2012 年建行贷款 1.2 亿元,农发行贷款 2 亿元也获国家农发总行批准。积极推进公共平台建设,提出了"5+2"公共服务平台建设,对原有的行政综合执法中心和应急维稳中心进行提升完善,完成土地储备中心建设,完成了新行政服务中心、就业保障中心建设,已于 2012 年 11 月下旬全部进驻新址。在五大中心的基础上,完善姚庄招投标中心,交易权限额度由原来的 50 万元以下扩大到 200 万元以下;新建立了公共财政服务中心,将拥有财政支付职能的 7 个部门的事项全部纳入。推进管理体制改革,县政府印发了《嘉善县姚庄镇行政管理体制改革方案》,按照党政机构内设"一局九办"优化机构设置,2012 年 12 月,姚庄镇成立行政服务中心,嘉善县 22 个部门的 129 项行政审批事项下放姚庄。

## 三、嘉兴市小城市试点镇培育发展中存在的困难与制约因素

2012 年全年,嘉兴三个小城市试点镇共完成限额以上固定资产投资 91.01 亿元,增长 22.03%,高于全市面上水平 11.63 个百分点;实现财政收入 19.03 亿元,增长 11.25 亿元。规上工业企业总产值 4444.72 亿元,同比增长 7.97%,高于全市 0.27 个百分点。三试点镇的发展速度高于全市面上水平,甚至超过不少一、二线城市。但是从全省层面看,嘉兴三镇的优势并不明显,根据省发改委(省中心镇发展改革协调小组办公室)组织的 2012 年度小城市培育试点工作考核,崇福镇、姚庄镇、王江泾镇分获第 9 位、第 12 位和第 21 位。全省 27 个试点镇平均实现地区生产总值 78.9 亿元,财政总收入 10.4 亿元,嘉兴的 3 个镇基本上都低于此水平,相比温州 4 个试点镇,嘉兴的差距更大。而且加快新市镇改革发展,实现向小城市跨越,是一项新的任务,有不少问题需要在实践中不断探索与完善。从目前的实际情况来看,嘉兴小城市培育试点工作还面临着较大的困难和问题。从大环境来看,国家宏观调控政策面依然偏紧;从小环境来看,我市的要素紧缺呈现常态化,土地供给与需求矛盾突出,资金缺口较大;从试点镇自身条件来看,社会事业相对滞后,城市功能比较薄弱,"小马拉大车"现

象未得到根本改变。与小城市建设目标要求相比,依然存在不小差距。具体体现在以下几个方面。

### (一)转型升级任重道远

各试点镇都非常重视工业立镇、工业强镇,努力推进产业的转型升级,企业加大投入进行技术改造,推动产品品质大幅提升。但是传统产业提档升级不快,自主创新能力不强,龙头企业带动力偏弱的问题仍然突出存在。尤其是经济发展中的结构性矛盾和要素制约越来越突出,节能减排和环境保护面临较大压力。而且嘉兴的各试点镇相对于浙南各镇"民资唱主角",政府性支出只是"四两拨千斤"的格局也有差距。

### (二)小城市功能有待完善

小城市培育试点建设时间紧、任务重、要求高,人民群众对小城市建设的新期待不断加大,但是嘉兴各试点镇的集聚和辐射能力仍不够强,相比起浙南各镇有差距,造成发展空间和辐射区域狭小,难以把周边镇(街道)的资源集聚起来,对镇域经济也无法起到辐射作用。同时嘉兴各试点镇政府虽然在机构设置、管理体制等都作了较大幅度的制度创新,但是相比小城市所应承担的城市管理、社会服务等职能,在服务方式上仍呈现出单一性、分散性、低效性特征。公共服务机制不健全,整体服务水平较低,医疗、教育、文体、卫生等社会事业也仍显得滞后,脏乱差、乱搭建、乱停放、乱设摊、交通拥堵等问题比较严重。另外,嘉兴市各试点镇农民建房问题有待破解,水环境治理任务艰巨,加快节能减排和淘汰落后产能工作比较紧迫。

### (三)要素制约突出

土地方面,培育小城市需要营建众多市政工程、基础设施,产业和人口的集聚更是加大了对土地的需求,但嘉兴全市普遍土地指标紧缺,前些年各地实际建设用地早已超出了规划用地指标,而"三改一拆"的难度又非常大,在此局面下许多项目建设用地很难得到保障。资金方面,各试点镇融资平台普遍因规模小、实力弱,达不到商业银行放贷门槛。加上体制、政策等因素,社会资本参与小城市培育的热情不高,丰富的民间资本难以真正转化为城市建设资金。人才方面,各试点镇城市规划建设和经济管理等专业人才比较匮乏,高层次人才不愿意向镇级流入,外来务工人员仍以低素质、低技能的为主。

### (四)社会管理任务繁重

各试点镇在政府现行管理体制、人员编制、机构设置作了一些改进,但是仍然以派出机构、派出人员为主。县级政府下放的权力大多停留在分局,镇里实际获得的权力较少,公共服务和社会管理权限仍然偏弱,对内设机构和人员定位缺乏自主调配权,难以适应经济社会发展需要。目前各地公共服务是按照户籍人口配置的,在快速城镇化的背景下,流动人口的大量涌入,以改善民生为重点的社会保障和公共事业还需加大力度推进,社会管理难度不断加大,维护社会稳定需要新的举措。此外,党员干部队伍建设有待进一步加强,少数党员信念动摇、意识淡化,个别干部能力和作风与要求还存在着差距。

## 四、嘉兴市进一步推进小城市培育试点工作的思考

目前浙江省正在争取国家在浙江率先开展撤镇设市试点,将条件具备的镇升格为小城市。嘉兴市培育现代化小城市过程中,应采取梯度发展、特色发展的方式,形成省级试点镇、市级试点镇和特色新市镇交相呼应的培育格局。对于嘉兴的3个试点镇来说,2013年是小城市培育试点的收官年。历经两年努力,基础性工作已经基本完成,接下来要进一步解放思想,增强责任感;进一步抓住关键,突出特色发展;进一步营造氛围,实现跨越发展。

### (一)加快经济转型升级,大力发展小城市经济

扩大投资、拉动内需仍然是当前及今后一个时期保持经济持续较快发展的重要举措。加快培育小城市,切实加大建设力度,并提升可持续发展的能力,这就需要抓好优化小城市的产业结构,为长远发展奠定坚实的基础。首先,小城市要成为农业投资的新领域,启动农村居民消费的新市场,促进农村经济繁荣发展的新引擎。加快实现一产规模化经营,发展城郊农业、设施农业、规模农业、精品农业、有机农业等新型农业,提升现代农业发展水平,同时通过土地流转让试点镇的农村人口流向工业和服务业。在产业充分发展的坚实基础上,为农民转移就业、创业提供主要阵地和渠道,让农民在小城市里找到上班、创业的机会。其次,要突出抓好项目建设,推进产业平台建设。要坚持集约发展,加强工业园区建设,引导试点镇区域范围内的企业向工业园区集聚,推动现代产业集群的形成。要坚持错位发展,围绕特色产业开展引资引商活动,招引高、大、优、新产业项目落户,同时把过度依赖资源环境消耗的加工制造环节转移出去。要坚持创新驱动发展,加快技术研发平台建设,增强特色产业的自主研发能力。第三,加大资金投入力度和政策激励力度,促进三产加速发展。改造提升传统服务业,加快发展生产型服务业,大力发展新兴服务业,创造更多就业岗位,大力发展城市经济。

### (二)发展基础设施,着力提升小城市功能

小城市是推进新型城镇化、统筹城乡发展的重要节点,要注重功能,既能承接大中城市的辐射,又能对周边区域的人口、产业起着集聚作用,成为城乡之间要素流动、经济社会发展的重要节点。这就需要在小城市培育中围绕人和产业的集聚下工夫,继续完善基础设施和公共配套服务。要进一步科学规划小城市的空间布局,合理确定城市道路、公共事业、商贸设施、产业园区、住宅小区等规划布局,明确各自的功能定位,完善各类基础设施专项规划。市和县(市、区)在安排重大项目时,应优先考虑试点镇。加快试点镇至嘉兴市区及县(市、区)中心城区的快速交通干道建设。要强化产业和居住功能,大力推进市政基础设施、环保基础设施、教育医疗设施、文化体育设施、商贸综合设施建设和社会公益设施,提升公共服务能力和基础设施的支撑能力,让小城市居民平等享受公共服务。要把城市核心区建设作为改善城市形态的重要内容,高起点实施城市设计,努力打造标志性地段、标志性景观和标志性建筑,推进绿化、亮化、洁化建设,展现具有现代城市魅力的新形象。要加快农村建设,与加快生态文明建设相结合,加快"两新"工程步伐,打造整洁、生态、出彩的美丽乡村。

### (三)加强要素保障,着力增强小城市活动

要素资源是小城市培育发展的血液,需要多渠道采取措施,破解小城市培育当中土地、资金和人才等要素瓶颈制约,着力增强试点镇发展的动力和活力。要进一步加大政策扶持力度,在落实已有的差别化扶持政策的基础上,在加强要素保障的各方面有所突破。要增加小城市培育试点镇所在县(市、区)的土地分配权重,各县(市、区)在建设用地上要给予一定的倾斜,支持试点镇推进土地整治复垦和城乡建设用地增减挂钩工作,并积极引导和鼓励试点镇申报省以上重点建设项目,争取上级土地指标,努力盘活存量,扩大增量。要用足用好小城市培育试点专项资金,加大对试点镇的信贷支持,鼓励金融机构到试点镇设立分支机构,支持有条件的小城市设立创业投资引导基金、村镇银行和小额贷款公司。要抓紧引进、招聘、培育一批城市建设管理专业人才,采取上挂下派帮扶制度,各地要下派优秀专业技术人才到试点镇挂职,试点镇要选派优秀干部到上级主管部门挂职锻炼,并扩大试点镇选人用人自主权,适度增加人员编制,确保有人干事、能干成事。

### (四)深化体制创新,全面提升小城市管理水平

提升改革创新能力,针对小城市培育试点中遇到的体制性障碍,加强立法

和政策两方面的研究。要大力推进扩权改革,在赋予试点镇与县级政府基本相同的经济社会管理权限方面做到"真放权,放实权",并建立职责明确、权责对应的责任机构,确保扩权事项有效落实、规范运行。要加快推进行政管理体制改革,与政府职能转化相结合,根据城市管理的服务标准和实际需要,积极整合公共管理资源,完善机构设置和人员编制配备。要完善财政管理体制改革,按照事权与财权相匹配的原则,进一步理顺县(市、区)与试点镇的财力分配关系。要加快推进户籍制度改革,重点要在本地人口市民化上下工夫,优化就业结构、人口结构。要加快推进社会管理体制改革,以"专业化、社区化"为方向,深化农村新型社区和城市社区管理体制改革,积极发展各类中介服务组织,提升市场化服务水平。同时,要提升公共服务能力,着力提高公共服务的普惠性、便利化和有效性,让更多的群众真正享受改革发展的成果。

总之,小城市试点培育工作是全省推动新型城市化的重大战略举措,是嘉兴新市镇建设提升的重要内容、"三城一市"建设的重要载体和重要节点。对试点镇和县(市、区)来说,既是一次难得的历史机遇,也是一项重大的责任和考验。因此,我们要进一步增强责任感和紧迫感,加快建设、加快速度,加快推动小城镇由"镇"向"城"的跨越和农村生产生活方式的转变,争取试点镇建设在全省应有的地位。

# "三社"联动:嘉兴社会建设的实践创新

□　陈国强

我国的改革过程是一个不断调整政府与市场、政府与社会关系的过程。在传统社会体制下,政府单一承担了组织社会生产、管理社会生活的功能,随着现代市场经济的建立,传统体制那种单一的社会管理模式已不能适应我国社会发展的需要。在这种情况下,需要动员社会力量来参与社会的管理,充分利用社会资源来帮助政府满足不同利益群体的需要,其中社区、社会组织、社会工作者是最为重要的要素。但是,这三者在我国受重视且启动的时间都较短,同时,他们的发展和作用的发挥又主要以他们相互之间的支持、合作为基础。因此,"三社"联动的发展模式逐渐在地方政府的摸索中产生。

所谓"三社"联动(或"三社"互动)是指以发挥社区、社会组织以及社会工作者等社会力量的公益服务功能、社会组织功能、利益表达功能为主要目的,通过支持三者之间的互动、互联、互补,而形成的一种引导社会自我管理、自我服务、自我教育的社会管理方式。因此,这种社会实践基于以下三方面的构想。

一是协同推进社会力量的发育。长期以来,我国一直呈现"强国家、弱社会"的状况。创新社会管理,首先需要充分调动广大社会力量的投入,发挥各个主体的积极性,才能形成全社会共建共享、达成规则的局面。因此,推动并引导社会力量的发育与发展,是社会管理取得有效发展和可持续性的前提和基础。当前促进社会发育,就是要加强基层自治,培育和发展社会组织,壮大社会工作者和志愿者队伍。但是,这三者之间并不是孤立的,他们之间存在相互依存、相互促进的关系,单方面发展往往难以取得良好的效果。社区是社会组织、社会工作者的主要工作载体,社区居民的大量社会需求为他们提供了存在空间,社区自治组织在其中发挥衔接、引导作用;社会组织是专业化的社会服务机构,能够承接政府转移的相关职能,吸纳、调配社会资源,为居民提供多元化的社会服务,推动社区向和谐、有序发展;社会工作者是进行社会服务的专业人才,他们了解社会发展规律,掌握社会服务技能,是满足居民实际需要、促进社区发展的主要力量。

二是整合社会中的服务资源。社区、社会组织和社会工作者是当前社会服务的三支主要力量,他们各自具有不同的功能和优势,且处于交错运转中,未能形成服务社会的合力,"三社"联动为三者搭建起总体服务框架,在相互协作中扩大社会服务资源的效用。"党委领导、政府负责、社会协同、公众参与、法治保障"是社会管理体制的总体要求,"三社"联动进一步发挥了"党委领导、政府负责"的作用,将对社会的直接服务与管理的职能,转化为基于合作、指导基础上的间接职能,增强党委政府与社会之间的资源整合;同时,"三社"联动也是实现"社会协同和公众参与"的重要载体,致力于通过各类社会组织将专业社工和广大人民群众组织起来,积极参与和支持社会管理和社区建设。因此,"三社"联访整合了社会中零散的个体,推动社会自我管理的形成。

三是提高社会自我管理与自我服务能力。社会自主运转与自我有序管理是社会管理的最终方向,也是一个较为漫长的过程,它以一套社会规范为基础,各个社会组成部分进行互动、互助与合作,从而获得和谐、幸福的生活。这个过程相对独立于政府,必须在社会内部实现,也依赖于社会各成员之间的互动。因此,"三社"联动事实上在于通过围绕社会服务,调动社会各组成部分的积极性,培养成员的社会意识、公民意识,并在彼此交往中形成自我服务、自我管理的社会规范,激发社会活力。

## 一、嘉兴市"三社"联动的实践及其成效

### (一)嘉兴市"三社"的发展状况

为夯实社会管理服务基础,嘉兴市着力推进社区建设,促进社会组织健康有序发展,强化社会工作专业人才队伍支撑,初步走出了一条具有嘉兴特色的"三社"建设与互动发展新路,取得了一定成效。

社区建设形态初现,率先在全省实现了农村社区建设、以"96345社区服务求助中心"为龙头的社区服务网络、农村社区服务中心和"一站式"服务大厅、村务公开民主管理规范化建设四个"全覆盖",初步形成城市"十分钟社区生活服务圈"和农村"二十分钟社区生活服务圈",打造了社区公共服务、市场服务和志愿互助服务互促共进的"三位一体"社区服务体系。

社会组织发展迅速,全市已有1678家社会组织登记在册。为促进社会组织的健康有序发展,相继开展了创先争优和"百家新社会组织服务新社区"等主

题实践活动,目前嘉兴市社会组织党组织覆盖率达 25％,党建工作覆盖率达到100％。加大了体制内外专业社工服务机构培育扶持力度,成立全省首家民办非企业专业社工机构——阳光家庭社工事务所。目前,全市有专业民办社工服务机构 21 家,单位内设专业社工机构 17 家,社区专业社工室 117 家,是全省社工组织、机构数量最多的地市。这些社会组织运用专业社会工作方法,在老年人、社区、青少年、社会福利、教育、医疗等领域内开展了大量专业社会服务。为加强社会组织监督管理,嘉兴市开展了社会组织评估工作,2012 年又组织 5 家会计师事务所对 40 个社会组织开展以财务审计为重点的监督检查,社会组织规范化水平得到进一步提升。

社工队伍逐步壮大,围绕培养、评价、使用、激励等重点,积极开展全国第二批社工人才队伍建设综合试点工作。一方面,认真抓好领导干部社会工作知识的培训普及,每年开展干部培训进修,目前已累计培训各级党政机关领导干部、社会工作从业人员约 3 万人次。另一方面,积极实施"社会工作人才培育工程",已有 1148 人取得全国和市级社工职业证书。2011 年与浙江工商大学成人学院联合举办嘉兴市首批社会工作专业专升本学历教育班。为加强专业合作交流平台建设,嘉兴市与复旦大学、浙江工商大学、浦东社会工作协会等合作,建立了 7 个社会工作研究中心、实习站和实践基地,组织开展课题合作、跟班学习、教育培训和项目策划等活动,有效提升了社会工作的专业化水平。

**(二)"三社"联动的初期发展方式**

在实践过程中,嘉兴市逐渐形成了初期由政府主导推动"三社"联动发展的方式。建立起"三社"发展评估体系,研究制定《嘉兴市社会组织评估办法》,组建社会组织评估专家库,扩大评估覆盖面,社会组织评估面达到 30％以上。建立起"三社"发展考核体系,把"三社"建设工作纳入县(市、区)目标责任制和市级部门"五型机关"考核范围,并结合实际设置考核内容,不断增强考核的针对性,提升了"三社"发展在社会管理创新中的地位和作用。建立表彰奖励制度,连续两届将社会工作人才列入"南湖百杰"优秀人才表彰范畴,每年对先进社区和社会组织予以表彰奖励。建立"三社"发展孵化平台,在学习借鉴国内先进地区培育发展社会组织经验做法的基础上,建立了市社会组织培育发展中心、公益服务促进中心和社工之家,着力打造社会组织发展成长、参与社会服务和开展公益活动的平台。

**(三)"三社"联动的社会效应**

社会基础更加扎实。通过推进"三社"建设与互动发展,社区作为社会管理服务最基础的大平台得到有效夯实,社区党组织与居委会、事务站等各类管理服务组织的关系逐步理顺,各类社会组织迅速发展,专业社工人才的作用进一步显现,政府提供公共服务的方式得到改善,基层管理和服务体系建设不断加强。如:嘉兴市针对居民需求特点,充分整合市、县两级社区服务中心及社会资源,着力打造了以 96345 服务热线为核心的覆盖全市、辐射城乡的信息服务平台,24 小时为居民提供生活类、咨询类、事务类、电子商务类等 120 多项服务,实现全市社区公共服务、市场服务和志愿互助服务、专业社工服务"四位一体"的全覆盖服务,城乡居民有事只要通过拨打 96345 热线、登录服务网站或发送短信,就能享受到方便快捷的服务。目前,全市 96345 社区服务求助中心日均求助量达 1200 多人次,累计受理市民求助 329.2 万人次,市民满意率达 99.95%,被市民誉为便民利民、有求必应的"贴心线",沟通政府与百姓的"连心桥"。

社会更加和谐稳定。通过推进"三社"建设与互动发展,在充分发挥传统群众工作优势的基础上,积极引入专业社会工作理念,推动社会工作专业化、本土化发展,有效覆盖了服务的盲区,把政府不能做、不便做或者做不好的事情交给专业社工去做,有效促进了社会和谐稳定。如:嘉兴市某个学校一位来自单亲家庭的学生与老师关系紧张,学校和家长的关系也很紧张,教育局干部去做工作家长不接受,后来通过阳光家庭社工事务所的专业社工上门去做工作,运用专业知识和技巧,逐步缓和了这个矛盾,改善了学校与家长、学生的关系,终于使该学生重返校园。秀洲区珍爱社会工作服务社、嘉善县致和社工服务社、海宁市紫薇社会工作服务站等开展的服务项目,重点介入刑释解教人员、社区药物滥用人员等特殊人群,尝试开展人性化、专业化服务,改变了传统的行政化、非专业的管理方式,较好地实现了对特殊人群的服务管理,最大限度地减少了不和谐因素,最大限度地增加了和谐因素。

社会活力得到有效激发。通过"三社"建设与互动发展,居民群众参与社会治理的权利得到进一步落实,追求精神富有、实现自我价值的途径不断拓宽,社会活力不断增强。一方面,通过建立健全社区居民代表会议、议事协商等制度,深入开展民情恳谈、事务协调、成效评议和听证等活动,积极吸纳社区居民参与社区管理,使社区的重大事项由原来的居委会说了算转变为由居民说了算,社区居民的选举权、决策权、管理权和监督权等基本权益得到有效保障,居民自治意识和参与意识得到不断提高。如:海宁市由拳社区建立了社区论坛,通过社区论坛进行政策法规宣传、社情民意收集和重大事项决策,既实现了政社融合,也增强了社区居民的认同感和归属感。另一方面,通过大力培育发展各类社会组织,把具有相同兴趣爱好、专业特长的人集聚在一起,通过组织开展各类活动,更好地丰富了群众的精神生活,发挥了专业人才的专业特长,从而实现人的全面发展。

助推转型发展作用更加明显。通过"三社"建设与互动发展，推动了经济转型、社会转型和政府转型，为嘉兴市"三城一市"和"两富"现代化建设起到了积极的促进作用。在推动经济转型方面，行业协会等经济类社会组织充分发挥协调联系同一行业的优势，不断加强行业自律，积极履行社会责任，主动争取和维护行业的合法权益，有效提升了企业应对市场风险、参与市场竞争的能力，为推动嘉兴市块状经济向产业集群提升发挥了重要作用。如：市集成吊顶行业协会与奥普、友邦、品格等 16 家企业联合起草《家用和类似用途的吸顶式多功能卫浴装置》国家标准，进一步巩固了嘉兴市集成吊顶行业的竞争优势。在推动社会转型方面，一方面促进了社会的和谐稳定，为社会转型营造良好的外部环境；另一方面，积极适应"两新"工程推进要求，通过加快城乡一体新社区服务体系建设，推进公共服务均等化，帮助农村居民加快向城市居民转变，从而不断提高城镇化水平。在推进政府转型方面，通过建立健全政府购买公共服务制度，由社会组织承接政府部分公共服务职能的转移，政府由花钱养人转向花钱办事迈出了新步伐，转变了政府职能，推进了服务型政府建设。

## 二、嘉兴市"三社"联动实践存在的不足

### （一）社区行政化与管理社会化发展不协调

目前，全市社区行政化倾向仍然比较突出。社区内设立的各类工作机构繁多，社区行政工作呈常规化发展，一些社区设立的机关工作机构多达 40 多个，并且形成行政化考核指标几十项。客观上造成居委会、社区事务站工作重心的偏移。社区干部承担了较多的行政工作，各个单位部门延伸到社区的工作多达100 多项，造成社区工作调查报表多、证明盖章多、会议活动多、硬性任务多、台账资料多的"五多现象"，耗费了大量的时间和精力，相应地削弱了社区自身的工作，使社区的自治功能弱化，难以动员广大居民参与社区管理工作。这种工作模式与社区社会化的发展方向不匹配，制约了社会管理工作在社会内部的自我形成，影响社会管理工作的长效化发展。

### （二）政府部门分割与"三社"联动统筹资源不相匹配

在政府职能转变过程中，政府部门原包揽的众多社会服务职能存在转移的内在与外在要求。但是，原有的纵向服务模式与块状的"三社"联动承接难以有效衔接。突出表现为：缺少统一的组织将各部门的相应转移职能按要求进行统

合,缺少统一的政府资源配置口径,缺少一致的与"三社"联动战略实践对接的总体谋划。这一方面造成政府部门对转移职能的需求不统一,不利于政府自身工作调整;另一方面也造成社区、社会组织与社工所接受的资源较为零散和不稳定,不利于他们的发展和作用的发挥。

### (三)社会组织与社工发展总体偏弱

"三社"自身发展不够平衡,社会组织、专业社工队伍发展相对滞后。在社会组织准入管理方面,存在社会组织注册难、准入成本高等问题。在社会组织运营方面,存在业务主管与业务指导不明确、自治作用难以发挥等问题,尤其是一些学会、协会、研究会、商会等社会组织,"官方"色彩浓重。社会组织的运作也不够规范,内部管理制度不完善,参与社会管理服务能力不足,资金筹措渠道狭窄。在社会组织作用发挥上,与政府职能转变节奏不协调,目前社会组织发展和作用发挥的空间有限。专业社工队伍数量太少,在社工发展成熟的国家和地区,社工的数量一般要占到总人口数的千分之二左右,目前嘉兴市专业社工人才缺口较大。同时,社工的待遇低、社会认同度低,这"双低"造成社工人才队伍不稳定。

### (四)"三社"的联动效应未充分发挥

一方面,"三社"互动发展的机制不够完善。目前互动发展主要是三种类型,一种是岗位式,在社区和有关组织中设置社工岗位,或者是社区干部学习运用社工方法开展工作,这种方式最多,面广量大。问题是目前社会工作氛围还不浓,制度保障还比较薄弱,很容易被同化或边缘化。另一种是专项式,社会组织、社工机构在有关社区就关心独居老人、问题青少年等问题,开展专门的帮助服务工作,有效增强了社区的功能。但这种方式面还不广,有的社区受主客观原因影响,主动性还不强。有些社会组织还没有找到与社区一起服务居民群众的结合点。有些社工机构自身的服务能力也有限。再一种是整合式,如96345服务网络,把一个城市看成一个大社区,通过现代信息技术,对接居民服务需方和供方,深受欢迎。目前社会组织和社工作为服务的供方的一部分,参与的还不多,缺少相应的政策支持。另一方面,"三社"互动发展的政策保障不够有力。目前,推动"三社"建设和互动发展出台了不少政策,但有的政策落实有差距。政府购买社会组织服务制度框架基本形成,但还是尝试性的,投入有限,购买方式也不够规范。除了政府投入外,如何发动社会参与,放大政府资金的效用,需要积极创新。

# 三、进一步发挥"三社"联动作用的思考

## (一)进一步明确目标,完善"三社"联动总体框架

要按照短期实现政府职能转移、服务社会需求,长期实现社会自我服务、自我管理的目标,谋划"三社"联动的发展。按照多元合作的管理理念,建构"行政组织、自治组织、社会组织"的水平型社区管理结构,确保"三社"联动的发展空间。行政的组织载体是基层党组织、各政府职能部门的社区延伸机构,如工青妇、老年协会、残疾人协会等。在"三社"联动的社区管理中应充分发挥这些组织在制度安排、制定法规及政策、拟定规划及项目、进行指导及协调等方面的作用。而以居委会为代表的社区自治组织是社区管理最重要的主体,促进社区内相关自治组织的持续健康发展是目前应抓的重点,应进一步促进其实现由管理向服务的转变,尊重和保障社区居委会的自治地位,将不应由社区承担的行政职能逐步剥离出来,移交回相关的职能部门,社区全面承接社会性、群众性的工作,并积极动员居民力量和挖掘社会资源为社区服务。社会组织应进一步实现专业化发展,政府应加强监督和规范,减少直接干预,社会组织承接一些公益性服务职能。社会工作者应进一步向职业化发展,特别是根据政府职能转移的需要,发展相应的专业社工,增强培育和扶持力度。

## (二)进一步整合力量,加强政府的统筹支持力度

继续围绕政府职能分解、转移,针对现有社区管理、社会服务职能,推进购买服务。特别是要实现统一部署,归口管理,由统一部门将政府各部门计划转移职能进行评估、建立"名录",并按照费随事转的原则进行转移,社区、社会组织和社工进行承接,业务部门进行业务指导。可以先从政府服务"增量"上进行实践,在确保加强和创新社会管理服务政府主导的前提下,将政府"放得下"、社会组织"接得住"且"管得好"的新增政府职能,尽可能以政府购买服务的方式转移或委托给社会组织承担,为社会组织发展提供探索空间。同时,与机构改革节奏相一致,积极研究政府服务的"存量",逐步推进政府职能转移,对于接受政府委托,承担社会管理和公共服务事项的社会组织,由政府采取购买服务、公益招投、公益创投和奖励等多种方式予以扶持。并定期梳理政府部门职责,清理政府职能转移委托事项,逐步建立政府职能和服务事项转移委托项目库,公布转移委托事项目录和财政预算科目,重点在行业管理与协调职能、社会事务管理与服务性职能、技术服务性职能等领域向社会组织释放市场空间。编制社会

组织名录及考核办法,给予资质优良、表现突出的社会组织承接公共服务优先权。

### (三)进一步搭建平台,引导社会力量的建设与发展

推动社会组织健康有序发展。实施扶持社会组织发展专项计划,认真学习借鉴广东、杭州、宁波和浦东等地的先进理念和做法,以建立健全市级社会组织培育发展中心为契机,落实场地、资金和配套办法,为培育社会组织搭建良好的平台,推动社会组织发展。降低准入门槛,简化登记办法,逐步将社会组织的业务"主管"单位改为业务"指导"单位,推进社会组织民间化、自治化和市场化。实行社会组织直接登记制,重点培育和优先发展经济类、科技类、公益服务类、城乡社区服务类社会组织。根据涉外服务特点,探索建立涉外社会组织登记管理制度。力争到2015年,实现每万人拥有5个以上社会组织的目标。

完善社会志愿服务体系。坚持以党员志愿服务带动社会志愿服务,进一步加强市、县(市、区)、镇(街道)、基层单位四级党员志愿服务中心(站、点)建设,加快形成覆盖全市的志愿服务网络。开展志愿服务研究与培训,壮大志愿者骨干队伍。推行"社工+志愿者"模式,发展社工、志愿者等多种类型社会服务,建立联动发展机制,有效整合发展社工、志愿者队伍,推动全民参与。推进志愿者信息化管理,探索推广"奉献积分卡"、"爱心超市"、"好人好事银行"等管理方式,开展"志愿服务之星"等评选表彰,领导、支持、激励志愿者队伍发展壮大。

### (四)进一步完善机制,增强社会组织与社工能力

加强社会组织服务管理能力。按照大力扶持、逐步规范的原则,提高社会组织的专业服务能力。支持社会组织完善法人治理结构和内部管理制度,建立社会组织负责人管理、资金管理、年度检查、查处退出、等级评估等制度。依法管理和规范各类社会组织,对政治类、法律类、宗教类社会组织和有境外复杂背景的社会组织,实行依法严格监管。搭建社会组织信息服务平台,强化社会组织之间的信息交流。推进社会组织登记评估工作,探索构建政府主导、各方参与的"多元评估主体"模式,畅通居民群众参与基层社会管理渠道,形成政府管理与居民自治相结合,以居民满意为标准的以下评上的工作机制。

提高社工队伍的职业水平。要在政府指导下,依靠社会工作教育机构,加强对在岗的各类社会工作者及管理者进行专业培训,进一步提高其专业素质与能力。要进一步鼓励社会组织走出去、引进来,在与其他先进地区的交流学习中,借鉴他人的理念与方法,开拓社会工作者的实践思路,提高社会工作者的管理能力。要努力引导建立行业内的薪酬激励制度和专业技术职务晋升制度,帮

助社会工作者制定合理的职业发展规划,并将专业绩效、职级晋升与薪酬奖励有机结合,调动社会工作者自我更新、自我提高。

### (五)进一步营造环境,扩大公众认同与参与力度

社区居民是社区服务与管理的主角,其对社会服务的投入、对社会规范的认同,是实现社会管理、促进社会和谐的前提和基础。因此,应通过多层次、多形式的宣传教育,普及有关相互服务、参与管理的知识与理念,倡导居民之间诚信友善、团结互助,促使居民主动参与社区事务,逐步培养和巩固其公益精神、奉献精神、团结互助精神。其次,应通过社区的平台,建立听取民意、集聚民智的渠道,激发居民的主人翁意识和责任意识。例如,要搭建走访、听证、社区网络公共论坛等平台,推行社区事务公开,让居民参与社区服务等决策中,不断提高社区居民参与意识。最后,针对社区居民的不同需要,开展形式多样的社区活动,加强社区居民之间的沟通和交流,增强居民主动关心社区事务的积极性。

# 嘉兴水环境现状与治理对策

□ 翁为平　曹小明

水环境是指围绕人群空间及可直接或间接影响人类生活和发展的水体,其正常功能的各种自然因素和有关的社会因素的总体,主要由地表水环境和地下水环境两部分组成。水环境是构成环境的基本要素之一,是人类社会赖以生存和发展的重要场所。

改革开放以来,随着工业化和城市化进程的加快,嘉兴已成为长三角地区的经济发达城市。但与此同时,水体污染严重,水环境状况日益恶化,水资源供需矛盾尖锐,严重影响了广大农民群众的切身利益,也影响了经济、社会与生态的可持续发展。缓解水环境这一瓶颈制约,是嘉兴经济社会发展迫切需要解决的重大问题。

## 一、嘉兴水环境现状

### (一)河道现状

嘉兴市地处太湖流域,市域河道纵横,湖荡众多。全市河道总长度13802公里,水域面积273.24平方公里,其中市、县二级主干河道57条,总长959公里;0.1平方公里以上湖荡66个,水面积38.29平方公里。全市水面积率7.96%,河道分布密度为3.5公里/平方公里,属于水力坡度小、部分感潮明显的平原水网。

按河道的水流特征,全市可分为以长山河、海盐塘和盐官上河、盐官下河为骨干河道组成的南排入海(杭州湾)水网,以及由苏州塘、澜溪塘、芦墟塘、红旗塘、三店塘、上海塘为骨干河道组成的入浦(黄浦江)水网。

图 1　嘉兴市水系

资料来源:杨松彬,董志勇.河网概化密度对平原河网水动力模型的影响研究.浙江工业大学学报,
2007(5):568.

### (二)降雨情况

嘉兴地处亚热带,属东亚季风区,四季分明,空气湿润,雨量充沛,为较典型的湿润半湿润地区。全市多年平均降水量为 1180 毫米(1953—2005 年),接近 80%的年份降水量多于 1000 毫米,降水年内年际变化较大。

### (三)水污染状况

1.污染源现状

(1)直排污染

嘉兴市 2010 年污染源普查调查结果显示,全市每年直排河道的污染源中的氨氮、总磷的排放量分别为 12028.22 吨和 2945.31 吨(见表 1)。

表 1　嘉兴直排河道氨氮、总磷总量

| 类型 | | 氨氮 | | 总磷 | |
|---|---|---|---|---|---|
| | | 总量(吨) | 占比(%) | 总量(吨) | 占比(%) |
| 农业源 | 畜禽养殖业 | 4062.48 | | 1301.86 | |
| | 水产养殖业 | 68.95 | | 64.92 | |
| | 种植业 | 896.85 | | 389.24 | |
| | 合计 | 5028.28 | 41.8 | 1756.03 | 59.6 |

续表

| 类型 | | 氨氮 | | 总磷 | |
|---|---|---|---|---|---|
| | | 总量（吨） | 占比（%） | 总量（吨） | 占比（%） |
| 生活源 | 城镇（未入网） | 1990.51 | | 316.09 | |
| | 农村含流动人口（未入网） | 4392.70 | | 854.13 | |
| | 入网且排内河 | 40.20 | | 2.60 | |
| | 合计 | 6423.41 | 53.4 | 1172.82 | 39.8 |
| 工业源 | 未入网 | 327.92 | | / | |
| | 入网后排内河 | 247.89 | | 16.41 | |
| | 合计 | 575.81 | 4.8 | 16.41 | 0.6 |
| 垃圾厂、医疗、废物处置厂 | | 0.72 | / | 0.05 | / |
| 总计 | | 12028.22 | | 2945.31 | |

资料来源：嘉兴市 2010 年污染源普查资料。

（2）入境水污染

经嘉兴市水文站测量，2010 年入境水中，氨氮总量为 7479 吨，总磷总量为 1277 吨；出境氨氮总量为 11884 吨，总磷总量为 1940 吨。按照"自身直排入河量＋入境量－出境量"的公式测算，全市氨氮滞留量为 7623.22 吨/年；总磷滞留量为 2183.31 吨/年。这些污染物除部分通过水生植物、淤泥等吸收、转化外，大多积淀为嘉兴水环境恶化的源头。

（3）河道淤积污染

20 世纪 70 年代末以来，随着农村产业结构的调整，嘉兴市传统的捻河泥积肥基本消失，两岸坍塌土体入河、雨水冲刷剥蚀两岸表土入河、农田排水携带泥沙、航船搅起的泥沙在附近河道里的沉积、水生植物枯死腐烂沉积、洪水期间过境水流夹带的泥沙沉淀淤积、人为弃入河中的垃圾杂物等，使河道淤积日趋严重。

据对清淤过程中的河道断面观测，历经近 30 年的淤积，河床淤积最大厚度通常在 115 cm 左右，一般河道淤积厚度也在 112 cm 左右。经测算，全市河道淤积总量达 214 亿 m³，成为水环境污染的重要因素。

2. 水质状况

（1）水质变化情况

嘉兴市的水污染历史并不长，但其污染发展的速度和污染的严重程度却十分惊人。20 世纪 80 年代，市域内水体以Ⅱ、Ⅲ类为主体；90 年代初，Ⅱ、Ⅲ类水体也还占到嘉兴市水体的一半以上。到本世纪初,市域内几乎找不到Ⅱ、Ⅲ类水体,连Ⅳ类水体也不到 20%,大量河道水体为Ⅴ类和劣于Ⅴ类。

水质监测资料表明,嘉兴市水体污染主要以有机污染和氨氮污染为主。其污染源主要来自三个方面:一是工业污水,特别是印染、化工、织造业排放污水;二是城市生活污水和三产废水直排入河;三是农业面源污染。另外,多年来积淀在河道内的污染物已成为再生污染源,加上新增污染物,污染程度越来越严重。

(2)河流水质现状

根据嘉兴市水文站《水资源公报》,2012 年 7 月中旬,嘉兴市域水位在2.88～3.62 米(吴淞,下同),属全年的丰水期。127 个监测断面中,Ⅲ类水体 1个,占 0.8%;Ⅳ类水体 9 个,占 7.1%;Ⅴ类水体 10 个,占 7.9%;劣Ⅴ类水体107 个,占 84.2%。

入境水体 19 个监测断面中,Ⅲ类水体占 5.3%,Ⅳ类水体占 10.5%,Ⅴ类水体占 26.3%,劣Ⅴ类水体占 57.9%。

出境水体 10 个监测断面中,Ⅳ类水体占 20.0%、Ⅴ类水体占 20.0%、劣Ⅴ类水体占 60.0%。全市地表水监测断面水质的主要超标项目有溶解氧、高锰酸盐指数、五日生化需氧量、氨氮、石油类、总磷和化学需氧量。

综合全市区域情况,总体水质仍以Ⅴ类和劣Ⅴ类为主,主要超标指标为氨氮和总磷,部分饮用水源地水质超标,饮用水源保护地内生态差,污染源未完全清理。其中,湖荡水质优于河道水质,入境水质略优于境内水质,水体污染较2011 年呈上升态势,仅有太浦河沿线和南北湖为嘉兴市地表水资源质量最好的水体。

### (四)污水处理情况

2010 年,嘉兴市域范围内共建成集中式污水处理厂 14 座,日总处理能力达94.5 万吨,年污水处理量达到 2.7 亿吨。嘉兴市区和各县(市)主城区的污水收集主干管均已建成,市域污水管道总长度 1819 公里。

2011 年,进一步加大污水收集和处理设施建设力度,逐步扩大污水收集服务范围,完成全部建制镇的污水处理设施主体工程建设,成为全省第一个所有建制镇建有污水处理设施的市。通过大力推进污水处理厂和污水收集管网建设,提升污水收集处理率,全市污水处理能力不断提高。2011 年,全市新建污水收集管网 594.97 公里,泵站 21 个,污水收集管网达 4025 公里,污水处理厂设计处理能力达 111.5 万吨/日,平均运行负荷率 85.4%。

## 二、2012 年嘉兴市治污措施及初步成效

### (一)加强饮用水安全建设力度

#### 1.加强饮用水水源地规范化建设

坚决取缔搬迁保护区内各类排污企业,拉网式清理各类排污口,定期排查保护区环境安全隐患。上半年全市共排查出一级、二级保护区工业污染源 25 个,非工业风险源 18 个,交通事故隐患点 15 个,各类危险化学品运输车辆、船只 200 余辆。

#### 2.加强饮用水源地监测

投入 1751.95 万元建设了 10 个集中式饮用水源地应急自动监测系统,对急性、毒性、蓝藻等 10 余项指标 24 小时在线监控。

还根据不同季节、不同汛情及上游临近地区安全事故等情况加密监测、溯源监测、增加监测因子,发现异常立即启动预警,确保饮用水安全。

#### 3.加强饮用水源地生态建设

2012 年,市政府安排 2.1 亿元,建设完善贯泾港生态湿地,通过推进"三清两绿",不但让水清起来,更让水流起来,形成市区两片湿地、两个水厂同时供水局面,使居民饮用水保障更安全、更稳定、更具抗风险能力。

### (二)加强污染物收集处理基础设施建设力度

#### 1.加快推进污水收集系统、输送系统和处理系统建设

全市实现污水收集网络覆盖城乡,已有累计 4500 家企事业单位、530 个居民生活区块以及多数集镇污水入网。截至目前,全市已建成污水处理厂 23 座,污水收集管网 4050 公里,泵站 308 座,污水处理厂设计处理能力达到 117.28 万吨/日,排放达标率 96.8%。

#### 2.全面启动城镇集中污水处理厂提标改造工作

为缓解嘉兴地域内的水环境形势,嘉兴市政府经过认真调研和论证,决定采取内源控制措施,首先重点解决境内城镇生活和工业污染源问题,实施"嘉兴联合污水集中处理工程",旨在将市域内大部分城镇生活污水和工业废水集中收集输送、处理达标后排海,大幅减少生活和工业源对内河水体的纳污量。

工程采取跨区域联建的方式,服务范围包括嘉兴市区、南湖区、秀洲区、嘉兴经济技术开发区、嘉善县、平湖市、海盐县及嘉兴港区,以及上述区域所属的

乡镇;工程范围覆盖了市域内除海宁市和桐乡市的大部分县(市)区域,达到约
1860 平方公里服务范围。自嘉兴联合污水集中处理工程实施以来,每年减少内
河水体 COD 纳污量约 3.8 万吨,累计削减水污染物 COD 总量已达 30 万吨。

目前,除联合污水处理厂执行一级 B 标准外,所有城镇集中污水处理厂均
执行一级 A 标准。

通过城镇集中污水处理厂的提标改造,进一步提高了市域范围内的污水入
网处理水平,进一步降低了污染物排放浓度,有效减少了污染物入河总量,有效
缓解了嘉兴市水环境污染的形势。

**表 2  嘉兴市联合污水处理厂工业废水接纳标准及处理前后水质情况**

| 时　间 | 工业废水进水平均浓度(mg/L) | | 出水平均浓度(ag/L) | |
|---|---|---|---|---|
| | $NH_3-N$ | COD | $NH_3-N$ | COD |
| 2003 年 11 月平均值 | 817 | 65.60 | 283.50 | 51.60 |
| 2011 年 5 月平均值 | 387 | 19.10 | 86.40 | 9.79 |

资料来源:邢善宏.嘉兴联合污水集中处理模式的实践与思考.时代经贸,2011(12):31.

### 3.加强固废和污泥处置,降低二次水污染

2011 年,投入投资 1.27 亿元建成年处理工业危险废物 10000 吨、医疗废物
3000 吨的嘉兴市固废处置中心一期项目。

新嘉爱斯热电 2050 吨/天污泥处置工程和浙能嘉兴发电公司 250 吨/天污
泥焚烧处置项目均已投入运行,有效降低了二次污染的压力。

### (三)加大污染减排力度

#### 1.从严控制环保准入

对新、扩、改建项目全面实行污染替代和排污权交易制度,将投资排污强度
纳入环境准入评估体系,通过通报、督办、约谈和区域限批等一系列手段,加大
污染减排力度。

停止审批、核准市区增加 COD、氨氮、总磷排放的建设项目和新的大宗取水
项目,2012 年已实施限批项目 53 个,涉及投资 30.5 亿元。

#### 2.从严监管污染排放企业

定期开展减排工程执法检查,确保减排工程发挥持久、稳定减排成效。
2012 年计划关停电镀企业 32 家,完成 128 家电镀企业的整治。对 2011 年完成
关停的铅酸蓄电池企业开展事后督查,严防擅自恢复生产现象。

在全省率先完成重点企业污水处理设施运行监控系统,扎实推进主要水污

染物定量刷卡排放制度,推行总量和浓度双控制。

### 3.全面推进中水回用

从 2011 年起,重点开展 23 家污水处理厂中水回用工程,预计 COD 削减潜力 846 吨,氨氮削减潜力 44 吨。

在全市造纸、印染行业全面实施中水回用工程,变行业"吃水大户"为"节水典范"。

### 4.实施"两退两进"(退低进高、退二进三)

将制造业中资源占用多、能源消耗高、环境污染重、已不适合在当地继续发展的相对低端低效的产业、企业或某些生产环节,从原先占有的空间中腾退出来,引进相对高端高效的先进制造业和现代服务业、优质企业或某些先进生产环节,促进经济转型升级,2012 年已完成腾退低效用地 10151 亩,完成年度计划的 126.9%。

## (四)加大体制机制建设力度

### 1.成立治水办

在充分调研基础上,成立由市委书记、市长任组长,分管副市长任副组长,相关部门(单位)和各县(市、区)政府主要负责人为成员的水环境综合治理工作领导小组,负责全市水环境治理和保护、重大问题研究、政策及年度目标制定、部门协调等工作,领导小组下设办公室即"市治水办"。

市治水办统筹开展水环境保护综合规划、政策制定、协调管理、资金调动和监督考核。

在理清各部门水污染防治职责的基础上,加强各部门之间的沟通协调。各县(市、区)参照建立地方治水机构,形成全市上下统一的治水体系。

### 2.建立河长制

包括市长在内的市、县、镇三级政府主要负责人担任辖区河道河长,相关部门(单位)担任河长单位。河长负责指导、协调和监督属地开展水污染防治,包干河道水质改善规划目标,具体实施水环境治理工作。"河长"们不仅要对所负责河道的水质改善目标作出承诺,接受社会监督,还要接受"河长"保证金制度考核。

明确目标考核,将交接断面水质考核列入各地党委政府目标责任制考核,建立包括污染物总量控制、节水、功能区断面水质达标等指标的环保问责体系,规范问责程序,按照污染事件的严重程度、影响范围、成因等追究责任,实行"一票否决"制和严格的奖惩制度。

3. 明确工作机制

由环保、公安、农经、国土、水利、建设、城管等部门组成的水环境执法联席会议制度,将继续保持对"涉水"违法打击的高压态势,对水环境污染事件"零容忍",依法打击和严厉惩处污染直排、偷排漏排、违章搭建、私自占用河道、随意倾倒固体废物等环境违法行为。

建立水环境巡查机制。由市治水办牵头,联合市生态办,组织水利、农经等部门组织开展"清水系列"专项行动,鼓励公众参与,重点巡查畜禽养殖污染、工业企业入网情况、农村农业面源污染和生活污水污染等,摸清全市水环境污染底数,为全面开展水环境治理提供依据。

建立统一的水环境质量监测和发布机制。以统一的平台发布水质水量监测信息,实现水环境信息共享,使公众能及时监督政府和企业的环境行为。

建立断面考核约谈机制。市治水办每月对全市河流交接断面考核结果进行通报,根据各行政区当月水质恶化程度进行分级预警,并视情况约谈当地政府主要负责人,对问题突出的区域实行月度区域限批。各县(市、区)均逐级建立约谈机制,将责任层层落实。

建立水体污染交办机制。每月组织召开工作例会,分析问题,形成督办意见并协调解决,督促检查工作进展。市治水办将查处到的问题,交予相关部门处理,并负责监督检查;相关单位须按时完成交办任务,并将整治情况及时上报市治水办。

4. 加大资金投入

建立预算投入增长机制。培育形成多元化的投资和融资格局,确立水污染防治资金投入的优先和重点保障地位。建立稳定的政府水污染防治预算投入增长机制,保障政府对环保提供持续性的财政支持。整合现有水环境整治各类专项资金,建立预算内水污染控制专项资金,设立水污染防治基金,稳定资金来源渠道,带动全社会资金投入。

引导建立市场投融资机制。紧紧把握政府专项资金向水环境治理基础设施建设倾斜的机遇,争取上级部门的支持,争取更多投资。同时,依据"以水养水"的原则,确保收取的涉水费用专款专用,取之于水、用之于水,进行滚动投入和积累。逐步放开基础设施经营权政府控制,出租、转让管网收费、特许经营权等,最大限度地盘活城市水资源。

5. 深化公众参与

开展全民治水宣传。充分发挥媒体的作用,开辟专栏,制作专题节目,刊播公益广告,开展声势浩大的宣传活动。在每条河流树立宣传牌,引导市民树立忧患意识和保护意识,自觉抵制破坏水环境、浪费水资源行为,倡导有益于水环境保护的文明生活方式,营造全社会"惜水、爱水、护水、节水"的良好风气。加大对农村的宣传,提高农民的环保觉悟和参与意识,引导农民采用资源节约、环境友好的农业生产技术,促进农民积极参与面源污染控制。

深化公众参与。扩大公众知情权,加强水环境信息披露,使公众科学地了解水环境质量状况及存在的问题,公开发布规划执行、水利工程、水价、城市污水处理费征收及使用等水环境管理信息,公开重点污染企业污染排放信息。鼓励民间具有一定技术能力的群众成为水环境治理的志愿者,让志愿者在政府能力之外的领域发挥重要作用。

完善有奖举报。鼓励群众举报违法排污行为,举报人可通过来电、来函、来访、微博四种途径进行举报,环保部门对举报者的姓名、联系方式等严格保密,经调查核实,按照相关标准对举报人进行奖励。

## 三、嘉兴水环境治理存在的问题

目前水环境形势依然严峻,全市总体水质仍以Ⅴ类和劣Ⅴ类为主,主要超标指标为氨氮和总磷,部分饮用水源地水质超标,饮用水源保护地内生态差,污染源未完全清理。

### (一)饮用水安全形势严峻

目前嘉兴市域部分饮用水水源地,尤其是河网地区水质远未达到国家标准,而且面临水质污染程度进一步加剧的威胁。以南湖区为例,根据南湖区2012年9月水环境质量月报,全区地表水部分断面虽然较去年同期有所改善,水质恶化趋势得到遏制,但断面水质总体情况仍不理想(总体评价见表3),区域内地表水主要监测断面达标率极低,总磷溶解氧、氨氮和高锰酸盐等主要指标均大大超出Ⅲ类水质标准,特别是氨氮和总磷超标严重。

全市大部分水厂净水工艺落后,城市供水水源单一,在水源遭受突发性污染时,只能被动应对甚至被迫停水,饮用水安全缺乏保障。

表3 南湖区区域水质总体评价

| 地区 | | 南湖区 | | |
|---|---|---|---|---|
| 出(入)境/年份 | 月份 | 高锰酸盐指数(mg/L) | 氨氮(mg/L) | 总磷(mg/L) |
| 2012年出境 | 1—9月 | 7.81 | 4.03 | 0.407 |
| 2012年入境 | 1—9月 | 6.70 | 2.74 | 0.312 |

续表

| 地区 | | 南湖区 | | |
|---|---|---|---|---|
| 出(入)境/年份 | 月份 | 高锰酸盐指数（mg/L） | 氨氮（mg/L） | 总磷（mg/L） |
| 是否达标 | | 否 | 否 | 否 |
| 出入境比较 | | 出境比入境差 | 出境比入境差 | 出境比入境差 |
| 2012年出境 | 1—9月 | 7.81 | 4.03 | 0.407 |
| 2011年出境 | 1—9月 | 8.05 | 3.34 | 0.344 |
| 出境比较 | | 3.0% | −20.7% | −18.5% |
| 初级评判 | | 合格 | 不合格 | 不合格 |
| 2012年入境 | 1—9月 | 6.70 | 2.74 | 0.312 |
| 2011年入境 | 1—9月 | 6.91 | 2.21 | 0.260 |
| 入境比较 | | 3.04% | −23.6% | −20.0% |
| 扣除入境后的变化浓度 | | 0.03 | −0.17 | −0.012 |
| 扣除入境后的幅度(%) | | 0.4 | −5.1 | −3.4 |
| 2012年1—9月与上年同期出境水质与入境水质幅度差 | | / | 2.91% | 1.50% |

资料来源:南湖区环保局。

### (二)污染物排放总量居高不下

总体而言,嘉兴市水污染治理,仍然滞后于地区经济增长,水污染排放量远远超过水环境容量,全市"三废"排放量仍然持续维持在较高水平(见表4)。

表4 2007—2010年嘉兴市"三废"排放量

| 年份 | 工业废水排放量（万吨） | 工业废气排放量（亿标立方米） | 工业固废产生量（万吨） |
|---|---|---|---|
| 2007 | 15759 | 2065 | 338.0 |
| 2008 | 16235 | 1932 | 325.5 |
| 2009 | 17488 | 1897 | 366.0 |
| 2010 | 19812 | 2088 | 377.7 |

资料来源:2008—2011年嘉兴市环境公报。

### (三)产业结构调整速度有待进一步提升

2011年,嘉兴三次产业结构5.5∶57.6∶36.9,第三产业占36.9%,低于全省 44％左右的平均水平,比重明显偏低。一方面,环境容量不足与传统行业增长较快造成的污染排放刚性增长之间的矛盾日益突出,如纺织、印染、造纸、制革、化工等传统行业排放的 COD 占了全市排放总量的约 85％(而产值只占约 35％);另一方面,近年来嘉兴市大力发展现代服务业和高新技术产业,积极推动经济转型、产业升级,减少经济发展对环境的影响,但要真正扭转这一局面尚需时日。

### (四)工业点源污染治理和污水处理水平不高

全市大部分工业企业废水已经实现入网,但仍有少部分企业因种种原因废水还未入网。同时,在已入网的工业企业中,也有少部分企业由于管网设计不合理,清污分流不彻底,导致废水排入河道。另外,工业企业污水处理的污泥以及河道清淤污泥没有规范处置,也会引起二次污染,影响水环境质量。

### (五)农村面源污染治理严重滞后

农村畜禽养殖污染为重点的面源污染问题比较突出。散养密集区的养殖户污染防治的意识还比较薄弱,养殖总量偏大且较难控制,重养轻管现象比较普遍,长效管理机制有待进一步完善。

生活污水收集不到位。由于污水处理城乡一体化建设进展缓慢,截至目前,镇区生活污水管道实际入网覆盖率和农村生活污水收集处理率还没能达到全覆盖,农村地区更是没有污水管网,相当数量的生活污水仅通过化粪池简单处理后即排入河道。虽然在农村开展生活污水处理的行政村比例达到了 50％,但实际受益面仍然偏小,大量农村生活污水仍直排内河,成为全市水环境恶化的重要因素。

### (六)水环境基础设施建设滞后

一是污水管网渗漏;二是雨污分流不彻底,生活污水通过雨水管排入河道;三是雨季大量雨水进入污水管网,造成污水输送系统超负荷运行,致使污水收集后又通过雨污合流系统和应急排放口排入河道。

### (七)河道生态功能弱化

一是污染物排放总量的累积增加,使得区域环境容量日益萎缩,水环境的改善和自净修复时间长。二是由于嘉兴地处平原河网地区,水系复杂,断头浜多,水流缓慢,加上河道疏浚轮换周期长,部分河道淤积速度超过疏浚周期,造成河道水质净化能力退化。三是由于农村地区存在向河道倾倒生活垃圾、丢弃病死猪、排放生活污水等不良现象,加剧了河道污染。

## 四、加强水环境治理工作的建议

### (一)加大水生态环境建设宣传力度

一是通过贴近实际、贴近生活、贴近群众的多层次宣传教育,积极倡导文明生活的良好习惯,逐步改变乱丢、乱倒、乱扔垃圾的生活陋习,使保护水生态环境成为每个公民、每个家庭、每个单位的自觉行动。二是重点加强畜禽养殖污染防治知识的宣传,对规模畜禽养殖场和养殖户开展污染防治培训,以讲座、现场辅导等各种形式,讲解畜禽养殖污染防治的相关知识,传授生态养殖、科学养殖的新兴实用技术。

### (二)实行"治养"并重,注重生态修复,提升生态系统的自净能力

一是加强流域骨干河道、城市河道和县乡河道底泥生态清淤的疏浚工作,提高疏浚质量,保持河道畅通,减轻内源污染,提高水环境容量。二是妥善处置疏浚污泥,避免疏浚污泥进入河道造成二次污染。三是有计划、有重点地建设河道生态隔离带,宜树则树、宜草则草,宜土则土、宜砖则砖,逐步恢复河道的生态护岸、护坡。四是探索航道、外荡轮疏和保洁的长效管理机制,加强水域、湿地的保护,维护和发挥水域和湿地的生态功能。

### (三)突出农业面源污染治理,减轻面源污染对水环境的影响

一是加快农业产业结构调整,根据环境容量和生态环境功能区规划,合理确定畜禽养殖规模,尤其是控制生猪养殖规模。通过转产奖励、创业补助等经济手段,积极引导中小养殖户转产,压缩现有养殖规模和总量,逐步使畜禽养殖从低水平、分散性养殖向规模化、集约化养殖发展。二是进一步加大与高等院校和科研院所在畜禽养殖方面的合作,深入进展清洁生态养殖、畜禽养殖污染治理新技术等方面的研究,不断创新养殖业发展和废弃物综合利用新模式。三是实施化肥、农药减量增效工程,结合测土配方施肥,减少普通化肥使用量,降低氮肥、磷肥流失率,有效削减氨氮污染负荷,实现农业生态系统的良性循环。四是加大养殖污染的日常监管力度、频次和范围,完善后续管理服务机制,逐步从政府主导向行政要求与市场调节相结合的方向转变,积极探索完善后续管理社会化服务,大力提升服务队伍专业化素质。

### (四)进一步加大农村环境治理力度,减轻对水生态环境的压力

一是理顺管理体制,以"两新"工程为抓手,通过加快农民集中居住和农业

规模经营,着力打破城乡分治的传统治理模式,把城市环境卫生管理的职能向农村延伸,建立起城乡统一协调的管理体制。二是加大投入,建立多渠道筹资机制。扩大公共财政向农村地区覆盖的力度,将工作经费纳入正常的预算之中;广泛动员社会力量,为农村环境改善出资出力;全面实施生活垃圾处理收费制度,建立起国家、单位和个人合理承担的收费体系。三是建立健全各项公共卫生保洁制度和管理制度,确保各项管理措施落实到位。四是建立跨县(市、区)畜禽养殖集中区域的污染联防联治机制,以联防联治综合手段,处置环境污染问题;以协调统一的政策和措施,开展污染的治理工作。五是结合新农村建设和"两分两换"工程,探索符合各地农村实际的低成本、高效率的污水处理方式,完善农村生活污水处理设备设施。

### (五)强化工业污染防治,严格企业排污许可证制度

重点监控污染负荷大的企业,完成六大重点污染行业的整治,严格控制新的污染源,切实做到增产不增污。一是优化产业空间布局。严格实施生态环境功能区规划,沿河重点流域内的开发利用规划和各专项规划,应按规定开展规划环评工作。二是严格项目环境准入。停止审批增加CODMn、氨氮、总磷排放的建设项目。三是开展清污专项行动。集中开展"清污分流"专项行动,对化工、印染、制革、造纸、食品、屠宰等污染企业的雨水排放口、冷却水排放口开展专项执法大检查。进一步加大外排企业监管力度,严厉打击超标排污行为,进一步推动入网进程。四是深化六大行业整治。全力抓好铅蓄电池、印染、电镀、造纸、制革、化工等行业的环境监管和污染整治,对治理无望的企业和生产线坚决予以关闭淘汰,促进产业结构转型升级。

### (六)完善公众参与机制

公众是水环境治理体制中的最后环节,也是最重要的环节,在整个治理机制中起着参与、监督的作用。一是公众的参与在很大程度上决定了水环境保护制度是否能够有效实行,广泛的公众参与能够降低交易成本和管理成本,可以确保决策者了解公众的意见,并通过各方的协作来共同完成水环境治理的目标。公众还是水环境质量的监督者和水环境污染治理行动的参与者,在水环境治理的过程中,可以对工业企业、畜禽养殖场、水产养殖场等的污染行为,以及政府的不作为起到一定的监督作用。二是必须完善公共参与制度,扩大公众参与范围,提高公众参与的积极性,通过公众的监督和广泛参与,更加有力地推进嘉兴水污染治理的进程。

# 嘉兴市城市社区治理现状分析[①]

□ 余 剑

社区是社会的细胞,社区日益成为各种利益关系的交汇点,各种社会矛盾的集聚点,社会建设的着力点和党在基层执政的支撑点。当前,随着改革进程的加快,基层民主的发展,市民素养的提高,城市社区的任务越来越繁重、地位越来越重要、作用越来越突出、责任越来越重大,立足长远深入研究城市社区的治理具有重要的现实意义。

## 一、嘉兴市城市社区现状

多年来,嘉兴市高度重视社区建设工作,围绕夯实基础设施、完善服务功能、推进民主自治、繁荣社区文化,大力推进和谐社区建设。目前,在全省率先实现了以 96345 社区服务求助中心为龙头的社区服务网络的全覆盖,基本实现了城市社区服务中心和"一站式"办事大厅的全覆盖,90% 的社区达到了市级以上和谐社区标准,构建了社区公共服务、市场服务和志愿互助服务相结合的"三位一体"社区服务体系,社区居民安全感和满意率逐年提升。

### (一)社区治理工作机制初步形成

形成了党委领导、政府负责、民政牵头、有关部门配合、社会协同、居民参与的城市社区建设领导体制和工作机制。成立了城乡社区建设领导小组,明确工作职责,对社区建设进行规划和部署;先后出台了减轻社区负担、提高社区工作者待遇、加快社区基础设施建设、推进社区居民自治、实行社区资源共建共享、社区工作申报准入、加强居务公开和民主管理、开展全市社区组织统一换届等

---

① 本文部分观点和数据来自中共嘉兴市委党校第 45 期县处班学员调研报告。

方面文件,为社区建设提供了政策保障。各级民政部门积极履行职能,加大研究指导、督查协调力度,确保社区建设稳步推进。推进部门与社区结对共建工作,150多个市级机关、市直属单位以及驻嘉各部队连续与市本级70多个城市社区开展结对共建,为社区提供共建经费550多万元,有力地支持了社区全面建设。各地社区居委会坚持以人为本、服务居民,广泛开展社区文体活动,积极改善社区环境,大力提高社区服务质量,群众的认可度和参与率不断提高。

### (二)社区治理队伍结构日趋合理

社区专职工作者队伍建设稳步推进。实施"外部引进"与"内部提升"相结合的办法,加强社区干部队伍建设。通过机关干部下派、社会公开招聘、高校毕业生选考以及专题培训、挂职锻炼等途径,充实社区专职工作者队伍,提升社区专职工作者整体素质。全市361个城市社区中,社区专职工作人员超过2000人,队伍建设呈现出"两高一低"的特征,即学历高(大专以上学历的占68%),党员占比高(占55%),平均年龄较低(平均年龄42.3岁)。全市累计有504人和758人分别获得全国和嘉兴市级社会工作者职业水平资格证书。社区自治组织建设逐步完善。建立了在社区党组织的领导下的社区议事决策与执行相分离的工作机制,构建了社区居民代表大会—社区居委会—社区社会事务站的组织架构,形成了社区居民代表大会决策、居委会执行、社会事务站办理的管理机制。建立了社区民情恳谈会、社区事务协调会、社区工作听证会"三会"制度,提高了居民参与社区建设的积极性;健全和完善了居务公开制度,保障了居民群众的知情权、监督权和管理权;制定了社区自治章程及居民公约,建立了社区干部"双述双评"制度、财务管理制度等制度。自2008年起,嘉兴市统一开展城市社区居委会换届选举,"自荐直选"率达到74%。

### (三)社区自治基础保障稳步提升

各级财政把社区建设所需资金纳入年度预算,并逐年加大对社区工作经费的投入力度。自2008年起市财政按社区常住人口8元/年·人的标准增加对市本级社会事务站补助,2010年调整到20元,社区办公经费有了基本的保证。自2010年起,嘉兴市城市社区专职工作者平均薪酬按照"不低于上年度城镇职均工资上浮10%"的规定执行,并办理了各项社会保险和住房公积金。通过改建、扩建、新建、置换、租赁等途径,目前全市城市社区工作服务用房平均达到790平方米,社区办公服务用房得到明显改善。各社区普遍设有"五室三站两栏一校一场所"①,社区管理服务功能进一步拓展。全市 361 个城市社区中有 360 个社区建成"一站式"办事大厅,并开展了"代办"服务,使居民享受到方便快捷的公共服务。

### (四)社区自治服务水平快速推进

社区服务网络实现全覆盖。市、县(市、区)均建立了 96345 社区服务求助中心,并从街道向镇、村延伸,形成了横向到边纵向到底的社区服务网络。至目前,全市 96345 服务中心共有工作人员 65 名,日均求助超过 1200 人次,办结率 100%,被市民誉为"贴心线"、"连心桥"。社区治理模式探索创新。按照"区域相邻、规模相当、资源相通、方便管理、界定清晰、责任明确"的原则划分网格,实行网格化管理,实现政府行政管理和基层群众自治有效衔接和良性互动,有效提升了社区管理和服务水平。各项创建活动蓬勃开展。自 2009 年开始,全市城市社区围绕建设"居民自治、管理有序、服务完善、治安良好、环境优美、文明祥和"的社会生活共同体,全面开展和谐社区创建,到 2012 年底,全市 90% 以上的城市社区已经达到市级以上和谐社区创建标准。深入推进居务公开、民主管理规范化建设,积极组织开展社区之歌创作等活动,提升了居民对社区的归属感。积极培育各类社区民间组织,逐步形成社会力量广泛参与、满足居民多层次需求的社区民间组织服务体系。社区环境不断优化。投入大量资金对老城区范围内居民小区实施了绿化、美化、亮化、洁化整治,营造优美和谐的社区人居环境。以创建平安社区为契机,推进社区"综治室"规范化建设,坚持齐抓共管,狠抓工作落实,综治基层基础建设进一步夯实,社区居民安全感和满意度逐年提升。

## 二、嘉兴市推进城市社区治理的几种模式

从总体上看,嘉兴市城市社区建设工作取得了很大成绩,在满足居民需求、加强社会管理、维护社会稳定、发展基层民主、促进社会进步等方面发挥了积极作用,社区正日益成为提升居民服务的重要载体和创新社会管理的重要平台。最令人欣喜的是,嘉兴在传统的基层党政组织在不断加强的同时,随着市场经济的发展、民间社会的发育,社区中的经济组织、社会性组织开始出现,并开始参与到社区管理与治理过程中,社区治理结构呈现多元化的趋势。

---

① 五室:党组织和居委会办公室、警务室、党员活动室(多功能活动室)、图书阅览室、资料档案室;三站:社区服务站(党员服务站)、劳动保障服务站、计生卫生服务站;两栏:宣传栏、居务公开栏;一校:居民学校;一场所:健身活动场所。

### (一)菜花泾社区"守门护院队"模式

菜花泾社区是南湖区较早开展小区居民自治活动的社区。通过在居民中成立居民自治小组,再由居民自治小组采取按户收费,同时依靠政府补贴,成立和组建了"守门护院队",把有限的财力用于日常管理和值班巡逻人员的补贴,通过使小区基本没有发生刑事和治安案件,得到了辖区广大居民群众的好评和支持。目前,菜花泾社区在召开社区居民自治代表大会,还特别邀请了租住在小区的新居民代表参加,新老居民携手共同参与到小区自治工作中来。

### (二)松鹤社区天天嘉苑小区业主委员会无物业小区自治模式

前些年,松鹤社区天天嘉苑小区的物业公司由入不敷出撤离之后,小区就处于没有物业管理的无序状态。旧的物业走了,新的物业没来,在几次物业进驻无果后。天天嘉苑开始实行小区业主自治管理而且颇有成果。业委会的理念是,光靠挨家挨户收取物业费是达不到目标了,只有小区管理上去,业主满意度上去,观念改变,才会主动交物业费。业委会聘请了1名业务主管、7名保安和1名保洁工人,对小区路面等基础设施进行了翻新,对很多卫生死角进行了清理,比如那些楼顶平台天沟内的垃圾,都是业委会工作人员自己动手清理掉的。在支出方面尽可能做到节省,采购东西都去旧货市场,临时收费点的牌子由业委会成员自己画,办公桌从社区借,绿化维护费用太高,就搞承包区域等。在财务公开方面精确到了分,大到文件柜、办公桌,小到水桶、脸盆、文具,这些支出情况列得清清楚楚。最令居民感动的是,业委会成员的工作是无偿的。目前,天天嘉苑物业费是 0.6 元/平方米,收取率达到了 100%。而过去物业公司的收费是 0.4 元/平方米,收取率不到 50%。小区自治形成了良性循环。

### (三)紫阳社区"3+1"自治管理模式

所谓的"3+1"自治管理体系,其中的"3"即在小区建立 3 个自治管理组织:一是居民自治管理小组,成员由 5 名身份分别为老党员、楼院长和热心公益的居民组成,全面负责协调小区日常事务管理;二是理财小组,成员由会计、出纳和 1 名自管小组人员组成,负责小区财务管理;三是监督小组,成员由 3 名热心公益的居民组成,负责对小区环境卫生、治安秩序、财务管理等自治工作进行监督,向自管小组提出合理化建议。而"1"即由辖区单位、社区、街道相关部门、自管小组组成的小区自治共建共创协调委员会,负责对自治区域内自治事务的支持、协调、指导。"3+1"自治管理体系建成后,小区至今没有发生一起刑事案件,治安案件发案率也明显降低。

三种"小区自治"管理模式的启示:一是转变观念。在社区管理方面,尤其是没有物业公司接管的老旧小区,以往总是由政府主导、社区居委会牵头去解决。社区居民只能被动接受,结果弄得政府压力很大,社区居委会不堪重负,居民则一味抱怨、发牢骚,不能解决问题。现在南湖区的做法,政府、居委会则是协助居民管理自己应该管的社区事务。社区居民在政府、居委会的引导下,转变观念,一批热心人带头,以社区主人翁的姿态来审视社区管理难题,为社区管理问题出谋划策,共同参与,共建共享。二是建立机制。许多小区自治组织很重视以制度的方式保证小区事务决策制定和执行过程中,那些利益相关方能够有效地参与,尤其是弱势人群、新居民,能够在社区治理中发出自己的声音。三是讲求方法。小区自治做得比较成功的案例,都有街道办事处、社区居委会的干部进行指导,同时还有几个热心人的志愿无偿的付出和恰当的工作方法的运用。充分调动了居民的积极性,帮助居民制定各种民主制度和机制,引导居民合理利用资源,使小区自治产生了事半功倍的效果。

## 三、嘉兴城市社区治理中存在的问题

南湖区的小区自治模式给全市城市社区治理工作提供了一个良好的路径。但是总体来看,在全市层面,社区治理工作仍然滞后于经济建设,滞后于居民群众的需求,与建设和谐社区的要求尚有不少差距。突出表现为以下几个方面。

### (一)社区组织功能错位,行政化倾向加重

居委会是社区居民的自治组织,不隶属于政府的行政部门。但目前社区居委会行政事务多于服务事务,"政府角色"强于自治角色,行政功能取代自治功能。造成这一现象的原因主要有:一是对社区居委会的性质、作用、功能的认识还不到位。一些部门和单位把社区居委会当成政府的行政组织来对待,习惯于用行政命令的方式向社区布置工作,简单地认为转变职能、重心下移就是把组织机构设置延伸到社区,而不是把工作服务拓展到社区,往往是"布置任务多、创造条件少,检查要求多、协调帮助少",使社区居委会的行政化趋势日益明显,自治性质得不到充分体现。二是社区各类组织繁多。目前社区各类组织包括妇联执委会、综治委员会、消防领导小组、计生协会等以及各类志愿者队伍,有的社区多达 40 多个组织,涉及 100 多项工作。虽然,省、市、县都建立了"准入"制度,但缺乏约束力,有关部门、单位仍然在社区设立延伸组织,每年呈上升趋势。三是社区居委会与街道办事处关系不顺。街道办事处往往把社区居委会作为自己的下属来对待,而社区居委会也习惯于依附街道办事处,把自己看成

是街道办事处的延伸组织,思想上、行动上、工作方式方法上基本以行政组织的角色来开展工作,创业创新、服务居民的意识不够强。即使有些社区进行了"居站分设"的试点,但是在实践中,仍存在着试点面较小;名义上实行了人员分离,实际上仍是"一套班子,两块牌子";社区工作人员定位模糊,既是经居民选举产生的居民自治组织的没有工资的志愿者,同时也是街道选聘的社区工作站人员,所拿的报酬不能名正言顺地称为工资,只能称为补贴;居站分设后社区居委会成员比较难找,热心社区公益事业,又有能量的人士比较缺乏;政府传达信息仍绕不开社区居委会,社区居委会仍然难以从政府事务中剥离出来等等难题。

### (二)思想认识不到位,参与意识不强

传统的社区治理方式由于政府的角色与功能过于强大,挤压了广大社区居民、业主和社会组织的活动空间,使得社区居民对政府和单位的依赖性较强,自觉参与社区活动和行使民主权利的热情不高。一是参与主体单一,且结构失衡。参与社区自治和社区活动的基本上都是一些老年人。主流群体参加比例低,反映出参与群体的单一性和对和谐社区建设的被动性。二是有回报的活动参与多,奉献性、公益性的活动参与少。三是文体性的参与多,政治性的参与少。比如,在社区换届选举工作中,相当多的居民认为谁当社区居委会干部与己无关,居民参与投票的积极性、主动性不高,要靠选举委员会成员挨家挨户登门宣传、动员,有的要多次做工作才来投票。而且,居民竞选社区干部的积极性也不高,有的居民认为社区工作者待遇低,没有吸引力;有的居民认为工作忙,没有时间;有的居民认为社区工作很难开展,社会地位不高,不想参与竞选。四是参与的动力往往基于人际关系,主动参与意识不强。大多数居民仍旧把社区居委会看作是基层行政机构,认为社区所有事务应该由社区居委会负责,从而影响了他们对社区事务的主动参与;同时,由于社区居委会无法解决居民反映的一些热点难点问题,并在决策、议事中缺乏与居民沟通,较少征求居民意见,导致了居民对社区居委会工作不满,从而没有参与的积极性。部分共建单位认为社区建设是分外事,与居委会搞共建不仅麻烦,而且还需投入人财物,因而共建的积极性不高。

### (三)管理体制不顺畅,职责关系不清

社区居委会承担了大量"自治"职责以外的工作,管了许多不该管也管不了、管不好的事。问题症结在于"责、权、利"未统一,"人、财、物"未配套。分析其主要原因:一是权责不对应。如在城市管理工作重心逐步下移的过程中,社区承担了更多的责任、工作和义务,而同时缺乏或没有赋予相应的管理职权和

完成工作、履行义务所必要的配套措施或保障,权责不对称,严重制约了社区发展。二是职责难到位。社区虽都建立自治组织,但各个组织的作用体现不够明显。社区党组织由于对其他组织和党员的动员力不强、党员的先锋模范作用发挥得不够等原因,核心作用发挥不突出;社区居委会由于承担事务过多,自治职能难以发挥;居民代表大会由于一些成员参与社区意识不强,导致该组织主导地位不明显;议事协商会由于成员大多数为在职人员,公务缠身,没有时间关注社区建设。三是职能相混淆。根据有关文件要求,每个社区设置社会事务站,作为街道社会事业所在社区的延伸,主要承担街道社会事业所相对应的事务性工作。社会事务站是准公益类事业单位,人员由街道统一招聘,而社区居委会是自治组织,人员由居民选举产生。但事实上,目前两个单位是一套人马、两块牌子,工作分工不分家,社区居委会承担了大量的社会事务站的工作,没有从繁忙的社会事务中解脱出来。四是关系不顺畅。以商品房开发小区为主的社区,由社区居委会、社区业主委员会、社区物业管理企业"三驾马车"共同管理社区事务,但由于分工不明,职权不清,受利益驱动,有些事情大家都管,有些事情大家都不管,三者之间的指导、监督、制约作用没有发挥,在有的社区造成社区业主委员会、物业管理企业、社区居委会之间关系比较紧张。

### (四)社区工作人员少、经费投入不足

随着社区基础作用的进一步增强和工作量的大幅增加,大部分社区的工作人员还是按照原来 1 人/400 户的标准配置,普遍存在人员少工作量大的情况,大量社区工作人员长期处于超负荷工作的状态,影响到社区工作人员队伍建设和社区事业发展。社区经费投入不足,虽然从 2010 年起,嘉兴市城市社区专职工作者的薪酬待遇得到落实,但社区工作经费投入不足仍然没有得到较好解决。据统计,目前我市城市社区的每月工作经费为 2000～2500 元,而大部分社区经费支出较大,支出远远超过财政下拨的经费,社区居委会自身又无收入来源,有限的工作经费使社区居委会举步维艰。老社区公共设施维修艰难,由于历史欠账太多,虽然近几年加大了投入,但老社区的下水管道老化、化粪池满溢、绿篱修剪、楼道灯亮化等问题没有彻底解决,特别是原国有企业建造的职工住宅小区,企业破产后,"单位人"转为"社会人",一些原本属企业管理的事务又转移到社区。要解决这些问题,就需要资金投入,但申请公共维修资金十分困难。各项费用收取困难,由于老社区没有专业的物业管理,垃圾清运费和门卫值班费只有靠社区工作者挨家挨户收取,缴费率不高。

### (五)社区工作超负荷,社工待遇偏低

目前延伸到社区居委会的工作有 100 多项内容,主要有:社区党建、统战、

团建、妇联、工会、低保、困难救济、五保户核实、残联、计划生育、劳动就业介绍、失业金发放、工商、统计、税务登记、社区治安、新居民人口管理、户籍管理、民间纠纷调解、组织文艺汇演、开展各种创建活动等,这造成了社区机构多、牌子多,每个社区至少有 40 多个部门和单位延伸下来的各类机构组织。社区台账多,每个社区都有 40 多本台账,有关部门和单位每布置一项任务,都要求编写计划、写总结,作调查。社区创建、考核、评比多,如文明社区、平安社区、绿色社区、体育社区、科普社区创建考评等。此外,社区工作中还有调查报表多、证明盖章多、会议活动多、硬性任务多。社区专职工作者薪酬待遇不高,虽然从 2010 年起,嘉兴市城市社区专职工作者平均薪酬,严格依照市委文件规定的"不低于上年度城镇职均工资上浮 10% 执行",并办理了各项社会保险和住房公积金,但与社区工作者承担的繁重工作任务相比,他们的待遇还是比较低的。另外,近两年开展"一社区一大学生"工作以来,由于大学毕业生是统一招考进社区工作的,工资待遇相对较高,而社区内有同样学历的社区干部是街道招聘的,工资待遇相对较低,这给部分社区干部造成了一定的负面影响,影响了工作积极性,不利于社区工作的开展。

## 四、嘉兴市加强和创新城市社区治理的建议

在社会转型期,嘉兴加强和创新城市社区治理具有积极、鲜明和深远的时代价值,有利于嘉兴人文形象的整体提升。进一步提升嘉兴城市的软实力,是新形势下嘉兴体现时代发展要求、顺乎社情民意的必然选择;有利于发挥城市社区的整合功能。目前城市社区问题日渐增多,基层矛盾的积累不断扩大。客观上要求城市社区必须成为社会整合的主要载体,科学配置社会资源,进一步发挥管理、服务乃至教育、宣传等功能,提升城市治理水平,稳定城市社会秩序,有利于调动城市基层参与的积极性。加强和创新城市社区治理方式,对于嘉兴发展和培育基层民主,构建良性的政社关系,提高市民的幸福指数、理性参与意识也都有重要意义。

### (一)理顺关系,进一步推进社区居民自治

社区居委会作为群众性自治组织,是居民群众实现"自我管理、自我教育、自我服务、自我监督"的有效载体。实现自治,是社区建设的终极目标。为此,一是要尽快理顺政府管理与社区自治的关系。政府部门与社区居委会是"指导与服务、协调与监督"的关系。政府要转变职能,这是培育社区自治的前提。政府要放权于民,还政于民,从过去的领导、指令、管理转到协调、指导、服务上来,

充分尊重和支持社区的自治权利,不直接插手社区事务,不包办社区工作,使社区有充分的自治权、监督权、决策权。二是要理顺街道与社区、社区内各类组织之间的关系。街道与社区居委会是指导与协助、支持和监督的关系。街道要加强对社区居委会的指导、协助,帮助解决一些实际困难;社区居委会要主动配合街道完成自身职责范围内的事务。社区居委会与物业管理公司是社区自治与企业的关系。社区居委会应关心支持本社区的物业管理,维护社区居民的合法权益;物业管理公司应主动接受社区居委会的监督和指导,支持、配合社区居委会做好社区工作,减少扯皮,形成合力,推进工作。三是要理顺社区居委会与社会事务站的关系。要配强配足社会事务站的工作人员,并理顺与社区居委会之间的关系,做到人员分离、职能分清,使社会事务站承担起政府部门延伸到社区的工作职能,重点解决好"对上负责"的问题;使社区居委会专注于居民自治方面的工作,解决好"对下负责"的问题,实现从"政府一条腿"向"社区居民代言人"的角色转换,更好地服务居民、服务社会。四是要加强社区自身建设,充分发挥自身作用。要在社区党组织的领导下,按照"党为核心、议行分设"的要求,健全和完善社区居民代表大会、社区居委会、社区议事协商委员会等社区自治组织,保障社区居民的自治权利。五是要扩大居民民主参与意识,让居民参与社区事务管理。要建立居民参与管理社区事务的平台,如通过开设"社区博客"、"社区 QQ 群"、"社区书记信箱"等,拓展民意诉求渠道;要不断扩大社区居委会"自荐直选"范围,培育社区居民的自治意识;要规范社区民情恳谈会、完善社区事务协调会、健全社区工作听证会,引导居民主动参与社区事务的管理,使社区居民和辖区单位对社区工作享有充分的知情权、管理权、决策权和监督权。通过以上途径,建立政府依法行政、社区依法自治,实现政府与社区、社区与居民良性互动的新型社区管理体制,使社区成为真正意义上的"居民自治,管理有序,服务完善,治安良好,环境优美,文明祥和"的社会主义和谐社区。

### (二)多管齐下,进一步减轻社区工作负担

一是要规范完善现有的各项考核、评比、检查制度。制定针对社区的综合性考评考核办法,以和谐社区创建为龙头,统揽各部门、各单位对社区的各项达标考核,区分社区和行政事务,实行年初统一部署,年底统一考核,实行统一表彰。二是规范社区台账记录。坚决压缩重复、无效、流于形式的台账、记录。每个社区只保留涉及社区自治方面日常工作处理台账,有关行政事务的台账转到社会事务站管理,并简化工作程序。三是要清理现有社区组织机构。由党委、政府职能部门牵头,对目前党委、政府部门延伸到社区的组织机构进行清理整顿。各部门、各单位不得要求社区建立对口组织机构,社区只挂社区党组织、社

区居委会、社区事务站三块牌子,其他牌子一律不挂。有关社区居民的民间协会,由社区自主决定。四是要健全申报准入制,切实做到"权随责走,费随事转"。明确哪些工作是社区必须做的,哪些工作是社区居委会协助的,哪些工作是社区事务站承担的,哪些工作应由中介机构购买服务的,切实做到"谁的职责谁履行,谁的责任谁承担"。任何部门不得直接向社区居委会布置工作任务,对未经批准的,社区居委会有权拒绝;确实需要社区居委会协助办理的,有关部门事先要书面报社区建设工作协调小组批准同意后,按照权利与义务、劳动与报酬对等的原则,根据交办工作量的大小、难易程度、人员多少和时间长短确定经费标准,并与社区居委会签订委托协议书,将完成该项工作所需要的经费及时划拨给相应的社区居委会,切实做到"谁派工作,谁给权;谁下任务,谁给钱",从根本上改变过去那种"只派任务、不给经费"的现象,保证社区居委会在协助党委、政府部门工作时,做到"有职、有权、有钱"。五是加快社区信息化建设。要按照统一规划、统一平台和方便实用的原则,建立市、县(市、区)、街道(镇)、社区四级联网的社区行政事务综合信息平台,通过整合社区现有的信息网络资源,以及市、县、街道、社区四级面向居民群众、驻区单位服务的内容和流程,建设一个集行政管理、社会事务、便民服务为一体的社区综合信息服务网络,实现数据一次收集、资源多方共享,既方便群众办事、社区干部办公,也提高工作效率、减轻社区工作负担,满足社区居民多样化的需求。

### (三)强化投入,进一步改善社区工作条件

一是要加大财政投入。各级财政要逐年加大社区工作经费的投入力度,对职能部门延伸到社区的各项工作,其经费由各级财政负责督促落实到位。二是要加快社区用房建设步伐。按每百户 50 平方米的标准配备工作服务用房,做到同步设计、同步建造、同步启用。要多渠道改善社区用房条件,可将政府部门、事业单位的国有空关房及部分直管公房无偿划拨给社区使用;在既无商业开发用地又无可划转空房的老城市社区,可通过购买、置换、改造、新建等办法,逐步改善社区用房条件。各级财政要给予社区用房建设必要的经费补助,推动这项工作,确保按时按规定标准完成省里的要求。

### (四)完善功能,进一步提高社区服务水平

社区要自治,工夫在服务。要以人为本,服务居民,通过提升社区服务不断满足社区居民的需求,提高居民的生活质量。一是要做强做大全市 96345 社区服务求助中心。全市 96345 社区服务求助中心要打造服务品牌,提升服务质量,创新服务方式,畅通热线电话,提高工作效率,为居民提供"全覆盖、全方位、

全天候"的服务,使 96345 社区信息服务系统成为为民服务的窗口、社区服务的平台、居民生活的帮手。同时着力拓展 96345 面向社区残疾、孤寡以及老年人等特殊群体的服务,逐步把社区居家养老服务纳入 96345 服务内容,健全智能求助服务呼叫功能,由呼叫中心提供紧急救助服务和便民服务。二是以和谐社区建设为抓手,切实做好事关居民利益的各项服务工作。要以增强社区成员安全感为重点,加强社区警务站建设,动员社区居民广泛参与社区治安管理,实现社区治安工作社会化;要以满足社区居民群众基本医疗服务为基础,强化社区医疗保健功能,切实提高社区医疗水平;要以丰富居民生活为目的,广泛开展社区文化体育活动,不断提高居民的思想道德和科学文化素质;要进一步做好结对共建、资源共享工作,鼓励机关部门和辖区单位为社区办实事、做好事。

### (五)加强管理,进一步提高社区工作者的素质

对照和谐社区建设的要求,着力提升社区工作者的整体素质。鼓励社区专职工作者参加学历教育,参加全国和我市的社会工作者职业水平考试,并落实相应待遇。要加强社区专职工作者人员配备,到 2013 年底实现城市社区专职工作者按 1 人/300 户标准配置。健全和完善社区工作者联系居民户制度,并将此项制度的落实情况纳入对社区居委会成员的年度考核内容。落实城市社区专职工作者薪酬待遇,严格执行"按照不低于上年度城镇职工人均工资上浮10%的标准"的规定,随着经济社会发展,进一步提高城市社区专职工作者待遇,同时落实各项社会保险和住房公积金,营造"事业引人、感情留人、待遇拴人"的良好氛围。

# 嘉兴市农村生态环境保护建设现状与对策

□ 曹小明

## 一、当前嘉兴农村生态环境存在的问题

### (一)资源不足的矛盾突出

#### 1.土地资源短缺

嘉兴有海无滩、没有低丘缓坡,土地资源有限,经过长期的生产实践和垦荒运动,基本消灭了荒地,全市自然保留地面积基本上只有分散居住的农民宅基地及其附属用地,后备资源贫乏。

改革开放以来,随着国民经济持续快速发展,交通、能源、城镇建设规模不断扩大,建设用地需求量剧增。"十二五"期间,按照 GDP 增长来测算,全市年均用地需求量为 3.5 万亩以上;而今后十年全市新增建设用地的可用量年均只有 1.5 万亩左右,仅为"十一五"年均用地量的三分之一。2011 年度农用土地利用增减变化情况见表 1。

表 1　2011 年度农用土地利用增减变化情况　　　单位:公顷

| | 2011 年内减少 | 2011 年内增加 | 净增减 |
|---|---|---|---|
| 合计 | 4154.35 | 4154.35 | |
| 耕地 | 1700.92 | 1637.41 | −63.51 |
| 园地 | 1377.48 | | −1377.48 |
| 林地 | 6.64 | | −6.64 |
| 草地 | 277.94 | | −277.94 |
| 水域及水利设施用地 | 391.17 | 11.05 | −380.12 |

资料来源:嘉兴市国土资源局。

目前,全市人均耕地面积不足 0.71 亩,已处于联合国粮农组织确定的最低警戒线 0.8 亩/人以下。从发展趋势看,未来几十年内嘉兴的总人口还将继续增加,耕地面积有可能进一步减少,耕地负荷不断加重,人地矛盾日益突出,保护耕地形势更加严峻。嘉兴市人均耕地面积变动情况见表 2。

表 2　2004—2012 年嘉兴市人均耕地面积变动情况　　　单位:公顷

| | 2004 年 | 2005 年 | 2006 年 | 2007 年 | 2008 年 | 2009 年 | 2010 年 |
|---|---|---|---|---|---|---|---|
| 人均耕地 | 0.063 | 0.053 | 0.052 | 0.051 | 0.050 | 0.0492 | 0.0471 |

资料来源:2011 年嘉兴统计年鉴。

2.水质性缺水和资源性缺水并存

水质性缺水是指水资源人均占有量相对丰富,但由于水源的水质达不到国家规定的饮用水水质标准而造成的缺水。

2011 年,嘉兴市环保局按照《地表水环境质量标准》(GB3838-2002),对全市境内 64 个市控以上级别断面的地表水常规监测结果进行评价,结果显示:Ⅳ类、Ⅴ类和劣Ⅴ类水质断面分别有 14 个、19 个和 31 个,各占 21.9%、29.7%和48.4%,全市水质以Ⅴ类水和劣Ⅴ类水为主。

2012 年上半年《关于浙江省跨行政区域河流交接断面水质评价情况的预警通报》显示,嘉兴市出境水氨氮、总磷平均浓度较去年同期分别上升了 23.3%和14.7%,不能满足功能区要求,且劣于上游来水平均浓度,水质为劣五类,跨行政区域河流交接断面水质初步评价结果为不合格。

由于地面水污染非常严重,浅层地下水也遭到不同程度的污染,城市内河和平原河网水质得不到根本改善,区域内水质性缺水依然比较突出,资源性缺水问题也不断加重。根据嘉兴市水文站《水资源公报》,全市人均水资源量 2005年为 365.7 立方米,2008 年为 807.7 立方米,2011 年为 437.6 立方米,远低于浙江省 1900 立方米、全国 2300 立方米的人均水资源量。

**(二)环境污染问题严重**

1.农业生产中产生的污染

农业生产中产生的污染包括农业生产过程中不合理使用而流失的农药、化肥,残留在农田中的农用薄膜,处置不当的农业畜禽粪便、恶臭气体,以及不科学的水产养殖等产生的水体污染物。

（1）养殖业污染

嘉兴市的畜禽养殖以生猪养殖为主，全市生猪养殖存栏量多年平均值约700万头左右。以2010年为例。据统计，2010年全市共有14.28万多家养殖户（场）；其中50头以上养殖场7753家，出栏量289.51万头，存栏量144.76万头；500头以上规模养殖场405家，出栏量101.07万头；50头以下小散养殖户占绝大部分，出栏量163.32万头见表3。

主要呈现以下特点：一是养殖总量较大；二是养殖区域相对集中，主要分布在12个重点乡镇；三是养殖以散养为主，50头以下占绝大部分；四是小散养殖户污染治理设施简陋。

大量畜禽排泄物不仅对水体富营养化污染，而且重金属元素对水土环境污染更为严重。2010年全国污染源普查结果显示，养殖业和生活源排放是嘉兴市境内COD的主要来源，种植业和生活源是氨氮的主要排放源，养殖业（及种植业）是总磷的主要排放源。2010年嘉兴市养殖业氨氮、总磷排放量见表4。

**表3　嘉兴市2010年生猪养殖情况**

| 全市养殖量 | | | 其中50头以上养殖量 | | |
|---|---|---|---|---|---|
| 场户数 | 出栏数（万头） | 存栏数（万头） | 场户数 | 出栏数（万头） | 存栏数（万头） |
| 142769 | 452.83 | 226.42 | 7753 | 289.51 | 144.76 |

资料来源：嘉兴市农经局。

**表4　2010年嘉兴市养殖业氨氮、总磷排放量**

| 类型 | | 氨氮 | | 总磷 | |
|---|---|---|---|---|---|
| | | 总量（吨） | 占总量（%） | 总量（吨） | 占总量（%） |
| 农业源 | 畜禽养殖业 | 4062.48 | | 1301.86 | |
| | 水产养殖业 | 68.95 | | 64.92 | |
| | 种植业 | 896.85 | | 389.24 | |
| | 合计 | 5028.28 | 41.8 | 1756.03 | 59.6 |

资料来源：嘉兴市2010年污染源普查资料。

（2）化肥、农药污染

耕地重用轻养情况比较普遍，有机肥与无机肥比例失调，秸秆产出多还田少，绿肥作物基本消失，偏施化学氮肥轻磷钾，土壤肥力下降，耕性变差。近年来，全市化肥、农药使用量持续维持在高位，特别是随着种植结构的调整，蔬菜和瓜果的播种面积大幅度增长。部分农民违章操作，在果蔬生产中，使用高毒、高残留农药，或擅自提高农药使用浓度和突破安全间隔期，使果蔬类农产品农药残留量更大。已经长期停用的六六六、滴滴涕在土壤中的可检出率仍然较高。磷肥中的重金属元素也相继进入土壤,尤其是含镉量高的劣质磷肥成为潜在的污染源。

2. 城乡工业企业污染

嘉兴乡镇工业发达,传统的纺织、印染、造纸、制革、化工、电镀等高污染产业比重较大,加之企业布局分散,治污设施落后,对水体、大气和土壤等都有污染,结构性污染非常突出。如秀洲区7万多台喷水织机产生的污水尚未完全纳入城市污水管网,污水未经全部处理排放,水污染较非常严重。2010年嘉兴工业污染源直排河道氨氮、总磷总量见表5。

一些城乡结合部则成为城市生活垃圾和工业废渣的堆放地,固体废弃物占用和损毁农田现象比较严重。

**表5 2010 年嘉兴工业污染源直排河道氨氮、总磷总量**

| 类型 | 氨氮 | | 总磷 | |
| --- | --- | --- | --- | --- |
| | 总量(吨) | 占总量(%) | 总量(吨) | 占总量(%) |
| 未入网 | 327.92 | | | |
| 入网后排内河 | 247.89 | | 16.41 | |
| 合计 | 575.81 | 4.8 | 16.41 | 0.6 |

资料来源:嘉兴市 2010 年污染源普查资料。

3. 城市和农村的生活垃圾污染

虽然目前大多数村庄都已实行垃圾集中收集,但收集处理设施仍明显不足,无害化处理的设施、设备比较缺乏。大部分混合放置,特别是生活垃圾中塑料、玻璃、电子废弃物占有越来越大的比重,对农田理化性质造成很大影响。2010年嘉兴生活污染直排河道氨氮、总磷总量见表6。

总体而言,生活垃圾随处丢弃,生活污水随意排放的现象仍比较普遍。一是农村生活污染收集处理率比较低。据农经部门统计,2010年全市居民生活污水处理率仅 15%。二是已建成的农村生活污水治理设施管理维护不到位。在自建污水处理设施运行维护上,目前还没有出台管理维护政策和办法,运行维护基本上只能由邻近的村民负责管理,因人员素质参差不齐,维护管理工作往往达不到要求,部分农村生活污水处理设施甚至还处于无人管理状态。

表6　2010年嘉兴生活污染直排河道氨氮、总磷总量

| 类型 | | 氨氮 | | 总磷 | |
|---|---|---|---|---|---|
| | | 总量(吨) | 占总量(%) | 总量(吨) | 占总量(%) |
| 生活源 | 城镇(未入网) | 1990.51 | | 316.09 | |
| | 农村含流动人口(未入网) | 4392.70 | | 854.13 | |
| | 入网且排内河 | 40.20 | | 2.60 | |
| | 合计 | 6423.41 | 53.4 | 1172.82 | 39.8 |
| 垃圾厂、医疗、废物处置厂 | | 0.72 | | 0.05 | |

资料来源:嘉兴市2010年污染源普查资料。

# 二、嘉兴农村生态环境问题产生的原因

## (一)现实因素

1.环保宣传不到位,农民环境意识比较淡薄

农民本身文化水平较低,对环境危害问题认识不足,大多数农民认为只有工厂排放的污染物才叫污染,而化肥、农药、畜禽排放的粪便等都不属于污染。相对于环境污染,农民更看重经济利益,他们普遍认为只要生活水平提高了,一切问题都可以得到解决。受人力、资金等条件限制,村级环保宣传机制不健全,难以充分调动可利用的宣传资源和设施,以达到持久、有效的宣传普及效果,直接阻碍了农民环境保护意识的提高。

由于对农民的环保需求缺乏有针对性的宣传,造成农民对农村污染危害的严重性和长期性认识不足,这是农村环境问题的重要原因。

2.农业产业结构层次较低,发展方式粗放

嘉兴农业产业结构总体上以传统种养业为主,传统的种植业,化肥、农药、除草剂、农用薄膜等使用比较粗放,养殖业则是以低、小散为主,治理污染设施建设不足,生产过程容易造成环境污染。

传统的种植业过量施用化肥、农药等造成农村面源污染。由于化肥施用过量、利用率过低,每年有大量化肥在雨水的作用下或者渗透到地下,污染地下水,或者随地表径流进入河流、稻田、池塘,使水域生态系统营养化。由于大棚农业的普及,地膜污染也在加剧。

畜禽养殖造成的污染不断加剧。畜禽养殖总量大,控制困难。目前全市生

猪养殖存栏量在 700 万头左右,按照亩载畜量计算,远超出了土地的消化吸纳能力,多余的畜禽养殖排放物势必对环境造成污染。畜禽养殖违法现象比较普遍。由于一些养殖户环保意识淡薄,畜禽养殖设施建而不用,畜禽粪便直排现象在一些地方比较普遍。畜禽养殖产业配套政策不完善。集中式畜禽养殖排泄物处理、有机肥生产、沼液处理等畜禽养殖排泄物综合利用相关产业受到土地、资金、技术、市场等的约束,降低了畜禽养殖排泄物综合利用率,间接地增加了畜禽养殖污染程度。

### 3. 农村居民居住分散,治理难度大

由于居住分散,污染治理成本高昂,治理难度加大,治理效果较差,极大地限制了污染治理设施的建设、推广和使用。农民生活废弃物无法得到及时处理,只能堆放在房前屋后、道路两边,对农村环境造成极大的危害。农村生活污染物基础设施不足、管制缺失,农村生活垃圾几乎全部露天堆放,农村生活污水入管网处理率不高,直排现象较为普遍,使农村居民聚居点周围的环境质量严重恶化。

### 4. 工业排放总量难以大幅削减

受制于市场、资金、技术等方面的原因,嘉兴农村地区产业结构转型升级进展不快,工业排放总量难以大幅削减。

## (二)深层原因

### 1. 农村生态环境建设制度的缺失

我国现行的环境保护政策和法律对农村环境保护领域还存在着较多立法空白,如农村饮用水安全题,农村生活污水、生活垃圾、畜禽粪便的处理问题,农药、化肥等使用的强制性标准、规程问题,区域性农村污水排放标准和垃圾分类收集与无害化填埋标准等。

对损害农村环境的民事赔偿尚无法律依据,对农村环境损害的社会保险法规缺失以及对破坏农村环境违法行为的查处不力等。

### 2. 现行地方政府考核制度的缺陷

《中华人民共和国环境保护法》第 16 条规定明确:各级人民政府对所辖区的环境质量负责。但目前在我国县乡政府政绩考核中,仍是以 GDP 为主要考核指标,缺乏环境治理目标的具体约束。这种以经济目标为导向的压力型体制,使得各级地方政府为了经济发展而容忍、祖护甚至纵容经济发展中污染和破坏环境的行为。

3. 生态补偿机制建设滞后

农村地区提供的自然资源和工农业等产品为城市建设和居民生活水平的提升改善作出了贡献,农村地区为水资源保护、基本农田建设和公益林建设等付出了发展机会成本,应当获得相应的补偿,但目前相关制度、机制建设滞后,影响了农村生态建设的积极性。

## 三、嘉兴农村生态环境保护建设现状

### (一)近年来嘉兴农村生态环境保护工作及成效[1]

1. 推进城乡一体环保设施建设

加强污水收集管网建设。加快城镇污水处理设施和二、三级配套管网工程建设,并与"两新"工程建设相结合,认真履行环保制度,逐步扩大城乡污水收集范围,提高污水入网处理率。2011 年,市区污水处理率达到 87%,县城镇污水处理率达到 84% 以上。

加强固体废弃物处置设施建设。在嘉兴港区建设嘉兴市固体废弃物处置中心,目前该中心已投入生产运行,显著增强了嘉兴市工业危险废物的处置能力。城乡生活垃圾收集、运输、焚烧等基础设施建设也得到加强,农村生活垃圾全面实行了"户集、村收、镇运、县处理"的集中收集处理。

全面启动乡镇工业园区生态化改造。在 2010 年完成 13 家省级以上开发区整治验收后,2011 年全面启动 54 家镇级工业园区环境污染整治工作。根据园区和行业特点,建立清洁生产管理机制,实行基础设施共享、水资源串联使用、资源综合利用。按照"整治一批超标企业、规范一批达标企业、提升一批骨干企业、关闭一批落后企业"的思路,全面开展污染整治,实现污水管网全覆盖,提升园区环境质量和监管水平。

2. 全面开展水环境整治

加强畜禽养殖污染治理。加强生猪养殖总量控制、区域控制和污染物处理设施建设,加大政策扶持,多渠道筹集资金,对高密度养殖区规模养殖场(户)全面推行沼气建设工程,分片建立畜粪收集处理中心,实行"两分离"、"三配套",污水沼液进入沼气池生产沼气,干粪集中收集处理生产生物有机肥。在中低密度养殖区实行农牧结合、种养结合、畜粪便直接还田,形成"畜禽、有机肥、作物"

---

[1] 此部分内容参考了嘉兴市经建咨询委农业农村组《关于加强农业生态环境保护的调查》。

等多种生态循环农业模式。同时,积极从源头治理养殖污染,引进推广生物发酵床生态养殖模式,改变传统生猪养殖方式。2011 年,全市新(扩)建猪粪处理中心 3 个,新(扩)建病死畜禽处理中心 4 个,新建病死猪无害化处理池 6 个、沼气池 5825 立方米、沼液池 6860 立方米、干粪堆积池 895 立方米、雨污分离设施 15740 米,新购运输设备 10 辆,巩固了"811"畜禽养殖污染整治成果。

开展"千村示范、万村整治",着重加强村庄河道整治和生态河道建设,综合治理村庄河道 2500 公里,建成生态河道 2500 公里。同时组建了一支 3000 多人的专业河道保洁队伍,专职承担河道的日常保洁工作。

### 3.加强农业面源污染控制

开展化肥、农药污染治理。通过实施"沃土工程"和肥药减量增效工程"及测土配方施肥,大力推广"控氮稳磷增钾补微(微量元素)"施肥技术,合理使用化肥,减少流失,控制污染。严格禁止销售使用高毒、高残留农药,全面推广高效、低毒、低残留农药和生物农药,规范安全使用技术,按照"六个一"要求建立社会化服务组织,实行植保统防统治,有效减少农药污染。

创新有机废弃物循环利用模式。如畜禽粪便利用,在高密度养殖区和规模养殖场(户)建沼气工程和畜粪肥收集处理中心,形成"生猪、沼气、沼液、有抽肥、作物"四位一体循环农业模式;在中低密度养殖区和一般农户,实行农牧结合、种养结合,畜粪作为有机肥直接还田,形成"生猪、有机肥、作物"循环农业模式,商品有机肥一半以上外销,成为治理养殖污染的有效途径。

强化对农业投入品的监督管理。严禁销售和滥用、乱用有毒、有害农业投入品;加强农药、兽药包装废弃物管理,建立完善回收处置体系;加强塑料农膜市场管理,提倡使用可降解地膜,禁止随意丢弃、焚烧和简易填埋,以减少农业投入品对生态环境和农产品的污染。

## (二)2012 年嘉兴农村生态环境保护工作及成效

### 1.深入推进"六大行业"整治

重点加大 128 家电镀行业整治提升工作,关停电镀 37 家,整治提升 59 家。根据省政府"零点行动"方案,坚决执行"七个一律"要求,对未完成整治任务的 82 家电镀及电镀配套企业执行停产,"零点行动"取得预期效果。

完成印染、造纸、制革、化工等行业整治方案编制,并启动关、停、并、转、迁、提等整治行动。

### 2.加大养殖污染综合整治力度

将明沟式雨污分离设施改造成地埋式管道,探索蝇蛆处理干粪模式,采用入管网和螺旋藻处理沼液。

加大拆违力度,实行网格化监管,立案处罚 1304 件,罚款 220.97 万元。

开展星级养殖场评比,15 家评为三星级,3 家评为四星级,5 家养殖场获国家级畜禽标准化养殖示范场称号。

出台补贴政策,加大后续服务。目前,全市有后续服务队伍 157 支、522 人,配备 129 辆集粪车,51 辆槽罐车;南湖区还在养殖重点镇组建"三废"处理公司,配备 6 条沼液收集船。

3. 美丽乡村建设加快推进

围绕"三化同步",大力开展区域化、特色化、长效化村庄整治工程。全面完成 39 个省级中心村建设(其中 12 个省级重点培育示范中心村),50 个省待整治村建设任务,并全部通过省级考核验收,连续第 9 年被评为优胜单位。据统计,全市共新增村内主干道 337.83 公里,卫生厕所农户 4772 户,公共厕所 93 座,污水治理农户 33458 户,村内河沟池塘整治面积 44.12 万平方米,改造危旧房 9.24 万平方米,安装路灯 4300 盏,种植各类绿化苗木 59.31 万株,消除露天粪坑 1059 只,发放垃圾桶 6770 只。

扎实推进"四边三化"行动,全市落实绿化用地 11173 亩,实施绿化造林 43.3 公里,绿化种植面积 5038 亩。完成国家重点海防林建设 21936 亩,新增农田林网、村镇绿化和经济林面积近 2 万亩。荣获"全国国土绿化突出贡献单位"称号。

制定了《市本级农村环境长效管理考核奖励办法》,建立起协调高效的组织机构、"四位一体"(垃圾收集、道路管护、河道保洁、绿化养护)的工作机制和相应的监督机制,广泛开展针对性的宣传教育,使农村环境卫生的质量有了明显提高。

建立四级联创机制。县级层面上,争创美丽乡村先进县(市、区)。目前全市有 6 个县(市、区)政策文件已经下发;平湖市、海宁市、秀洲区、桐乡市、海盐县已经完成规划编制评审;平湖市、海宁市已创建成省级美丽乡村先进县。镇级层面上,全市 30 个镇启动了美丽乡村建设先进镇创建。其中 22 个镇已经编制好规划或方案,16 个创建镇已通过市级考核验收。村级层面上,目前各地正在制定精品村建设要求和考核办法,争取明年考核一批美丽乡村建设先进村。农户层面上,与市妇联一起开展了"创建优美庭院、助力美丽乡村"活动,围绕"四美"(物品堆放整齐美、卫生清洁环境美、花木茂盛绿化美、身心健康生活美)要求,积极开展优美庭院创建。截至 2012 年 12 月,全市共有 51 个村通过了考核验收。

4.水资源保护取得新成效

建设 8 项农村饮水安全工程,改善 21.86 万农村人口饮水安全;完成河道疏浚 1073 公里,清淤土方 1064 万方;全面推广"四位一体"河道保洁模式,按照水清、路硬、岸绿、田美、村洁的要求,对村庄环境整治、河道疏浚保洁、农村道路保洁、绿化植树养护等方面制定了细化标准,基本实现了农村村庄保洁、河道保洁、道路保洁、绿化养护"四位一体"环境卫生长效管理工作的全覆盖;完成河道两岸水土流失治理 460 公里,绿化面积 265.2 公顷,地下水位平均上升 1.5 米。

## 四、加强农村生态建设的对策

### (一)加大宣传教育力度,建立公众参与机制

1.加大对农村环境宣教活动的投入,有计划、有步骤、有重点地开展农村环境宣教活动

农民的环保意识不提高,农村的环境污染就难以得到根治。所以必须充分利用广播、发放宣传资料、制作标语、培训班等各种宣传教育手段,发动各基层组织、社会团体和学校,广泛开展多层次、多形式、多途径的宣传教育活动,帮助农村居民了解农村环境存在的问题、发展趋势及其危害,大力宣传农村生态环境保护的重要性和紧迫性,增强村民的环保意识和文明意识。

2.环境保护是公众自身的事业,需要公众的广泛参与和各方面的相互配合

要在广大农村干部群众中树立"要金山银山,也要绿水青山"的科学发展观,充分发挥公众的积极性、主动性和创造性,使公众成为中国环境保护的主力军,努力营造一个人人关心生态环境、时时注意环境保护的社会氛围,使积极参与环境保护成为公众的自觉行动,将环境保护摆在促进发展的重要位置。

### (二)加快调整农业产业结构,大力发展生态农业

1.加快农业产业结构调整

大力发展绿色生态农业和观光休闲农业,利用地域优势发展旅游居民住宿一体的旅游庭院,扩展生态旅游产业链。

大力发展非农产业,引导农村人口向第二、第三产业转移,减轻对土地资源的依赖性。

以现代农业展示、农村劳作体验、科技科普教育、田园风光欣赏为特色,加快农业科技示范园、生态农业园、农业产业园、家庭庄园经济、生态农业示范走

廊建设,加强优质、绿色、有机农产品生产,树立提升价值、拓展功能、打造品牌的农业发展理念。

### 2.重点发展生态农业

生态农业是指在保护、改善农业生态环境的前提下,遵循生态学、生态经济学规律,运用系统工程方法和现代科学技术,集约化经营的农业发展模式,是按照生态学原理和经济学原理,运用现代科学技术成果和现代管理手段,以及传统农业的有效经验建立起来的,能获得较高的经济效益、生态效益和社会效益的现代化农业。

充分考虑各地的地域和产业特点,全面实行生态平衡施肥技术和生态防治技术,从源头上控制化肥和农药的大量施用。

结合节水灌溉技术,提高农业水、肥利用效率。

通过在农田与水体之间设置适当宽度的植被缓冲带,在农田景观中适当增加湿地面积,在地形转换地带,建立适当宽度的树篱与溪沟,以及实行不同土地利用方式在空间上的合理搭配和不同农作物的间作套种、轮作等,以减轻非点源污染物对水体的污染。

禁止秸秆焚烧,推广机械化秸秆还田技术。随着农村生活方式和生产方式的变化,农作物秸秆 50% 以上弃之不用,或抛弃于河湖沟渠、道路两侧,或一烧了之,不但浪费了大量的资源和能源,而且污染大气、污染水体,影响农村生态环境。推广机械化秸秆还田技术,将摘穗后直立的玉米秸秆、油菜秸秆、大豆秸秆以及稻草等不宜直接作饲料的作物秸秆,用大中型拖拉机配套的秸秆还田机直接粉碎、抛撒于地表,随即耕翻入土,使之腐烂分解作底肥,以省去砍、捆、运、铡、沤、翻、送、撒等工作,有利于全面推广。

### (三)根治工业"三废"污染,彻底根治"三废"污染源

为了解决工业"三废"对农业农村环境的污染,必须加大对作为"三废"污染源的厂矿企业的监督管理力度,按国家和省的有关规定,彻底根治"三废"污染源。

### (四)建立和完善农村环境监测体系,定期公布农村环境状况

加强农村饮用水水源地、湿地保护区和基本农田等重点区域的环境监测,构建农村生态环境监测和安全预警系统,建立和完善生态监测网络,加强对土壤、水环境、农产品安全等监控,严格建设项目环环境管理制度。

禁止不符合区域功能定位和发展方向、不符合国家产业政策的项目在农村地区立项。

研究建立农村环境健康危害监测网络,开展污染物与健康危害风险评价工作,提高污染事故鉴定和处置能力。

## (五)建立健全农村生态建设绩效考核评价办法,引入"绿色 GDP"指标体系

改进干部考核评价方法,修订县(市、区)环境保护目标责任制,并抓好督查落实,形成正确的政绩导向。

提高产业定位的起点和新上项目的环保准入门槛,对重度污染和污染治理不达标的项目实行一票否决制。

全面实行污水处理、环保设施与工业项目同时审批、同时施工、同时投入运营制度,从源头上控制环境污染和对生态的破坏。

## (六)加强基础政策,以法律法规形式协调和管理农村生态建设

### 1.建立健全生态补偿机制

加快出台针对全市范围内包括流域补偿机制、重点生态功能区补偿机制以及要素补偿机制在内的生态补偿政策体系,建立全市县级行政区之间横向转移支付的区域间生态补偿机制,实行下游对上游、开发区域对保护区域、受益地区对受损地区、受益人群对受损人群以及自然保护区内外的利益补偿。

### 2.加大农村生态建设投入

逐步提高财政预算中的农村生态环境建设支出比例,在财税、金融和技术改造等方面给予扶持,并优先纳入国民经济社会发展规划和新农村建设规划中。

加大公共财政对农村资源节约管理和农村节能改造的支持力度,对一些节约资源、发展循环经济的重大工程项目和技术开发、产业化示范项目给予直接投资或资金补助、贷款贴息等支持。

积极探索农村生态资源有偿使用和生态环境恢复补偿办法,加大对生态良好地区的财政转移支付力度,鼓励社会资金投入农村生态建设,走生态建设和污染防治产业化、市场化、社会化之路

### 3.严格实行环保执法监督

坚决关停污染严重且长期治理不达标的企业,做到排污总量和排污标准双控制;制定有利于农民节约资源、能源和回收农业废弃物的相关政策法规,加强引导,防控结合;畅通、完善环保投诉举报热线、信箱等渠道,充分发挥新闻舆论和农民群众的监督作用,逐步克服和消除破坏生态环境的各种不良和不法行为,消除农村生态保护的死角与盲区。

# 嘉兴市城乡一体公共文化服务体系建设的思考

□　中共嘉兴市委宣传部课题组

公共文化服务体系建设是实现经济、政治、社会、文化和生态五位一体协调发展的重大基础性民生工程，也是实现科学发展的重要途径，在社会管理和服务中有着不可替代的重要地位。近年来，嘉兴市高度重视公共文化服务体系建设，紧紧围绕建设"江南水乡生态型文化强市"的战略目标，抓机遇谋发展，求创新促突破，积极实施重大公益性文化建设工程，挖掘城市文化内涵，探索创新公共文化服务方式，优化服务品质，初步建立起以"城乡一体、统筹发展、惠及全民"为特点的公共文化服务体系，城乡文化建设事业取得显著成效。

## 一、嘉兴市城乡一体公共文化服务体系建设概况

近年来，嘉兴市不断完善和推进城乡一体公共文化服务体系建设，初步实现了服务网络全市覆盖、多样化公共文化服务产品免费供给、基层文化服务需求不断满足的良好局面。目前，全市大型公共文化设施建设、乡镇综合文化站和村级文化活动中心建设、公共图书馆总分馆体系建设、群众文化活动团体发展、公共文化服务人才队伍建设等多项重要指标都走在了全国前列。

### (一)城乡一体公共文化设施网络基本形成

#### 1. 标志性公共文化设施不断完善

市、县两级政府进一步加大财政投入，城市公共文化设施在建设规模、品位档次上有了明显提高。"三馆一院"(嘉兴大剧院、图书馆、博物馆、群众艺术馆)、南湖革命纪念馆新馆、凌公塘生态文化主题公园等一批高标准的标志性公共文化设施相继建成使用，马家浜文化遗址公园等一批公共文化设施已动工兴

建或正式立项。市、县两级 8 个文化馆全部进入国家一级文化馆行列。

2.镇(街道)综合文化站建设水平不断提升

2007 年,市政府设立 2000 万元农村文化建设专项资金,奖励市本级创建省、市级"东海文化明珠"和村(社区)文化活动中心(室)。截至"十一五"期末,嘉兴市累计建设镇(街道)综合文化站 73 个,总建筑面积达到 12.27 万平方米。其中,63 个镇(街道)综合文化站达到三级以上标准,53 个镇(街道)被评为省级"东海文化明珠"。

3.村级文化阵地建设不断推进

"十一五"期末,全市拥有全国文化先进社区 4 个,省级文化示范村(社区)39 个,市级文化示范村(社区)127 个,文化共享工程基层服务点 1000 多个,村级文化设施总建筑面积达到 40 万平方米,较"十五"期末增长 1.56 倍。

### (二)公共文化服务创新方式成效突出

1.信息资源共享推广服务模式

主要做法是行政推动,确保信息资源共享工程服务民生目标的落实到位;统筹把握,努力实现资源利用的最大化;合理布局,最大限度地拓展服务半径。据不完全统计,全市文化共享工程建设累计投入资金 2000 余万元,其中市财政投入 200 万元,县级财政投入近 700 万元。2008 年,嘉兴被文化部命名为首批全国文化信息资源共享工程示范市。

2.公共图书馆乡镇分馆建设

通过推动图书馆建设规划城乡一体化、管理运营城乡一体化、资源流通城乡一体化和服务享有城乡一体化,最终消除图书馆服务的城乡差别,实现图书馆服务"普遍均等,惠及全民",让全市人民共享社会进步、文化发展的成果。到目前为止,全市已先后建成开放图书馆乡镇分馆 54 个,建筑面积 3.1 万平方米,藏书 121 万册,实现了乡镇全覆盖;累计建成村(社区)图书流通站 132 个。与此同时,嘉兴数字图书馆面向全体嘉兴市民零门槛开放。嘉兴数字图书馆拥有国研网、CNKI 中国知网等近 50 种国内外专业数据库,涵盖图书、期刊、视频、学位论文等多种文献类型,拥有 2.7 亿条中外文文献信息,310 万种中文图书书目信息、9 亿页全文内容检索,110 多万种中文图书全文阅读、300 万部视频信息、1 万多种电子期刊、2000 余万篇论文等,这些资源每天以 10 万条内容的速度不断更新,为城乡居民的文化休闲生活提供了丰富的资源。2009 年 6 月,中共中央政治局常委李长春同志在视察了嘉兴图书馆大桥分馆以后,对嘉兴市公共图书馆总分馆服务模式给予高度肯定,指出"嘉兴构建城乡一体化公共图书馆服务体系的做法,为全国公共文化服务制度改革发展提供了新鲜经验,值得在全国推广!"

3.新华书店"农村小连锁"建设

主要做法是以计算机信息管理平台为支撑,依托各地新华书店的图书现货品种和浙江省新华书店集团的图书现货资源,以各地新华书店的图书库存为保障,从根本上保证农村正版出版物市场的有序繁荣,有效满足了农民群众日益高涨的文化需求。到目前为止,全市共建设新华书店"农村小连锁"57个。2010年10月,新闻出版总署在嘉兴市召开全国推广现场会。新闻出版总署阎晓宏副署长高度评价了农村"小连锁"网点建设模式,认为:嘉兴农村出版物"小连锁"网点建设关系到通过具体的、实实在在的工作来推进公共文化服务体系建设,提高面向农村的公共文化服务水平的重大问题。

### (三)公共文化服务能力显著增强

1.公共文化服务产品供给丰富

嘉兴市充分挖掘城市文化内涵,组织开展群众文化节庆和文化惠民活动,创办了"中国·嘉兴端午民俗文化节"、"中国·嘉兴南湖合唱节"、"秀洲·中国农民画艺术节"、"中国嘉善古镇·西塘国际文化旅游节"、"中国·平湖西瓜灯节"、"中国·海盐南北湖文化旅游节"、"中国国际钱江(海宁)观潮节"、"中国·桐乡菊花节"等一大批以嘉兴地域特色文化为背景的大型群众性文化节庆活动。同时,在全市深入开展"双百、双千、双万"(市区百场广场文艺演出、百场广场电影放映、全市千支农民文体队伍建设、千场戏曲歌舞演出和万场电影、万册图书下农村进社区)、"送文化、种文化"、"文艺大篷车"巡演、"周末大舞台"、"农村文化艺术节"、"城乡文体十大联赛"、"村级艺术团互动巡演"等大型公共文化活动,为广大群众提供了大量优质的文化服务资源。

2.公益性文化机构免费开放

嘉兴市在确保基本文化服务项目的前提下,先后将群艺馆(文化馆)、博物馆、图书馆和美术馆免费向市民开放,城乡居民可以无障碍地在各类文化场馆获取所需信息。2011年,嘉兴市启动了"文化有约"——公益性文化场馆免费开放深化工程。活动以"共享和均等"为核心理念,整合公益性文化场馆的各类资源,通过"文化有约"服务平台,推出辅导、培训等六大免费项目和"零距离鉴宝"、"群文大舞台"、"新技术体验"三大特色主题活动,全方位、多层面、免费提供给城乡居民选择,不断深化公益性文化场馆免费开放的广度和深度。现已建成"文化有约"互联网、手机和热线三大服务平台,市民可以随时随地通过电脑、手机等方式,了解并预约免费服务项目。这一项目让广大群众得以享受到便捷优质的服务,2012 年 3 月得到了文化部部长蔡武等多位领导的充分肯定。

3.公共文化服务人才队伍不断壮大

文化人才是公共文化服务的核心资源。近年来,嘉兴市高度重视公共文化服务人才队伍建设,在基层公共文化服务人才队伍建设领域取得了一批具有全国性示范意义的成果,包括图书馆总分馆馆长委派制度、村级文化中心专职管理员制度、综合文化站专职工作人员编制量化制度等。广泛开展各类业务和专业技能培训,帮助群众组建文体团队,提高文化骨干队伍整体素质,通过培训辅导和文化活动的带动激发,群众性文体团队蓬勃发展,迅速增加到 2500 多个,参与的业余文体骨干人数近 5 万人。这些文化活动团队既包括一般的歌舞、曲艺、器乐、体育队伍,也包括滚灯、腰鼓、舞龙、田歌、踏白船、赛龙舟等表演队伍,对江南水乡民间文艺和非物质文化遗产的保护传承起到了积极的作用。

## 二、嘉兴市城乡一体公共文化服务体系建设面临的问题

近年来,嘉兴市公共文化服务体系建设取得了新的进展和新的成效,但与人民群众日益增长的精神文化需求还存在较大差距,与建设文化强市、打造人文嘉兴的战略目标和率先实现现代化的要求同样还存在着较大差距。嘉兴市城乡一体公共文化服务体系建设面临的问题主要表现在以下几个方面。

### (一)公共文化发展的考评机制不够完善

尽管各级党委和政府把文化建设列入重要议事日程,建立工作责任制,把文化建设作为评价地区发展水平、衡量发展质量和领导干部工作实绩的重要内容,但受多种因素的影响和制约,城乡一体公共文化服务体系建设的绩效考评机制仍不够完善,公共文化服务政策的执行缺乏相应的法治环境,对于没有执行或执行不力的各级政府既无法律上的制裁措施亦无行政上的惩处办法,以致许多公共文化服务政策被搁置或淡化,没有得到有效的贯彻执行。

### (二)公共文化建设的投入机制有待增强

公共财政是公共文化服务体系建设的基础保障,因此公共文化经费投入机制的不健全势必影响公共文化服务体系建设的成效。尽管嘉兴市各级政府普遍加大了对公共文化的投入力度,但普遍重视一次性硬件投入和大型文化节庆活动投入,忽视文化活动的经常性投入。这种单一的投入倾向难以保障基层文化活动经常性、持续性、周期性地开展,也不同程度地影响了广大城乡居民的基

本文化权益。另外,由于县(市、区)财政投入不均衡,导致目前还有不少镇(街道)文化设施没有达到省、市级"东海文化明珠"建设标准,县(市)之间落差较大。因此,需要建立一整套推进城乡一体化公共服务体系建设的经费保障长效机制,健全有效引导社会资金投入公共文化服务体系建设的鼓励与扶持机制,丰富和发展投入机制的层次与结构,逐步形成稳定、有效、常态的经费投入格局,使公共文化建设得到基本保障。

### (三)公共文化服务的供给机制亟须完善

由于嘉兴市公共文化服务供给机制还不够健全,导致公共文化服务及产品的供给缺乏必要的法治和政策保障,诸多文化政策仅停留在理论和口号层面而没有深入落实,与广大群众的文化需求存在差异。一方面,在公共文化产品和服务供给及群众文化活动开展等方面,区域之间发展不平衡,城区总体上好于乡镇,而非常需要文化引领的广大农村,仍是薄弱环节。在部分乡镇某些干部还只满足于场地面积等"硬件"达标,忽视对群众的引导组织和文化服务设施的长效管理。农民的文化生活还比较贫乏和单调,部分农民业余文化生活的主要内容是打麻将、参与宗教活动等。另一方面,在前一阶段嘉兴市把工作重心放在农村公共文化服务体系建设上,相对而言对城市社区文化设施建设有所忽视。嘉兴市部分社区还存在着设施陈旧、队伍薄弱、经费不足、服务不够等问题,导致社区公共文化服务体系建设现状与广大居民群众日益增长的精神文化需求存在较大差距。

### (四)公共文化人才的引进机制还需改进

随着公共文化服务需求和服务内容的增加,全市文化人才总量仍然偏少,文化队伍发展后劲不足,难以适应公共文化服务事业发展的需要。全市各乡镇综合文化站失去独立建制后,文化站的功能和地位受到削弱,文化队伍影响严重。目前全市现有镇(街道)综合文化站在编专业文化员160余人,平均每个文化站2.2人左右,市本级镇(街道)综合文化站专职文化员普遍存在"一人一站"现象,专职文化员在工作和精力上"透支"都很大。另外,公共文化人才引进和培育的机制不够健全,人才发展的激励机制不够完善,人才引进力度相对较弱,高层次的文化领军人才引进不足,部分急需的专业人才无法引进,人才引进之后又缺乏进一步的专业素养的培养与提升,阻碍和制约了公共文化服务质量与水平的提升。

### 三、推进城乡一体公共文化服务体系建设的探索与对策

"文化软实力显著增强"是全面建成小康社会的主要目标之一,贯彻落实十八大精神,要以踏实的工作推动完成十八大报告提出的新任务新要求,结合嘉兴市发展实际,针对目前存在的一些问题,下一步要围绕创新管理机制、拓展服务领域、发展人才队伍、提升服务能力等重点,深化优化嘉兴公共文化服务模式,为进一步提升文化整体实力,建设文化强市发挥更大作用。

#### (一)创新机制,增强公共文化服务效能

##### 1.创新决策机制

打破过去政府部门代包代办的模式,变"我要给你什么"为"你要我给什么",使决策充分体现广大群众的意愿和需求。一要透明阳光。建立公共文化服务重大项目民主决策制度,项目立项要先开展民意调查,论证、预算制订、决策执行等过程向社会公开,接受群众监督。二要博采众长。建立市、县、镇三级咨询会议制度,广泛吸收专家、官员、媒体记者、一线文化工作者和基层群众代表参加,提出建议,共同论证。三要发挥公众力量。直接由文化服务的受益人决定文化设施、产品、服务的购买对象和运作方式。

##### 2.创新投入机制

改变以往基本以公共财政投入为主的模式,尝试引入社会力量参与公共文化服务建设,逐步形成政府主导、社会力量广泛参与的多元投入新格局。一是鼓励民资投文化。建立嘉兴市公共文化服务体系建设基金,接受社会各种方式的捐赠赞助等,鼓励企业或个人名义成立文化基金会,向公共文化服务项目、活动提供资金支持。二是引导社会办文化。鼓励私人、企业、社会团体兴办文化场馆、社团、俱乐部等,丰富全社会公共文化产品的供应方式。三是政策激励兴文化。引导社会力量共建文化不能停留在口头号召上,需要实质性的政策支撑,应出台可行的激励政策、表彰办法,并将奖励措施制度化,推动广大社会力量更为积极、持久地投入公共文化建设。

##### 3.创新考评机制

针对目前文化服务考评设定较笼统,忽视地方实际,考评标准一级套一级,在执行中落实难等问题,要进一步完善考评机制。一是修订考核标准,结合嘉兴"江南水乡生态型文化强市"建设的实际情况,制定与地方经济条件相适应、群众需求相匹配的考评标准。二是突出群众意志,对公共文化服务建设的成效

要以群众的满意度为衡量标准,在考评时广泛开展群众满意度调查,并纳入考评范围,提高权重。三是加强执行力度,将文化建设实效纳入政府绩效考评内容,把考核结果作为干部奖惩、使用的主要依据,建立相关的激励制度与问责制度。通过上述制度的严格执行与监督,进一步强化政府的社会管理效能。

### (二)构建平台,推进优秀文化资源共享

#### 1.搭建有形文化资源共享平台

针对当前文化资源分配区域不均的主要问题,着力构建文化资源共享平台,在城乡一体化建设的统筹调配中,可通过租赁、借用等方式在一定区域内实行各类资源的流通共享,既使有限的资源充分发挥其效用,也使相对落后的地区的群众获得享有更多公共文化服务的机会。例如,在尚无能力建有文化站点或图书室的地区,通过文化大篷车、流动图书馆、流动展厅等形式让当地居民享有一定的公共文化服务,形成有形文化资源的流通与共享。

#### 2.发展文化信息资源共享平台

文化信息资源共享平台是当前公共文化服务体系建设中的重要内容和基础性工程。要充分运用现代网络信息技术手段,通过已有覆盖城乡的传播系统实现文化信息资源群众共建共享。例如,嘉兴市城乡一体化公共图书馆服务体系建设和数字图书馆的建成是文化信息资源共享平台创建的成功范例,对促进城乡一体化建设、统筹城乡发展起着不可低估的作用。在突显品牌特色的同时,我们还要在信息资源共享工程建设方面拓展更多领域,更好地满足公众的文化需求。

#### 3.创设文化经验成果共享平台

文化资源的共享还包括各地文化建设成功经验和创作、研究成果的交流与共享。基于各地人才储备、创作环境、科研能力等各方面条件的不均衡,其创造产生的文化产品与成果也略有差距。文化资源共享平台的构建,有利于文化经验与成果的交流共享,既能弥补薄弱地区的不足,有效提高当地的公共文化服务水平,又能充分发挥优秀成果与成功经验的利用价值和使用效能,使经验、成果也成为一种能够产生实际价值与社会效应的资源。

### (三)培养人才,提升公共文化队伍素质

#### 1.实行在职文化干部培训制

文化人才队伍的建设重在整体素质的提升,其中既包括专业素养的提升,也包括道德修养与个人涵养等各方面的修为。为了防止在职文化干部与专业

人才知识结构的老化和对文化认识的停滞不前,对其进行定期培训与再教育很有必要。因此,应该建立相应的文化干部培训制,并将培训课时与成效纳入年终考核标准中。

2．试行文化管理员资格准入制

在讨论公共文化服务体系建设存在的问题时已经提到,当前基层文化工作者缺乏一定的资格准入机制,造成基层文化工作人员整体服务能力与水平偏低。因此,有必要在条件成熟的地区试点推行文化管理员资格准入制,设定一定的准入门槛与标准,以提高基层公共文化服务的质量与水平。

3．推行文化志愿者参与制

由于目前大部分的文化单位都属于公益性事业单位,其文化干部与专业骨干的流动性不强,人员相对固定,且专业人才的引进机制不够灵活,致使现有的文化单位与文化干部生产、创作的公共文化产品也相对固定,提供的文化产品与服务的内容与样式更新速度难以跟上公众日益求新的文化需求。因此,应该通过推行文化志愿者参与制等较为灵活、可行的举措和手段,鼓励高层次文化人才提供优秀的文化产品与服务,作为公共文化产品与服务的有力补充,从而优化整体的公共文化服务供给。

**(四)培育特色,优化公共文化服务品质**

1．推进文化精品创作工程

进一步加大对文化精品创作的投入力度,扶持创作生产一大批艺术价值与社会效益双高的文化精品,丰富服务内容,提升服务品质。一是加大政府奖励扶持力度,组织更多会展交流、评比赛事等,通过设立政府奖项,对文艺精品予以奖励。设立专项扶持资金,通过项目申报和审查评估的方式扶持精品创作。二是通过引入社会资金,建立民间的扶持基金,扩大扶持与奖励的范围与数量。三是将文化创作与产业化生产有机结合,刺激文艺精品的创作和生产,如一些影视、动漫创作、工艺美术产品的档次提升等。

2．推进特色文化惠民工程

各地可根据自身的特点与优势,挖掘当地的优秀传统文化,充分利用现有的文化资源,突出培育具有地域特色的文化惠民工程。例如,在拥有丰富传统民俗文化资源的地区,可优先培育具有品牌效应的节庆活动,以节庆活动为载体实现文化惠民;在旅游资源丰富的地区,可将旅游开发与文化惠民工程有机结合,以旅游带动文化建设;在公共图书馆网络化较高的地区,可加快文化信息资源共享工程的建设,以互联网信息技术实现文化惠民;在文化人才密集的地区,可实现文艺精品惠民,等等。

### 3.推进群众文化培育工程

群众是公共文化活动的主体,是直接消费者更是文化的建设者。我们提供的文化产品和服务是否有效,是否真正繁荣,最终取决于群众的接受程度和参与程度。既要继续加大"送文化"的力度,以解决群众最紧迫的文化需求为重点,把优质文化资源源源不断地送到基层,更要下力气去"种文化",发动群众,提高其自办文化能力。在城乡一体公共文化服务体系建设进程中,要着力推进群众自办文化培育工程,通过"送文化"带动"种文化",开展城乡共建,特别是激发广大农民参与文化活动、加入文化服务的兴趣愿望,切实转变农村群众文化旁观多、自办少的局面,让先进文化的种子根植于广大农村群众心田。

# 2012 年嘉兴市大运河申遗进展分析[①]

□ 曹小明

## 一、大运河申遗的提出及进程

### (一)大运河申遗的提出

京杭大运河与万里长城、埃及金字塔和印度佛加大佛塔并称为世界古代最宏伟的四大工程,京杭大运河也是世界上迄今为止唯一活着、流动着,并且仍在发挥价值的文化遗产。20 多年前我国申报长城等第一批世界遗产时,专家们就提出了"大运河申遗"的建议。但当时一些观点认为"文物是固定的,运河是流动的",而且一些河床已经干涸、部分河段污染较重、一些河道已经改变,因此大运河不适合申报世界遗产。大运河申遗的事情也就因此搁置下来。

2005 年,联合国教科文组织将遗存运河和文化线路作为新的种类列入世界遗产后,著名学者郑孝燮、罗哲文、朱炳仁以《关于加快京杭大运河遗产保护和申遗工作》为题,联名致信 18 个运河城市的市长,呼吁加快京杭大运河申报世界文化遗产的工作,认为:"站在历史的高度来看,京杭大运河的价值和风貌千万不能在我们这一代人手中断流。"由此,中国大运河申遗拉开了历史帷幕。

2006 年,58 位全国政协委员联名向全国政协十届四次会议提交《应高度重视京杭大运河的保护和启动申遗工作》的提案,呼吁启动对京杭大运河的抢救性保护工作,并在适当时候申报世界文化遗产。随后,全国政协组织委员和专家考察京杭大运河保护与申遗活动的情况,对运河全线进行调查研究,发表《京杭大运河保护与申遗杭州宣言》,标志着中国对于京杭大运河申请世界文化遗

---

① 本文以嘉兴市文化广电新闻出版局、嘉兴市文物局提供的相关总结材料为基础编撰,谨致谢忱。

产名录迈出实质性的一步。

### (二)大运河申遗的进程

2006 年,国务院将京杭大运河整体公布为第六批全国重点文物保护单位,首次在国家层面明确了大运河作为文化遗产的价值和法律地位。

2008 年,国家文物局在扬州召开了"大运河保护与申遗工作会议暨大运河保护规划编制研讨会"。会议建立大运河申遗城市联盟,达成"大运河保护与申遗扬州共识",还根据有关专家的建议和论证,将通往河南洛阳的隋唐大运河整合进来,将"京杭大运河申遗"改称为"中国大运河申遗",涉及城市扩大到 35 个。

2009 年,国务院全面启动了大运河保护和申遗工作,成立申遗省部际会商小组;制定了申遗工作方案,进行了工作部署,运河申遗工作有序开展。

**1.编制保护规划**

2009 年 6 月底前,完成各市保护规划编制;12 月底前,完成各省保护规划汇总工作。2011 由中国文化遗产研究院牵头,会同多家科研机构编制完成了《大运河遗产保护与管理总体规划》,报请国务院颁布实施。

**2.遴选预备名单**

2005 年,国家文物局要求各省(市)结合全国第三次文物普查对运河遗产资源进行调查。在此基础上,经过论证、现场考察和集体评审,形成了专家推荐的大运河申遗名单。2011 年国家文物局印发了《大运河申报世界文化遗产预备名单(修订稿)》。

**3.编制申报文本**

各地在编制大运河保护规划的同时,逐级梳理申遗文本资料。2012 年 9 月,国家文物局已将初步申报文本报送联合国教科文组织世界遗产中心进行预审,2013 年 1 月,将正式文本送达世界遗产中心。

**4.出台法规文件**

2011 年,国务院法制办牵头编制《大运河遗产保护条例》;2012 年 8 月,文化部出台了《大运河遗产保护管理办法》;2012 年 9 月,35 个城市共同签署了《大运河保护与申遗城市联盟关于保护大运河遗产的联合协定》。

**5.实施保护整治**

2011 年,国家文物局印发了《中国大运河申报世界文化遗产点段工作要求》,对大运河遗产保存和保护现状、保护和管理工作等提出了详细的要求。各省市积极推进大运河重要节点和段落的遗产本体及其周边环境景观的保护、展示和相关整治工作。

目前,大运河申遗已经进入关键时期,国家文物局要求各省市在 2013 年 6 月底前完成全部的基础工作及遗产点段的本体保护整治及展示等各项工作,建立大运河遗产省、地市级监测系统,为迎接国际专家的现场考察做好准备,争取 2014 年大运河能成功申遗。

## 二、大运河嘉兴段的遗产价值及意义

大运河嘉兴段是京杭大运河南段江南运河的一部分,位于太湖流域水网地带,是杭嘉湖平原水系的重要组成部分,也是江南运河的精华和浓缩。

大运河嘉兴段修建年代久远,最早可以追溯到春秋时期,是中国人工修筑的最早运河之一。随着隋代江南运河的开凿,走向与秦汉时苏杭间水道走向基本一致的嘉兴段运河成为京杭运河的重要河段,也进一步确立了嘉兴“左杭右苏”、“南北通衢”的运河古城地位。

现大运河嘉兴段总长约 110 公里,从江浙交界处进入嘉兴,流经秀洲区、南湖区、海宁市和桐乡市。大运河穿嘉兴城而过,城周苏州塘、杭州塘、长水塘、三店塘、海盐塘、平湖塘、嘉善塘、新塍塘等八条河流以嘉兴城为中心呈放射状通达周边,形成“运河抱城,八水汇聚”的最独特运河城市景观,自唐代开始,至今未变。嘉兴也成为整个运河流域一个独具特色的重要水利枢纽,对杭嘉湖平原的水利防洪、交通运输起重要作用。

### (一)大运河嘉兴段水工设施先进,代表了当时中国科学技术生产力水平

大运河嘉兴段水工设施先进,生动地记录和反映了中国古代水利、航运技术在某个时期的重要变化,代表当时中国甚至世界的科学技术生产力水平。

海宁的长安闸坝,采用三闸两澳复式结构,通过各设施的联合运用和严格的管理措施,解决了上塘河水系和运河水系水位较大高差之间的通航问题,达到了水量循环利用的工程目的,是中国历史上最早使用“拖船坝”和“复式船闸”技术的见证,是古代江南运河科技含量最高的船闸之一,也是我国古代水利技术领先于世界水平的良好佐证。

嘉兴杉青闸是历史上重要的水利设施及管理机构之一,为运河入浙第一闸,它最早使用“溢洪坝”、“泄水闸”,确保运河水位维持在实际需要的高度,是嘉兴古运河上节制水流的重要设施。嘉兴城北运河上的分水墩为江南运河开凿后的遗存,起到调节水的流速、保证航运安全的作用。王江泾的长虹桥,为横跨运河主航道的巨型三孔实腹石拱桥,是浙北平原软土基上修建的最大石拱

桥,也是至今大运河主航道上仍在发挥作用的少数古桥梁之一。海宁盐官的鱼鳞石塘,是最早使用"海塘"技术阻挡海潮的实物见证,保证了运河城市和"天下粮仓"的安全。

### (二)大运河的开凿,极大促进了嘉兴运河沿线区域的经济社会发展

大运河的开凿,打破了嘉兴长期偏于江南一隅的封闭状态,使嘉兴成为南北交通干线的一个重要节点,大运河嘉兴段流经之地的城镇都因处于运河的交通枢纽地位而发展壮大。

嘉兴沿运河发展起来的历史街区和商业中心,见证了大运河对沿线区域经济社会发展产生的影响,是大运河遗产的重要组成部分。大运河作为联系南北交通运输的大动脉,促进了城市的发展和商贸的繁荣,码头、河埠、仓储等沿河而建,传统民居临河布局。嘉兴市区段运河沿线至今保留着月河、梅湾街、芦席汇三大历史街区,以及双魁巷这一典型的清末民初江南水乡民居建筑群,较好地延续了城市街巷因水而生、临水而建、沿水成街、依水而兴的特色,也是与运河昔日的繁荣息息相关。

### (三)大运河的开凿,促进了文化的交流与传播

大运河不仅是历代封建王朝漕运的命脉,也是文化传播的重要廊道。大运河在带动经济繁荣的同时,也促进了文化的交流与传播。

嘉兴城以及沿运河的城镇文物遗存众多,人文气息浓厚,历代名人辈出,各种宗教文化集聚共存。血印禅院及明代的司宪牌坊体现了中国传统的建筑与文化特征,而文生修道院和天主教堂是近代西方文化通过运河在中国传播的历史见证物,展现着嘉兴文化的多样性和包容性,其典型的西式建筑特色也具有较高的美学价值。落帆亭是杉青闸旁江南运河嘉兴段的标志性人文景观,早在宋代就享有盛名,是当时官吏和过闸客商游憩之所,精致的景观建筑和巧妙的园林布局构筑了一处水乡风情特色鲜明的江南园林。始建于唐代的三塔,是运河由杭州急转弯进入嘉兴的标志,也是中国大运河上最早的航标之一。

运河之于嘉兴,是一种北方文化的南渐;而嘉兴之于运河,则是江南文化由地方一隅走向更广阔领域的过程。永嘉南迁和建炎南渡使得江南文化发生了蜕变,也使得嘉兴由单纯的江南小城,变成南北文化交汇的枢纽,并形成开放、多元与兼容并蓄,同时又有江南水乡地域特色的运河文化。

可以说,大运河孕育了嘉兴城市,扩大了嘉兴地域,带动了嘉兴经济,奠定了嘉兴文化,是嘉兴最具全国乃至世界意义的城市符号之一。大运河嘉兴段无论从历史价值、科学价值、生态价值、经济价值、文化价值等方面来看,都是中国

大运河这一特殊的巨型"线性文化遗产"中最具魅力、最富活力的组成部分之一。

## 三、大运河嘉兴段保护和申遗工作

### (一)近几年工作进展情况

1. 全面完成大运河嘉兴段文化遗产资源调查

2007 年 7 月,由省文物局牵头,嘉兴市文化局组织野外调查组,对嘉兴市境内运河本体及两岸各 500 米范围内不可移动文物进行实地排查、走访、收集、登录。

2008 年 8 月,根据运河申遗作工作的新要求,嘉兴市结合第三次全国文物普查工作,在已有成果基础上,进一步扩充业务人员,对大运河嘉兴段沿线优先进行全程复查。到 2008 年底,共调查不可移动文物点 678 处,填表登记 586 处。经过认定,与运河相关文化遗产 345 处(项)。同年,完成了《京杭大运河嘉兴段调查报告》。

目前,嘉兴境内苏州塘、杭州塘、崇长港、上塘河(嘉兴段)、嘉兴环城运河等河道,以及分水墩、落帆亭、长安闸、长虹桥、长安镇历史街区、文生修道院和天主教堂等遗产点列入大运河申报世界文化遗产预备名单。

2. 规划先行,切实将大运河申遗纳入政府工作层面

根据国家文物局《〈大运河遗产保护规划〉第一阶段编制要求》及省文物局的统一部署,嘉兴市委托中国城市规划设计研究院编制《大运河(嘉兴段)遗产保护规划》。经过市级、省级论证,多次修改与完善后,于 2010 年 8 月中旬提交嘉兴市域规划委员会全体会议审议通过。由于规划的颁布需要一个过程,为及时推进大运河遗产保护和整治工作,2009 年嘉兴市政府下发了《关于对大运河(嘉兴段)遗产提前介入保护工作的通知》(嘉政办发〔2009〕120 号),2011 年出台了《关于大运河(嘉兴段)遗产保护和整治工作的指导意见》。

3. 扎实推进大运河遗产点段的保护整治

根据国家文物局《关于印发〈中国大运河申报世界文化遗产点段工作要求〉的通知》精神,嘉兴率先出台《大运河申报世界文化遗产嘉兴点段整治方案》,以确保遗产的安全和真实性为原则,以列入预备名单的项目为重点,兼顾体现嘉兴特色的运河历史文化遗存,开展了项目整治工作。

继续做好河道的保护和整治工作。鉴于嘉兴市早已对市区环城运河实施

景观整治与提升工程,各职能部门按照《大运河(嘉兴段)遗产保护规划》的规定,加强了对大运河沿线建设项目的审批管理,重点做好河道清理养护、堤岸整修、绿化提升等工作。市政府出台了《嘉兴市清洁水源行动实施方案》,为推进水污染防治工作、改善区域内水环境质量提供了保障。

大力推进分水墩、落帆亭、长安闸等立即列入项目的保护和整治工作。对分水墩、落帆亭原有本体修缮方案进行了调整,并做好周边环境整治工作。海宁市积极主动做好重要航运设施长安闸保护整治工作,长安闸考古调查工作已经取得重要成果,为大运河申遗提供了第一手考古资料。

保护好体现嘉兴特色的其他运河遗产,做好大运河嘉兴段文化遗产展示工作。完成了对运河沿线重要遗产——汪胡桢故居的产权收购工作,也为后续推荐项目做好储备工作。

4.加强研究,夯实大运河保护的工作基础

编制了《大运河嘉兴段遗产研究方案》,成立了专家咨询组、资料与宣传组等工作组,扎实开展嘉兴段运河基础资料的征集、整理、汇总、研究等工作,深入挖掘嘉兴段运河遗产的历史渊源和文化内涵,为大运河嘉兴段遗产保护事业的发展夯实理论基础。

完成申遗点段"四有"档案编制工作,并配合国家申遗文本编制工作提供嘉兴段的相关基础资料。对前期大运河嘉兴段遗产资源调查成果进行了全面梳理,正在联合省文物考古研究所等单位编辑出版《嘉兴大运河田野报告》;完成了嘉兴段大运河申遗宣传片的摄制工作;大运河嘉兴段申遗文本正在编撰中,进一步充实大运河申报世界文化遗产的基础资料。

### (二)2012 年工作进展情况

1.保护体制机制得到落实

出台了《大运河(嘉兴段)遗产保护和整治工作指导意见》,从申遗的目标任务、遗产的保护整治及今后的长效管理等方面提出要求,并下发责任分解表,细化各项任务和措施,将保护整治项目分解落实到各责任单位。

颁布了《大运河(嘉兴段)遗产保护规划》,为有效实施大运河嘉兴段遗产保护和申遗工作提供了依据。

2.保护整治工程有序推进

根据《大运河申报世界文化遗产嘉兴点段整治方案》,协调相关责任单位开展了项目整治工程。

推进文生修道院等后续列入项目的保护和整治工作。文生修道院本体修缮项目经过与杭州天主教会的多次沟通、协调,已签订租赁协议,市政府于 2012 年 1 月中旬对该修缮项目进行立项,现本体修缮工程已进场施工。

长虹桥及其周边环境整治工程方案已通过专家论证,资金也已核拨到位,即将正式进入工程实施阶段,努力形成嘉兴运河文化遗产保护工作新亮点。

完成杭州塘(龙凤桥至亚厦段)等河道的清淤整治工程,日常保洁工作已制度化;落帆亭修缮工程已竣工;分水墩主体整治工程已完成,正在根据国家文物局批复的方案要求整改。

启动了嘉兴"船文化"博物馆展陈提升工程,在原有陈列格局的基础上,对展陈内容和形式进行调整,以"嘉兴大运河与舟船"为主题,突出嘉兴段运河的历史、漕运发展史、"运河抱城、八水汇聚"独特水系格局、运河上的舟船及人文习俗、运河沿线的历史遗存及风貌景观等方面的内容,展示大运河嘉兴段的历史内涵和独特价值。

正在编制大运河(嘉兴段)遗产展示方案;海宁市开展了长安闸考古发掘工作并取得重要成果,正在筹建运河遗产展示馆。

3. 大运河保护基础工作进一步夯实

配合国家申遗文本编制工作报送了各项基础资料;完成了嘉兴各申遗点段"四有"档案编制工作,以及嘉兴段大运河申遗宣传片摄制工作,大运河(嘉兴段)申遗文本正在进行最后的汇总编辑。

继续开展大运河遗产研究和挖掘工作,正在联合市文史研究会出版《嘉兴市运河文化论文汇编(暂名)》一书。

## 四、保护和申遗工作存在的问题及下一步工作措施

### (一)存在的主要问题

保护和申遗的氛围还不够浓厚。大运河是活态的,目前水利和交通等部门都在管理和使用。从理论上讲,虽然文物保护的观念已深入人心,但一方面,由于现在文物部门的级别低,在与别的部门进行协调时存在着一定困难;另一方面,一些地方和部门的保护意识不强,文物保护规划大多未列入城乡建设规划,一些地方重城市建设,轻文物保护,是大运河管理保护和申遗中存在的重大难题。

大运河自然环境破坏比较严重。主要表现为水源减少,水量不足;污染严重,水质较差;水利设施管理方面不规范,水利工程严重老化,航运及使用功能下降等。

经费投入尚显不足，推进力度有待加强。

## (二)下一步工作措施

继续做好运河重要遗产点段的保护整治。海宁长安闸的保护整治是嘉兴段申遗的重中之重，要做好遗产展示馆建设、虹桥闸改造及历史街区环境整治等工作，使嘉兴运河遗产特色得以体现和展示；王江泾长虹公园建设，应以保护长虹桥，改善其周边环境为目的，使长虹公园的规划与建设与申遗要求相吻合；完成文生修道院修缮及分水墩区域环境的整治工程；实施三塔、血印寺片区运河沿线环境风貌整治与提升工程。

继续加强运河文化研究，为遗产保护和申遗提供理论支持。

加强大运河遗产日常保护和监管工作，联合有关职能部门建设大运河(嘉兴段)遗产数据平台和监测平台，并设置统一的大运河标识标牌系统。

加强遗产保护和申遗工作的宣传。通过加强媒体宣传和报道的密度、组织相关活动、充分发挥开放文博单位阵地优势等，多渠道展示运河文化，唤起公众对运河的保护意识，提高公众的认同感与参与度，从而进一步扩大嘉兴运河文化遗产的辐射力和影响力。

大运河是跨多个省市的巨型文化遗产，如果一些重要的工程点段不进入申遗名单，量不上去，申遗就不可能成功。也正因为如此，对于每一段河道、每一个申遗点及每一环申遗步骤我们都要投入百分之百的精力，唯有此，才是对大运河嘉兴段乃至中国大运河文化遗产最好的保护。大运河有着一般文化遗产的共性，也有着不同于古建筑、古遗址等文化遗产的特性。大运河申遗应不影响大运河在用功能的延续和拓展，保护与申遗工作应为今后的治理工作留有空间。

政治篇

# 嘉兴市干部作风效能建设的现状及展望

□ 张　晖

良好的干部作风是凝聚党心民心的巨大力量,是推动科学发展的重要保证。2012 年,嘉兴市高度重视干部作风效能建设,按照中纪委、省纪委要求,在全市积极开展庸懒散等问题专项治理工作,努力打造勤政、廉政、高效的干部队伍,积极推进绩效政府建设,切实做到提效能、强作风、优服务,全市机关作风效能建设工作取得了明显成效。

## 一、2012 年干部作风效能建设的主要成就

围绕市委、市政府中心工作,以"提高执行力、增强群众观、为民办实事、服务十二五"为主题,大力弘扬敢于负责、真抓实干的作风,着力营造奋勇争先、干事创业的氛围,加强监督检查,强化源头治理,创新方式方法,切实转变作风,提升行政效能。广大党员干部积极主动地投身其中,深入基层、深入一线,转作风、优服务、破难题,在全市形成了处处讲作风、事事讲效能的浓厚氛围,服务理念有增强,干部作风有转变,工作效能有提升。

### (一)加强组织领导,部署推进服务型政府建设

全市作风效能建设组织机构不断完善,形成了"党委政府统一领导、纪检监察组织协调、部门齐抓共管、群众广泛参与"的领导机制和工作机制。年初,召开了"全市优化发展环境、推进服务型政府建设"工作会议,全面部署了 2012 年深化作风效能和执行力建设任务。市委、市政府下发了《2012 年嘉兴市深化作风效能和执行力建设实施意见》,明确了开展学习教育活动、深化"进村入企"走访服务、实施软环境品质提升工程、强化执行力建设、深化行政审批制度改革、推进"群众满意"创建、大力实施"阳光工程"、加强突出问题治理、深化"五型机

关"创建等九个方面的重点工作。

### (二)加强学习教育,注重作风效能建设氛围营造

以"红船先锋"创先争优活动为载体,在领导干部中部署开展"创先争优示范行动",在党员干部中部署开展"振奋精神、狠抓落实,强化服务、助推发展"主题教育活动,大力弘扬"红船精神",引导全市党员干部牢牢把握和自觉实践以人为本、执政为民理念,树立正确的世界观、权力观、政绩观,增强"等不起"、"慢不得"、"坐不住"的责任感。充分运用电视、电台、报纸、网站等本地主流媒体,进行立体式、密集型的宣传报道,注重作风效能建设氛围营造。如在嘉兴电视台新闻综合频道"南湖清风"栏目专题播出《效能建设动真格》,反响强烈;桐乡市组织开展效能建设大讨论、征文比赛、我为效能添风采演讲比赛等活动,进一步凝聚共识,激发党员干部干事创业的激情;海宁市组织效能建设巡回教育,邀请该市作风效能办领导走进电视直播间,开展机关效能建设专题"热点面对面"访谈,有效增强了作风效能建设的社会影响力;海盐县专门制作宣传图板,在全县范围内宣传机关效能建设群众监督机制,并投放一批效能建设联系卡,进一步强化社会监督。

### (三)创新载体设计和工作方式方法,促进各项工作任务落实

#### 1.以开展"进村入企"走访服务为抓手,完善联系群众机制

认真落实省委、省政府关于开展"进村入企"大走访活动的部署要求,在全市范围内开展"双千双百"进村入企走访服务活动。市县镇三级联动,组织各级干部深入全市千个行政村(社区)、千家企业和百个重点项目、百个重点科技成果转化项目进行走访调研,建立健全干部直接联系群众、企业和重点项目制度,做到深入基层、深入群众"两深入"。自走访活动开展以来,共有 3.5 万名干部下基层走访,全市所辖村(社区)、农户(居民户)实现全覆盖,企业、重大项目、重点科技转化项目走访率均达到 100%,共解决各类问题近 10 万个,呈现"覆盖面宽、走访人广、形式多样、氛围浓厚、效果明显"的良好局面,有效巩固和强化了作风建设成果。开展领导干部大接访和"信访积案化解年"活动,重点做好全国"两会"、省第十三次党代会和党的十八大等重要时间节点的下访接访工作,深入排查整治社会治安和公共安全突出问题,及时化解矛盾纠纷。

#### 2.以提升软环境品质为抓手,营造良好发展环境

坚持把优化软环境作为服务发展、保障发展、检查衡量科学发展观落实的一个主导性抓手,全面落实我市《"十二五"期间深化软环境建设指导意见》,进一步健全软环境监测网络,完善督办、考核、评估机制,开展软环境建设问卷调

查,加强问题督办整改,确保我市软环境指数稳步提升。根据我市软环境建设发展阶段变化以及存在的突出问题,及时调整工作重点,着力加强人文环境、生态环境、税费环境等专项软环境建设,不断提高软环境建设整体水平,助力"创业创新城、人文生态城、和谐幸福城"建设。

3. 以强化执行力建设为抓手,推动重点工作落实

充分发挥执行力建设联席会议作用,健全重点工作领导领衔、重点项目备案巡查等制度,对中央、省委加强宏观调控、经济转型升级、深化城乡统筹、创新社会管理、推动浙商创新创业等重大决策部署,以及市委、市政府"三个千亿工程"、"三大倍增计划"、"两新"工程建设等重点工作落实情况实行常态化督查,维护政令畅通,确保工作落实。

强化专项效能督查。开展国家卫生城市迎检工作督查,对全市 20 家窗口单位的迎检情况进行专项检查,督促整改了 14 个单位的 58 个问题。对省测评组检查发现的问题进行了严肃查处,效能告诫 3 人,通报批评 3 人,调离工作岗位 1 人。对连续两周在督查周报中排名末两位的单位主要负责人 4 人次进行了约谈。开展涉企培训、检查、稽查专项清理,制定出台了《关于规范涉企检查、稽查行为的暂行办法》和《关于加强涉企培训管理的实施意见》。另外,对公车改革落实情况、开展支持浙商创业创新促进嘉兴发展工作、服务企业帮扶举措落实情况和领导交办件等进行了专项督查。下发专项效能督办通知,并对服务企业帮扶举措落实情况专项督查进行了通报。

注重建章立制。坚持把制度建设放在首位,以制度促规范、提效能。出台了《2012 年强化执行力责任追究办法》。确定了包括支持浙商创业创新、村级便民服务中心规范化建设、"双千双百"进村入企走访活动等八个方面问责重点,明确了问责情形和考核追究办法。出台了《关于重申嘉兴市机关作风效能建设相关禁令及规定的通知》,在对责任人进行效能追责和经济处罚的同时,连带追究责任人所在处室负责人、分管领导和部门主要领导的责任。各地也根据自身实际,纷纷出台相关制度规定。如桐乡市出台《从严管理干部"三大纪律"暂行规定》、《调整不适宜现职领导干部暂行办法》等文件制度;南湖区出台《规范机关工作人员为民服务各项制度》,强化日常行为养成与规范;海宁市出台《关于在全市开展公述民评活动的实施意见》,围绕个人年度承诺事项的完成业绩开展公开述评,评议结果作为年度考核的重要依据。

加强机关部门绩效管理。建立机关部门效能档案,构建绩效评估指标体系,加强政府绩效管理,不断提升行政效能。制定出台了《关于在市级机关部门建立效能档案的实施意见》,明确了建立效能档案的指导思想、基本原则、建档范围、建档范围、管理制度和结果运用,制定了量化扣分办法和预警标准。通过

建立效能档案,对政府部门及其工作人员作风、效能、执行力情况进行直观实时记录和定性定量分析,强化过程性效能监察,探索形成政府绩效管理基本框架。2012 年,市级机关共有涉及 21 个单位的 21 条扣分记录被录入效能档案。

4. 以开展明查暗访为抓手,严肃责任追究

2012 年,市、县两级纪检监察机关以优化服务环境为导向,不断加大明查暗访的工作力度,有效地促进干部工作作风转变,切实推进了服务型政府的建设。据统计,1 月至 10 月,共对全市机关部门(单位)、办事窗口、基层站所等 500 余个单位进行了效能检查,共有 100 个单位的 142 名工作人员因违反作风效能规定而受到问责追究。同时,加强效能投诉办理,畅通投诉渠道,充分发挥效能投诉中心、网上投诉举报平台的作用。加强与市长电话办公室沟通协调,进一步完善效能投诉处理机制,规范投诉处理程序,切实提高投诉件的办理质量和办结率。截至 10 月,全市两级机关效能监察投诉中心受理投诉件 95 件次,属于效能投诉 74 件次,自办 9 件次,转办督办 65 件次,办结 64 件次,办结率为 86.5%。市本级共受理投诉件 14 件,全部办结,对 10 件投诉件投诉人进行了回访,满意率为 100%。

5. 以深化行政审批制度改革为抓手,促进政府服务提速提质提效

高度重视行政审批制度改革,促进机关部门转作风、提效能。坚持行政审批制度改革联席会议制度,加强对行政审批制度改革工作的组织协调和监督检查。会同市法制办开展了全市行政审批项目自查清理工作,落实已取消、调整和保留的事项。在此基础上,各地各部门注重对所有行政审批服务事项进行程序优化和流程再造,切实提高审批效率。如嘉善县建立工业项目联合预审、企业开办"一次办"、"绿色通道"审批等制度;平湖市开通企业注册登记"一表通"、实施工业建设项目"三个一"服务机制等;秀洲区推行限时、延时、预约等特色服务,对重大项目开通"绿色通道";海盐县建立行政审批事项办理情况电话回访机制,通过随机电话回访,提高窗口服务意识,督促首问责任制、承诺制等相关制度的落实。依托行政审批电子监察系统,加大对进驻部门审批服务事项办理情况事前、事中、事后的日常动态监督。开展电子监察系统考核工作,加强对系统数据的分析利用,切实提高事项纳入率和审批时效。督促市行政审批中心推进与各分中心的联网工作。

6. 以推进"群众满意"创建为抓手,优化政风行风建设

深入开展机关创服务品牌、基层创满意站所、系统创满意行业活动,形成全员参与、持续提升的创建格局。在地税、国税、工商、质检、教育、民政、社保、建

设、卫生、电力等十大行业开展政风行风标准化建设,制定创建规划,完善考核细则,深化创建活动。通过"群众满意"创建系列化、服务标准品牌化、参与"行风热线"常态化、行风评议公开化、问题查纠经常化、工作机制长效化等"六化"举措,使行风建设水平不断提升。在全市银行系统开展民主评议行风活动,健全评议队伍,创新评议方法,提升行风评议的开放度和准确度。推行市、县、镇执法监管和民生一线部门、基层站所"三级述评"活动,以群众监督优化政风行风。开展政风行风建设新事评选,形成良好的工作推动。

7. 以实施"阳光工程"为抓手,促进权力规范运行

深化党务政务公开,全面推进县委权力公开透明运行、新市镇(镇、街道)"一把手"权力阳光行动、基层党组织党务公开等工作,加大公开力度,扩大覆盖范围,提升公开效果,形成各类公开协同联动的工作格局。2012 年,以阳光公开为主线,在全市镇(街道)推进新市镇"一把手"阳光权力行动,深化以阳光决策为龙头,以阳光用人、阳光财务、阳光工程、阳光征迁、阳光服务为主体,以阳光信访为保障的"七事阳光"工程建设,初步构建起公开透明、运行规范、程序严密、监督有效的新市镇权力阳光运行规范化体系。同时,紧紧围绕人民群众关注的热点难点问题,深入开展保障性住房阳光分配,义务教育阶段阳光招生,医疗服务阳光公开,公路阳光收费,减轻农民、企业、基层负担阳光行动,"四项资金"(社保基金、住房公积金、扶贫专项资金、救灾专项资金)阳光监管,征地拆迁阳光补偿等活动,完善管理制度,健全监察平台,逐步形成内容科学、程序严密、配套完备、有效管用的权力阳光运行体系。

8. 以深化村级便民服务中心建设为抓手,进一步完善四级便民服务网络体系

认真落实省纪委《关于进一步加强村级便民服务工作的通知》要求,通过村级便民服务中心规范化建设,促进权限下延和机关作风转变。一是开展示范中心创建工作。出台了《关于开展嘉兴市村级示范便民服务中心创建活动的暂行办法》,对中心组织建设、硬件建设、制度建设、服务内容、服务质量等五个方面内容实施百分制量化考评。通过强化"三建设",提升"两服务"的示范创建活动,扎实推进村级便民服务中心的规范化建设。二是规范"三办"服务事项。下发了《关于进一步明确村级便民服务中心"三办"服务规程提升服务质量的通知》,按照办理权限将事项划分直接办、代理办、指导办三种方式,对全市村级便民服务中心的服务事项进行汇总梳理,分别明确了农村社区 157 项和城镇社区108 项服务事项。截至目前,全市村级便民服务中心累计办理便民服务事项110 多万件(次),大大方便了群众办事。三是开展调研督查。年中,对全市村级便民服务中心落实争创省、市示范便民服务中心以及"三办"工作实施情况开展

了调研督查,督促各地及时落实相关文件要求。通过调研,及时总结推广各地的好经验、好做法。

## 二、着力解决作风效能建设中存在的不足和问题

在肯定成绩的同时,必须清醒地看到,我市作风效能建设与中央、省委的要求相比,与人民群众的期望相比,还有一定的差距,必须增强责任感和紧迫感,着力解决作风效能建设中存在的不足和问题,努力将作风效能建设提升到全新的水平。具体来讲,就是要强化三种意识、解决三大问题。

### (一)增强责任意识,着力解决思想松懈的问题

作风效能建设既是一个"老"课题,也是一个"难"课题,年年讲、月月抓,容易使人产生疲倦和懈怠心理。从我市情况看,这几年,对作风效能建设的要求高,工作载体多,各地在落实过程中也存在着重视程度不一致、工作推进不均衡等方面的问题。比如,有少数地方和单位,抓作风、优环境的意识有所消退、力度有所减弱,这两年全市软环境发展指数提高的幅度不太大,有个别地方甚至长期垫底,就是工作抓得还不够实、不够细的结果;有少数干部特别是领导干部,抓作风建设的主动性不强,认为是"一阵风过、与己无关",没有积极参与其中,没有起到应有的带头示范作用。2012年全市共有106个单位的183名工作人员,因违反作风效能规定受到问责追究。

### (二)增强担当意识,着力解决闯劲不强的问题

当前,嘉兴正处于转型升级的关键期、攻坚期,率先发展的任务重,工作推进的难度大,只有勇于进取、积极作为,才能迎来发展的新春天。但是,从实际情况看,我市有少数干部干事创业的激情消失,工作进取心不足,攻坚克难的信心缺乏,不求有功、但求无过;还有少数干部浮躁不实,语言上狂风暴雨、行动上和风细雨,工作部署轰轰烈烈、工作落实无声无息;更有极少数干部习惯于玩"空手道"、练"假把式",对已经明确的任务讨价还价,工作还没做,先张口要钱、要人、要政策,甚至搞"上有政策、下有对策"。面对前有"标兵"、后有"追兵"的严峻形势,面对不进则退、小进也是退的竞争格局,要增强"朝受命、夕饮冰"的使命感,增强"昼无为、夜难寐"的紧迫感,拿出"逢山开路、遇水搭桥"的豪情和勇气,敢于担当、敢于负责、迎难而上,干事有闯劲,工作出成效。

### （三）增强服务意识，着力解决脱离群众问题

从这几年全市软环境调查和作风效能投诉分析情况看，我市的党群干群关系总体上是密切、和谐的，但是脱离群众、损害群众利益的现象在少数干部中还不同程度存在。比如，2012年全市机关效能投诉中心共受理投诉100件，主要反映少数干部作风浮漂、效率低下、奢侈浪费等方面的问题。从"双千双百"走访服务活动收集到的意见建议看，企业和群众对一些部门单位审批环节多、审批速度慢，以及检查、稽查、收费过多过滥的反映还比较多。群众有意见的根源在于少数机关部门和党员干部宗旨观念不强、服务意识薄弱，没有站在群众的角度来看问题和办事情。群众是土壤，是衣食父母，我们所有工作的出发点和落脚点就是让群众满意，这是执政的核心问题。因此，要牢固树立"群众利益无小事"的理念，从群众反映最强烈的问题改起，从群众最期盼的地方做起，以优良作风和优质服务拉近与群众的距离，进一步增强群众对政府的信心和信任。

## 三、2013年作风效能建设工作的总体设想及展望

2013年，我市的干部作风效能建设的总体设想是：继续围绕市委、市政府中心工作和影响作风效能建设的突出问题，通过完善效能档案、选准工作载体、加大监督力度，围绕"提效能、强作风、优服务"主题，继续在全市开展争先创优活动，不断优化我市经济社会发展软环境。重点要加强五个方面的工作。

### （一）审批服务再提速

要切实增强"效能就是生产力、效能就是竞争力"的意识，深入实施审批服务提速提效提质工程，努力将嘉兴打造成为长三角审批速度最快的城市，为社会各界投资创业开辟快车道。一要精简审批事项。按照市场优先、社会自治的原则，深入推进新一轮行政审批制度改革，进一步清理、减少和调整行政审批事项。同时按照"能放则放、应放尽放"的原则，推动市、县审批权力下放，将更多的服务事项下放到基层站所、村级便民服务中心，为企业办事提供方便。二要创新审批方式。继续规范审批程序，加快推进行政审批标准化建设，完善办事公开、服务承诺、首问负责、限时办结等制度，着力培育一些全市性的行业服务范式。扎实推进重大投资项目模拟审批、并联审批和联合踏勘等工作，加快建立前置审批联用、各类证照联办、施工图联审、竣工联合验收的"四联动"审批模式，逐步实行"一个窗口受理、一次性告知、一站式办理、一条龙服务"。对一些重点企业、重点项目的特殊需求，只要合法、合理、合情，就特事特办、灵活处理、一

对一服务。三要严格审批监督。深化行政审批电子监察系统的推广应用,坚决纠正和严肃查处人为设置审批障碍、办事推诿拖拉、搭车乱收费等方面的行为。推进审批中介服务机构改革,鼓励和支持社会力量兴办各类中介服务机构,建立中介机构信用评价制度,规范中介服务收费行为。

### (二)执行力再强化

没有执行力,就没有党委政府的公信力;没有执行力,也不可能有人民群众的满意度。2013 年春节前后,市里相继召开了市委七届五次全会、人大政协"两会"和三级干部大会,对全市今年的各项工作进行了部署。要确保目标任务圆满完成,必须提升执行力,以"踏石留印、抓铁有痕"的劲头,狠抓各项工作落实。一要抓"实"。就是要办实事、求实效。对确定的目标,定下来的工作要抓住不放,锲而不舍,全市各地各部门要紧紧围绕市委、市政府确定的"两退两进"、"三大倍增计划"、"三拆一改"、生态市建设、城市有机更新、浙商回归工程等重点,认定目标抓落实,集中精力、整合力量,推动各项重点工作取得突破。二要抓"快"。就是要讲速度、讲质量。要雷厉风行、立说立行,将时间节点细化到每一天,点点滴滴算总账、分分秒秒算进度,争取项目快推进、工作快见效。同时要树立精品意识,精益求精,争创一流,在同等条件下与全国全省范围内最好的比,争取在他们的基础上更进一步,最大限度地赢得竞争优势。三要抓"严"。就是要强监督、严问责。要充分发挥执行力建设联席会议的作用,进一步整合党委、政府、纪委各方监督力量,加强对党委政府重大决策、重大项目和重点工作落实情况的监督检查,确保政令畅通。要完善问责追究制度,加大责任追究力度,对消极应付决策部署造成政令不畅的,履职不力造成重要工作、重大项目不能按时完成的,工作措施不到位造成恶劣影响或者重大事故的,严格处理,严肃问责。市纪委已经制定了《2013 年强化执行力问责追究办法》,明确了 9 个方面的问责重点,细化了问责举措。要认真对照,严格落实,以此为警醒,以此为红线,促进执行建设大幅提升。

### (三)走访服务再深入

2012 年以来,全市上下深入开展"双千双百"进村入企走访服务活动,市四套班子领导带头示范,3 万多名党员干部积极参与,帮助企业和群众解决了一大批实际问题,收到了明显成效和良好反响。实践证明,良好的作风是在一线锻炼出来的,和谐的干群关系是在服务中培养起来的。2013 年,要继续深入实施以服务企业和基层、扶持经济薄弱村和低收入家庭、助推重点项目和重点科技转化项目为主要内容的走访服务活动,掀起"深入基层、转变作风,优化服务、助推发展"的新高潮。一要以"双服务"暖民心。主动对接省里"服务企业、服务基层"专项行动的总体安排,采取多种形式自主开展服务活动。要建立健全领导干部蹲点调研、约访下访、驻点服务等制度,大力推广企业发展台帐、民生服务台账等做法,深入企业摸实情,深入基层谋发展,不断优化服务、破解难题。二要以"双扶持"解民忧。开展以"扶持经济薄弱村、扶持低收入家庭"为重点的"双扶持"行动。深化机关部门与村(社区)结对共建、党员干部与困难家庭结对帮扶等活动,明确帮扶责任,落实结对措施,着力扶持经济薄弱村发展,着力扶持低收入家庭致富,通过解决最困难群体的实际问题,为全面建成小康社会奠定坚实基础。三是以"双助推"促发展。"转型升级提速"是2013年市委、市政府的三大行动之一,也是当前我市发展的关键所在。要深入开展以"助推百个重点项目、助推百个重点科技转化项目"为重点的"双助推"行动,紧紧围绕市委、市政府加强项目建设、平台建设的总要求,进一步健全领导干部联系重点项目和科技转化项目制度,深入现场听建议、踏看项目谋对策,通过实行项目负责制,推动重大项目快速有效落地,促进全市经济发展提质提效。要在巩固扩大去年走访服务活动成果的基础上,把重心从普遍走访转向定向服务,从征询问题转向解决问题,从个体破难转向完善机制上来,着力推动走访服务再上新水平。

### (四)服务品牌再提升

形势发展变化和社会期盼需求,对政府服务赋予了新内涵,提出了新要求。2013年要在全市深入开展"服务品牌建设年"活动,重点打造两个方面的品牌。一要打造部门政务服务品牌。全面开展政风行风标准化建设,充分发挥行业主管部门作用,分行分类建立统一的服务质量标准、服务形象标准、服务公开标准、服务管理标准和服务评价标准,完善动态管理、量化考核、群众评议等制度,促进全市机关部门和基层站所进一步提高服务的质量和水平。深入开展服务品牌创建,大力鼓励各个机关部门和基层站所,按照科学化、个性化、长效化的原则,以"服务标识清晰、服务网络健全、服务承诺响亮、服务质量满意"为目标,组建各类品牌服务队,根据群众需求,采取现场办公、组团服务、联合执法等模式,进村入企提供个性化服务,努力培育一批各具特色的服务品牌。二要打造政府服务平台品牌。办好"市长电话",继续实行扩容升级,逐步把市级机关部门(单位)的各类热线电话整合进来,实行"统一受理、分级负责、归口办理",认真抓好来电受理、督办、答复、考核等各个环节的工作,真正把市长电话办成政府与群众的"连心线"。拓展"行风热线",大力推进广播、电视、报纸、网络四位一体工作模式,构建全方位、立体化的民意收集平台,加强问题交办督办,做到

"百姓有所呼、政府有所应"。优化 96345 服务,完善激励机制,加大管理力度,确保民生服务民盲点、服务事项"零积压",打造社区服务综合体。

### (五)阳光工程再深化

深入推进"阳光工程"建设,是省里的一项重大决策部署,也是市委、市政府、市纪委 2012 年以来力抓的一项重点工作。从部门层面来讲,实施"阳光工程"建设,就是要把权力运行的核心环节向社会全面公开,以此来规范权力运行、资源分配和资金运作,以公开的办法破解损害群众利益的突出问题;从干部层面来讲,实施"阳光工程"建设,就是要把自身的用权行为、行政行为置于社会公众的有效监督之下,以公开促公正,以透明促廉洁。因此,实施"阳光工程"建设,对于加强作风建设、推进反腐倡廉具有十分重要的意义。一要抓公开。要紧密结合党务政务公开工作,对实行阳光操作的事项,实现项目、内容、范围、形式全公开,切实做到"公开为原则、不公开是例外"。尤其是对保障性住房分配、教育招生、医疗服务收费、征地拆迁等社会关注的热点问题,相关部门一定要有全面、深度公开的决心和勇气,进一步扩大公开范围、创新公开方式,把公开工作做实做细。二要强监督。要坚决破除体制内抓创建、封闭式搞活动的观念和做法,进一步打开大门,大胆地把社会力量、公众监督引入到"阳光工程"建设中来。要广泛采取"一把手"公开述职、民主评议行风等方式,把阳光公开、阳光监督、阳光评议有机结合起来,着力解决一些矛盾比较突出、群众反映强烈的问题。纪检监察机关和行业主管部门要加强监督,采取专项督查、重点抽查、月报季报等方式,对各部门"阳光工程"落实情况进行常态化检查,增强发现问题、预警问题、整改问题的能力。三要重长效。要把"阳光工程"建设贯穿、融合于业务发展、内部管理和队伍建设的始终,与权力阳光运行、廉政风险防控等工作紧密结合起来,加强教育增意识、发现问题促整改、查找漏洞建制度,健全长效机制,形成常抓常新的工作局面。

# 新市镇权力公开运行的嘉兴实践

## ——嘉兴市"七事阳光"建设的若干经验

□ 卿　瑜

让权力在阳光下运行，是社会主义民主政治的必然要求，也是我国人民当家作主的重要特征。党的十八大报告指出，"要建立健全权力运行制约和监督体系"，"要坚持用制度管权管事管人……坚持科学决策、民主决策、依法决策，推进权力运行公开化、规范化……让人民监督权力，让权力在阳光下运行"。按照中央的总体精神，根据省里的要求，近些年来，嘉兴市制定了一系列涉及权力公开运行的举措，其中"七事阳光"建设经过一段时间的运行，取得了良好的效果。深入挖掘该举措的核心价值，无论是对进一步规范基层权力运行机制，加大防腐治腐力度，破解地方矛盾，还是对近年来所热议的政治体制改革，都具有重大的理论和现实意义。

## 一、嘉兴市"七事阳光"建设的背景及初步成效

### (一)"七事阳光"建设的背景

2012 年 8 月，嘉兴市纪委、市农村基层党风廉政建设工作领导小组联合发文《关于印发〈新市镇权力运行"七事阳光"指导意见〉的通知》，要求全市各县(市、区)党委、政府及有关部门、市直属单位结合实际，认真贯彻执行该意见。由此，嘉兴市关于新市镇权力公开运行的探索与实践迈上了新的阶段。

新市镇，是指嘉兴市自 2007 年以来，在推进强镇扩权过程中所形成的区域特色经济发展和城乡居民安居乐业的特色小城市，其来源主要为该地统筹城乡过程中的乡镇撤并。截至 2012 年底，嘉兴市统筹城乡改革已经从原来的 143 个乡镇撤并为 44 个新市镇。嘉兴市推行"七事阳光"建设的直接背景就是新市镇建设的逐步推开。具体看，有两个方面因素。一方面，乡镇一级政府的权限

逐渐扩大,职务腐败的隐患渐趋增多,其影响范围也较以往增加;另一方面,与新市镇建设相关的决策、财务、土地征迁和补偿等问题也逐步引起公众的关注,全市苗头性新市镇群访事件有所上升,要求信息公开、对话、沟通的呼声也日益高涨。

在这种现实的情况和要求下,为了进一步规范新市镇权力运行机制,强化对权力运行的有效监督,嘉兴市委、市政府在 2011 年 5 月开展新市镇"一把手"阳光权力行动,重点抓好"清权"、"确权"、"亮权"、"制权"和"督权"五个环节。所谓"清权",就是明确党政"一把手"及班子成员的工作职责、权力目录;所谓"确权",即在重大事项决策、重大工程项目建设、重要干部任免、重大突发事件处置四个方面,相应建立简洁直观的权力运作流程,进一步明确行使职权的条件、步骤、监督等关键环节;所谓"亮权",即查找新市镇"一把手"职权风险点清单,并实时进行公开,接受各界监督;所谓"制权",即通过制度建设,实现权力规范运行的制衡机制;所谓"督权",即各地组织专门力量,运用多种方式对权力运行结果公开评议和监督。

### (二)"七事阳光"建设的初步成效

在新市镇"一把手"阳光权力行动工作开展一年多以后,嘉兴市基本形成了以决策民主、执行有力、监督透明、制度完备为主要特点的新市镇及涉农街道权力运行机制,党员干部特别是"一把手"的宗旨意识、服务意识、作风意识明显增强,许多群众关注的热点、难点问题得到了较好的解决。但也还在一定程度上存在工作的力度、深度有待加强,制度建设有待完善等方面的问题。在此基础上,为了更好地推动新市镇权力的规范和阳光运行,2012 年 8 月,由市纪委牵头制定了《推进新市镇权力运行"七事阳光"指导意见》,推出了以阳光决策、阳光用人、阳光财务、阳光工程,阳光拆迁、阳光信访、阳光服务为主要内容的"七事阳光"建设。

由于嘉兴市委、市政府和各区县党委政府的高度重视,新市镇阳光权力行动在短短的一年多的时间里已经取得了较好的成绩。主要体现在以下三个方面:一是权力运行更加规范,腐败现象明显减少。阳光权力行动开展以来,"公开、民主、平等、务实、管用"逐步成为嘉兴市乡镇干部的共识,透明用权,主动接受监督的意识逐步提高,工作方法和作风有了新的改进。与此相对应,腐败案件呈明显的下降趋势。2012 年 1—9 月立案查处农村基层党员干部违纪违法案件 141 件,给予党纪政纪处分或组织处理 143 人,比 2011 年同期分别下降 10%左右。二是群众对于权力运行的满意度提高,反映的问题减少。如嘉善县姚庄镇通过阳光工程建设,在一年内招投标 700 多次,群众无一投诉,有力地提升了镇党委和政府的公信力。三是社会矛盾得到化解,群体性事件的隐患从源头上得到了消除。如秀洲区的王江泾镇原是该区的信访大镇,多年积累的各种矛盾、冲突几乎到了白热化的地步,但自从推行阳光工程以后,涉及新农村征地拆迁、农业污染处理、产业结构升级等方面的矛盾和冲突得到了很好的化解,信访难题迎刃而解,群体性事件的隐患也从源头上得到了消除。

## 二、嘉兴市"七事阳光"建设的一般经验

嘉兴市"七事阳光"建设之所以能取得预期的效果,有以下几个方面的成功经验。

### (一)抓住权力这一核心要素,将规范、制约和监督权力作为反腐败工作的主线

近些年来,随着反腐力度的逐步加强,一些腐败分子受到了党纪国法的惩办。但另一方面,权力寻租和腐败现象并没有完全消失,其中一个重要的原因就是权力在实际运行过程中并没有得到很好的监督和制约,其中有人为的因素,但更重要的确是制度建设的落后所致。权责不清、权责不明使得权力运行中存在着大量的失位、越位、错位的现象,这些现象的存在为腐败的滋生创造了温床。而嘉兴新市镇建设的一个重要的内容就是县镇之间权力结构的调整,权限的下调既为新市镇建设提供了很好的自由发展的空间,但另一方面,也增加了乡镇一级的规范权力运行的复杂性。因此,对于嘉兴市委、市政府而言,能否从根本上理清新市镇权力结构,形成一整套权力制约和监督机制便成为今后能否从源头上治理腐败的关键,更是新市镇建设能够取得实效,赢得人心的保障。

嘉兴"七事阳光"中一个核心主线正是明确权力范围,形成相互制约、相互监督的权力制衡机制。在推进阳光财务的过程中,实行财务管理分工负责制,严格执行"一把手"不直接分管财务审批,确定一名副职领导直接分管财务审批工作,并定期向党政主要领导和领导班子报告财务情况。由此,嘉兴乡镇一级党政机关在财务工作中建立起了一套"正职主管、副职分管、集体领导和民主决策"的相互制约、相互监督的权力制衡机制。在推进阳光工程的过程中,建立投资项目"三权制衡"的工作模式,即招投标、项目现场管理和工程资金核算支付等三项工作由不同分管领导、责任科室及具体工作人员负责,并向各自负责领导报告工作的权力制衡机制,确保失位、越位和错位现象的消除。

### (二)引入群众和第三方参与,将权力运行的全过程展现于阳光之下

一方面,人民当家作主意味着权力属于人民,受人民监督,这既是社会主义

的本质特征,也是防止权力腐败的最好措施;另一方面,随着当地社会经济的迅猛发展,社会主义民主的逐步深入,群众对于权力运行的知情权、参与权和监督权的需求逐步增强。近些年来许多群众的上访事件便都与权力运行的不透明和不民主有关,许多本可以惠及于民的政策却受到了群众的抵触甚至反对,其中一个很重要的原因就是缺少与群众的充分沟通和协商。由此,嘉兴市在权力运行的过程中引入了公开化和民主化的机制,"七事阳光"的本质含义就是使群众拥有知情权、参与权和监督权,让权力在阳光下运行。

"七事阳光"在实施过程中的一个重要亮点在于其将权力运行的全过程分解为事前、事中和事后三个阶段,并根据各个阶段的特点,将公开和民主的原则贯穿于权力运行的始终。在推进阳光决策的过程中,坚持事前征询、事中公开、事后跟踪。具体而言:一是建立决策前的意见征询机制。通过调研、可行性分析会、征询意见座谈、公示和听证等多种形式,广泛征询群众、专家和有关部门的意见,为科学决策打好基础。二是完善决策中的重点公开机制。除了坚持原有的"四重一大"、财政预算等重大事项的公开机制以外,还试行重要决策会议开放制度,发布决策预告,积极吸收公众参与决策。三是实施决策后的跟踪监督机制。除了原有的监督机构以外,积极引入第三方力量参与决策后落实情况的监督和绩效评估,提高监督的客观性和公信力。让权力在阳光下运行不仅需要"阳光",即群众和第三方的参与和监督,更加要求打开权力运行的"黑匣子",使得阳光照进权力运行的整个过程,而以往的经验教训也告诉我们,后一项对于政治透明的意义更大,也更为艰难。

**(三)根据权力运行的客观实际及群众需要,建立覆盖决策、用人、财务、工程、拆迁、信访和服务七个方面的权力阳光系统**

让权力在阳光下运行不仅需要健全的程序,也需要完整的内容,即权力阳光不仅需要深度,也需要广度。党的十八大报告中所涉及的党务公开、政务公开、司法公开和各领域办事制度公开即是权力阳光广度的保证。"七事阳光"中"七事"的确定,既是嘉兴市纪委前期"权力阳光运行"工作的总结,也是新市镇建设具体特点的体现,可以说,决策、用人、信访、财务、工程、拆迁和服务这七项事务既覆盖了乡镇政府权力运行过程中最容易出现腐败的环节,也代表了群众利益最为关切、意见最为集中的各个方面。

从这一层次而言,"七事阳光"的第三个亮点就在于将政治权力运行过程中权力最为集中、利益最为复杂、影响最为宽广、群众最为关心的重大事项统一地展现于群众监督的阳光之下。具体而言,大致可以分为以下几个部分:一是以阳光决策为基本,建立公开、公平、科学、高效的决策机制。对于权力运行的全过程来说,决策的制定是起始,是基本,决策失误是最大的失误,"一步错、步步错",规范的权力运行首先来自于规范的决策制定。而嘉兴"七事阳光"的第一件事就是"阳光决策",这既体现了嘉兴市委、市政府对于权力运行过程的深刻理解,也是嘉兴市对长期工作的深刻总结。二是以阳光用人为动力,选拔组织信任、群众欢迎、工作突出的优秀干部。再完美的政策也需要人去执行,能不能选拔出好的干部直接决定着政策执行的实际效果。阳光用人就是让全社会监督党和政府的用人导向、用人程序、用人对象和用人方法,做到选拔干部的全过程公开、公正和民主。三是以阳光财务、阳关工程、阳光拆迁、阳光服务为重点,规范和公开新市镇建设中的重大事项。财务、工程、拆迁和服务一直是老百姓最关心,意见也最为集中的四个方面,能不能在这四个方面实现信息公开,充分沟通,直接关系着群众对于"权力阳光"的整体看法。对于嘉兴市、委市政府而言,之所以将这四个方面作为七事阳光的内容,一方面是长期工作的经验总结,另一方面也是新市镇建设中,利益结构调整时间短、幅度大所致。四是以阳光信访为补充,切实把群众的合理需求解决在基层。信访作为我国特有的政治制度,在权力运行的过程中具备了权利补救和政治参与的双重性质,它既是反映党委、政府工作成效的镜子,也是体现社会和谐程度的晴雨表。嘉兴市委、市政府为了完善信访在政治参与和权力监督中的作用,将公开作为提高工作的主要途径,进一步规范了公开的内容、程序、范围和形式,使得阳光信访真正落到实处。

### 三、嘉兴市"七事阳光"建设的实践价值

嘉兴市"七事阳光"建设,不仅在实践中取得了成效,积累了一些经验,也为我们的理论研究和实践改革提供了基层素材。

#### (一)为从"权力反腐"到"制度反腐"提供了实践素材

如何反腐,不仅是一个重大的现实问题,也是一个值得深入研究的理论问题。随着改革走向深入,反腐也正进入攻坚阶段。从以往的经验来看,腐败行为的高发领域,往往是权力过于集中的领域,单靠领导人或者某些党政机构通过几次反腐败运动,凭查办案件,是不可能把腐败遏制住的,弄不好还会诱发更多的腐败。从根本的意义上说,反腐败的过程,就是要对权力实行制约乃至制衡的过程。2013年1月,习近平总书记在中纪委二次全会明确提出:要加强对权力运行的制约和监督,把权力关进制度的笼子里,通过建设和完善各种制度,来确保党政机关按照法定权限和程序行使权力。嘉兴市"七事阳光"建设的价

值要义就在于通过贯彻落实嘉兴市《新市镇权力运行"七事阳光"指导意见》,贯彻落实《党委议事规则》、《党委例外事项决定规则》、《党务政务公开》等制度,贯彻落实"党政'一把手'五个'不直接分管'和末位表态工作制度、'四重一大'执行标准、权力运行规范指数评估办法"等具体工作制度,实现权力分散、权力制衡与权力监督的制度化、规范化、常态化和长效化,从而在根本上建立起反腐败的防范机制。

### (二)对基层社会管理创新具有实践意义

转型时期,我国社会大量摩擦出现在基层,大量民间组织出现在基层,大量外来人口流动在基层,大量行政管理和社会事务落到基层。基层社会管理好与坏,直接关系着社会和谐的实现程度。2011 年 2 月,胡锦涛总书记在中央党校省部级主要领导干部"社会管理及其创新"专题研讨班开班式上提出,"要进一步加强和完善基层社会管理和服务体系,强化矛盾的基层治理"。如何把社会矛盾化解在基层,已成为我国社会管理创新的重点课题。而乡镇政府是我国政府层级的末端,直接与社会公众大量接触,它承担着履行政府职权,落实各种规章制度的具体任务,其权力运作是否公开透明、权力方式是否科学恰当,都直接决定了政府在老百姓心中的形象,决定了是否能在源头上减少社会矛盾的发生。嘉兴市在新市镇建设过程中,乡镇一级政府权限逐渐扩大,所掌握的建设资金越来越多,权力隐患增加。与此同时,随着本地统筹城乡工作的深入开展,社会公众对征地拆迁、环境污染、干部的廉洁作风问题关注度极大提高,涉及新市镇建设的群访事件快速增加。该市从"清权"、"确权"、"亮权"、"制权"和"督权"的角度规范新市镇权力运行,加强权力监督,有利于破解地方矛盾,实现基层和谐,其运作一年多的实践也证明,这一目标基本实现。

### (三)对镇一级权力改革的探索,对政治体制改革具有实践意义

党的十八大报告指出,要"坚持走中国特色社会主义政治发展道路和推进政治体制改革",我国的政治体制改革从哪一级破题,是一个极具实践意义的命题。十七大以来,中央提出实施大部制改革,并于 2007 年、2008 年从中央国家机关开始,自上而下调整权力结构与范围;2010 年 11 月,中央纪委、中央组织部颁布《关于开展县委权力公开透明运行试点工作的意见》,主导从县一级破解政治体制改革难题。乡镇层面的权力运作问题,一直以来是一个容易忽视的领域。嘉兴市提出新市镇权力规范运行,是对我国政治体制改革破题的一次新的尝试:一是是制衡基层权力的战略尝试,通过对权力的分散与制衡,实现对权力的制约。关于分权,嘉兴市的新市镇建设不仅表现在体制内分权,更表现为体

制向社会公众分权(如,重大事项决策前意见征询机制),从而构建了一个开放的,有弹性的,能够释放社会张力的管理体制。关于制衡,权力分散以后,不仅需要上级权力部门与权力部门之间的相互制衡,更需要社会公众的监督制约,如,阳光财务、阳光拆迁等都体现了以民众权利约束政府权力的权力制约要义。二是新市政权力改革,以公开透明和民主力求破解公权力的所有者与权力使用者的二元性,避免决策权、执行权、监督权脱节的现象。

反腐就是制约和监督权力,习近平总书记提出,要"把权力关进制度的笼子里",这是中央领导人第一次提出这样的科学论述,是根治腐败的治本之方。嘉兴市"七事阳光"的实践及其取得的成绩,充分体现了"制度管权"的这一反腐的核心命题。同时,也应看到,"制度反腐"包括领导干部不能腐的防范机制、不敢腐的惩戒机制、不易腐的保障机制等多方面的制度安排,且完备的制度建设完成以后,更重要的是如何使制度更具有可操作性,将制度规范转化为可行动的实际效果,从而从根本上发挥反腐的功效。

# 嘉兴创新干部选拔任用方式的实践与思考

□ 彭世杰

干部是中国特色社会主义事业的骨干和中坚,干部队伍的建设状况如何,直接关系到党的领导水平和执政水平,决定着拒腐防变和抵御风险的能力,直接关系到党和人民的事业能否兴旺发达。因此,用什么样的制度和机制选用干部,是干部选任制度改革理论与实践中的重大问题,是关系到党的干部队伍建设和国家兴衰成败的大事。作为党的诞生地,嘉兴弘扬传承"红船精神",特别是其中"开天辟地,敢为人先"的首创精神,在干部选拔任用方式方面开展了许多创新和实践,推动了干部选拔任用方式的科学化。

## 一、创新干部选拔任用方式的动因

### (一)必要性

#### 1.创新干部选拔任用方式是提升干部工作质量的现实需要

党的十七届四中全会指出,坚持民主、公开、竞争、择优,提高选人用人公信度,形成充满活力的选人用人机制,促进优秀人才脱颖而出,是培养造就高素质干部队伍的关键。可见,民主、公开、竞争、择优是干部选拔任用工作应坚持和遵循的基本原则,也是保证选人用人质量的有效手段。干部的优劣、功过,群众看得最清楚,也最有发言权。只有走好群众路线,实行领导与群众相结合,才能真正把人选准用好。但是,长期以来,由于干部往往由上级任命,群众参与的渠道过窄,选人用人的视野不宽,用人权高度集中,造成"少数人选人"和"在少数人中选人"问题。同时,由于民主集中制是党和国家一直奉行的根本组织制度和领导制度,但是民主和集中两者之间的均衡点不易准确把握,导致在决策行为上出现流于形式和矫枉过正两种倾向,在一定程度上影响选人用人的准确性和公平性。缺乏有效的民主形式、有序的群众参与和民主的决策机制,势必会造成个人代替组织、少数人说了算、用人信息不实等现象,导致用人主体失去应有的公正性、客观性,为滋生用人上的不正之风提供了温床和土壤,无可避免地对干部选拔任用工作质量造成一定负面影响。因此,要创新干部选拔任用方式,充分体现民主、公开、竞争、择优的原则,不断提高选人用人工作水平。

2.创新干部选拔任用方式是提高选人用人公信度的有效手段

所谓公信度,是指社会公众对某种特定事物或者现象的认同感和满意程度。选人用人的公信度,是指广大群众对党委和组织部门干部选任工作及其结果所具有的心理认同感和满意程度。在选人用人上取得公众信任的程度,是检验民主政治水平高低的一个重要标准。邓小平同志曾经指出:"在选人用人的问题上,要注重群众公认。"选人用人公信度一般来讲主要包括公众对干部选拔任用过程的信任程度和对选拔上来干部的认可程度两个方面。其一,正如人所共知的一句法律格言:"正义不仅应得到实现,而且要以人们看得见的方式加以实现。"只有创新干部选拔任用方式,吸纳更多的群众参与选拔任用干部的具体程序,使干部工作由封闭式转为开放式管理,才能增强群众的主体意识和参与能力,真正实现程序正义,提高选拔任用干部的公信力。其二,只有在选拔任用干部上充分体现真实民意,使党委的意图和群众的意愿达成一致,才能让选拔的干部摆正对组织负责与对群众负责的关系,形成正确的从政价值观和职业追求取向,真正做到权为民所用、利为民所谋,以符合大多数群众利益的工作业绩取信于民,进而赢得群众对干部选拔任用工作的普遍认同和高度信任。

3.创新干部选拔任用方式是提高执政能力的要求

加强执政能力建设,是工人阶级政党在取得执政地位以后始终坚持的一个重要的思想。新中国成立60多年来,中国共产党在领导社会主义革命、建设和改革开放的伟大实践中,执政能力不断提高。加强党的执政能力建设,必须建设一支能够担当重任、经得起各种风浪考验的高素质的领导干部队伍,特别是造就大批会治党治国治军的优秀领导人才。这是提高党的执政能力、确保党的事业兴旺发达和国家长治久安的根本大计。加强党的执政能力建设,必须深化党政领导干部选拔任用制度改革,创新干部选拔任用方式,努力形成科学的干部选拔任用制度,把优秀人才集聚到党和国家的各项事业中来。这是加强党的执政能力建设的一个关键问题。

### (二)可能性

**1. 改革开放以来嘉兴经济社会快速发展,为创新干部选拔任用方式奠定了坚实的物质基础**

经济基础决定上层建筑,经济的发展水平和发展状况决定上层建筑的现实状况。作为上层建筑的干部选拔任用方式,在一定程度上取决于当地的经济社会发展水平。近年来,地处长三角核心的嘉兴市经济迅速发展,这成为探索党内民主实现形式的经济基础。2006年,嘉兴市人均国内生产总值达到5030美元,成为浙江省继杭州、宁波之后第三个达到5000美元的城市。此后几年继续表现出快速发展的势头,2012年全市实现生产总值2884.94亿元,按常住人口计算,人均生产总值63580元;全市财政一般预算收入471.92亿元,其中公共财政预算收入257.73亿元;全市城镇居民人均可支配收入35696元,农村居民人均纯收入18636元。嘉兴良好的经济社会发展态势,为探索党内民主实现形式奠定了坚实的物质基础。

**2. 嘉兴市良好的政治生态环境,为创新干部选拔任用方式提供了可靠的政治保障**

一个地区干部选拔任用方式的创新,还与这个地区的政治生态环境有着密切的联系。这里所说的政治生态环境,主要是指影响党组织的组织构成、行为方式、领导方式和变化发展的社会、经济、政治和文化等条件所构成的整体环境。嘉兴是党的诞生地,是中国革命的红色之源。90多年前,中国共产党诞生在嘉兴南湖的一条画舫里,中国革命的历史从此翻开了新的一页。2005年,时任浙江省委书记习近平同志在《光明日报》上发布了题为《弘扬"红船精神"走在时代前列》的署名文章,对"红船精神"的深刻内涵作了系统阐述。"红船精神"就是开天辟地、敢为人先的首创精神,坚定理想、百折不挠的奋斗精神,立党为公、忠诚为民的奉献精神,这种党内的宝贵的精神资源对嘉兴政治生态和政治文化发展产生深远影响。嘉兴良好的政治生态环境,为创新干部选拔任用方式提供了可靠的政治保障。

**3. 嘉兴公民素质的不断提升和政治参与能力的逐步增强,为创新干部选拔任用方式创造了良好的社会环境**

伴随经济的快速发展,嘉兴城乡基本公共服务体系逐步完善,社会管理体系更加完善,人民群众的思想道德素质、科学文化素质不断提高,公民意识、公民素质和参与政治生活的能力进一步增强。从教育、科技和文化发展水平来看,嘉兴均走在全国前列。嘉兴市制定了教育城乡一体化的发展规划,实现了省级教育强县"满堂红",省级教育强乡(镇)达94.2％,超过全省平均水平近20个百分点。嘉兴还制定贯彻了《嘉兴市公众科学素质行动计划(2006—2010)》,按照"政府推动,全民参与,提升素质,促进和谐"十六字方针,全面加强科普能力的建设,提升公众科学素质。同时,全市各地还积极创新工作思路,在提升公民素质上作了有益探索。如嘉善县设立了"百姓课堂",给农民充电,积极推广村级简报,改进农村思想政治教育方法。这些政策、措施的实施,有力地推动了公民素质的提升。同时,党员参与政治的素质也提高了,很多党员坚持学习党的最新路线、方针、政策,主动提升自己参与政治的能力。这些为公民参与干部选拔工作提供了良好的条件。

## 二、嘉兴创新干部选拔任用方式的实践和探索

干部选拔任用工作是关系党和国家事业长远发展的重大问题,也是人民群众普遍关注的热点问题。坚持民主、公开、竞争、择优,不断提高干部选拔任用工作科学化水平,促进优秀人才脱颖而出,是培养造就高素质干部队伍的关键。近年来,嘉兴市干部选拔任用工作以"德才兼备、注重实绩、群众公认"为原则,坚持民主、公开、竞争、择优,着眼于提高选人用人公信度,大胆突破传统思维,探索创新方式方法,扎实推进干部人事制度改革,初步形成了以选拔领导干部或领导干部预备人选为主的竞争性公选,以中层干部跨部门交流为主的竞争性轮岗、以部门中层干部选拔为主的竞争性上岗,以面向基层一线为主的竞争性选调等多形式、多层次竞争性选拔交替开展的机制。

### (一)选任方式科学化实践

选好用好一个干部,可以造福一方,发展一方;错选误用一个干部,可能影响一方,制约一方。嘉兴注重从树立正确导向、扩大竞争范围、储备干部资源等方面入手,着力提高选任方式的科学化。

#### 1.树立正确的用人导向

坚持德才兼备、以德为先,把干部的德放在首要位置,综合考察干部的能力素质。近年来,相继开展了竞争性选拔副处级领导干部和竞争性选拔后备干部工作(2008年)、中层干部跨部门竞岗交流工作(2009年)和专项竞争性干部选拔工作(2010年),工作中体现出以下几种用人导向。

——更加注重干部的基层工作经历。当前经济社会发展形势日新月异,领导干部面临的问题非常复杂,光靠书本知识而没有丰富的实践经验,是很难应对现实挑战的。总结干部成长的规律,党中央提出了《关于注重从基层和生产

一线选拔党政领导机关干部的意见》。实践证明,经历过长期基层磨炼出来的干部不仅具有坚强的意志、品格,而且对国情社情民情的认识和把握也更深刻,社会经验和政治智慧更丰富。有了长期的基层工作经历,就能更真实地了解普通群众的生活状况,更真切地感受群众的所思所想,和群众的感情更深厚,做工作就能更好地抓到要害关键处。嘉兴市在公开选拔副处级领导干部时,对预备人选不仅根据其职务级别、任职经历及奖励惩处等因素进行量化,而且还对其基层工作经历,挂职锻炼经历,援疆、援藏、援川、援青工作经历进行量化赋分。如对有基层领导班子成员工作经历的加 4 分;有基层工作经历的加 2 分。对挂职锻炼经历 6 个月以上的加 2 分;不满 6 个月的加 1 分。对有组织派遣援藏、援疆、援川、援青等工作经验的加 2 分,等等。①

可见,基层工作经历丰富者可以获得更多机会,这也充分体现了在干部选拔标准方面更加注重基层工作经历的导向。

——更加注重干部的能力素质。不同的社会角色对人的素质要求是不同的。干部担任决策、组织、协调和指挥等更重要的社会角色,所以必然要求干部具有更高的素质。干部的能力是干部开展活动、完成任务不可缺少的基本条件和重要保证,它包括干部对领导规律、领导理论和领导方法的掌握和熟练程度,以及干部自身的素养、思想方法、实践经验和有关知识与技能的水平等等,以及领导活动中的综合表现。嘉兴在选拔任用干部中更加突出了注重干部的能力素质这一导向。如在选拔干部的考试中,采用客观题和主观题相结合的办法,通过多媒体电化手段,进行视听解答。试题注重考量参试者理论水平、大局观念、应急处变、实践操作、逻辑思维等方面的能力素质。面试试题具有开放性、启发性,需结合应试者的亲身经历和实践经验作答。同时,还专门设置了调研答辩环节,调研课题紧扣城乡统筹、科技创新、生态建设等当前工作重点、难点,要求参试者开展蹲点调研,形成有实情、有分析、有对策的调研报告,并接受答辩组的现场答辩,着重考察应试者运用理论、知识和方法解决实际问题的能力。

在嘉兴 2012 年的竞争性选拔干部工作中,共推出了 9 个副处级领导岗位,其中嘉兴经济技术开发区、国际商务区管委会副主任和市房屋征收和补偿管理办公室主任两个岗位以"竞标选才"的方式进行选拔。所谓"竞标选才"就是在前期面向全市"招标"后,组织符合条件的人员开展实地调研,围绕目标岗位职责和主要目标任务,提出竞标岗位任期工作方案,并就履职目标作出书面承诺。之后,"竞标"方案交由有关专家评审并量化赋分、现场答辩,差额考察后择优产生"中标"者。"中标"人选还将进行为期一年的试岗任职。一年后对照竞标方

---

① 中共嘉兴市委组织部编:《竞争性选拔干部工作 公开选拔与公开选调》。

案进行实绩考察,最终决定是否正式任用。嘉兴市委组织部有关负责人表示,竞标选才从传统的"以岗选人"转变为"以事选人",强化了用人导向。与传统的公开选拔相比,更加突出凭实战用干部的导向,选人用人的标准更为精准,更加体现了人岗相适的要求。这种把经济领域中招投标方式引入干部选拔过程的全新选才模式,在嘉兴历史上是从未有过的,在全省也是率先推出的。

——更加注重干部的心理素质。当前正处在全国建设小康社会的关键时期,面对纷繁复杂、竞争激烈的国际国内形势,面对改革开放和现代化建设的艰巨任务,领导干部要做好工作,打开局面,取得成功,除了要具有良好的政治业务素质和工作能力外,还必须具有良好的心理素质。实践证明,保持正常幅度的压力,对促进工作、加快发展,应对各种矛盾和问题具有特别重要的意义。因此,要把对干部心理素质的考察作为选拔任用干部的重要依据,把心理素质方面的要求作为干部德才素质的一项重要内容,把干部的心理调适能力作为衡量干部综合能力的一个重要方面。2010 年,嘉兴在竞争性选拔副处级领导干部预备人选时首次引入了心理测试,试题是一套名为《卡特尔十六种人格因素测验》的心理测试软件系统,采取人机对话方式,自动生成受测者心理状况报告。通过心理分析,最终考察干部的管理能力和管理人格是"乐群型"、"支配型"还是"聪慧型"等,了解考察干部的管理能力倾向、人格倾向和心理健康方面的素质,从而为考察干部适合从事何种岗位提供参考。在干部选拔考察过程中增加心理素质测试,是进一步深化干部人事制度改革,对原有干部考察方式的补充和完善,也是适应新形势发展的需要,能使干部选拔考察更加科学。通过心理素质测试,不仅能够使一批德才兼备、心理素质良好的优秀干部脱颖而出,而且有助于这些干部在合适的工作岗位上更好地发挥才能。

——更加注重群众认可。嘉兴在竞争性选拔任用干部的面试中引入了领导专家打分与群众评委打分相结合的方式,邀请 20～40 名市党代表、人大代表、政协委员和职位所在系统工作人员为群众评委。群众评委打分所占比例由2008 年的 20%提高到 2009 年、2010 年的 30%。

2.扩大竞争选拔干部范围

本着任人唯贤的原则,嘉兴不断加大干部公开选拔力度,逐步提高公开选拔干部的层次和比例,扩大公选范围,并且进一步加大从基层选拔干部力度,注重从基层和生产一线选拔优秀年轻干部充实各级党政领导机关。

在 2008 年竞争性选拔副处级领导干部和竞争性选拔后备干部工作中,干部选拔范围实现了三个方面的突破:一是首次面向非公规模以上企业(单位)班子成员选拔。根据副科级领导干部的不同职位要求,选拔范围除嘉兴市行政区域内党政机关、国有企事业单位中符合条件的人员外,将非公有制经济规模企业(单位)班子副职以上人员列入选拔范围。二是首次面向长三角地区选拔。根据职位特点和要求,对市委政研室副主任、市卫生局副局长和嘉兴职业技术学院副院长3个职位,面向长三角地区16个地(市)公开选拔。三是首次面向"大学生村官"和选调生选拔。为探索建立健全面向基层选干部、基层一线出干部的培养链,公开选拔副科级后备干部将"大学生村官"中符合条件的人员和"80后"选调生纳入选拔范围。①

2010年竞争性选拔副处级领导干部预备人选进一步打破了类别界限,更加注重盘活各类干部人才资源,打通了党政机关、事业单位和企业之间人才交流的渠道,15名副处级领导干部预备人选,全部向企事业单位具有资格的人员敞开。如报考人员是新经济组织的,要求必须是上年主营业务收入(销售额)1亿元以上,并现任副职以上满3年的领导。属各类企事业单位、各类经济社会组织的人员,须具有满3年副高以上专业技术资格,法律、会计等专业人才,须拥有相关职业资格证书并执业满6年。这次打破类别界限,目的就是从"两新"等企事业单位中,选拔有基层工作经验、能力强、专业突出的人才。②

### (二)选任程序科学化实践

在干部选拔任用过程中,坚持把公开透明和加强监督作为选拔任用干部工作的重要原则,贯穿于选人用人全过程,并充分运用网络、视频、电视电话等信息化建设成果,努力提高选人用人的透明度和公信度。

#### 1. 严格提名程序

推荐提名是干部任用工作的首要环节,这一环节具有定基调、把方向的作用。2008年嘉兴市委制定出台了《关于重要干部人选民主推荐提名的暂行办法》,对重要干部人选实行推荐提名"五步法":第一步,无候选人初始"海推"。通过领导干部大会推荐、各地各部门党委(党组)推荐、干部群众推荐、干部个人自荐等多条通道,建立立体化初始推荐渠道,为拓宽视野、体现公认打好基础。第二步,有候选人差额推荐。即从初始"海推"中从高票到低票,并同时考虑年轻干部、女干部、党外干部等结构要求,提出差额人选名单,召开全委会,由全委会成员在这份名单中推荐出近期可提拔任用的重要干部人选名单,报市委常委会最后讨论审定,形成正职后备人才库。第三步,空缺职位定向提名。当有正职职位空缺时,组织部门按照市委意见,根据班子建设要求,在听取方方面面意

---

① 徐连林:《一场以能力素质竞争为重点的变革——嘉兴市竞争性选拔干部模式创新》,载《嘉兴创新——区域视野中的治理创新报告》,浙江人民出版社2009年版。

② 杨秀娟:《全市竞争性选拔干部 全面向"两新"组织延伸》,《嘉兴日报》2010年8月3日。

见的基础上,从正处职后备人才库中提出两三名参考人选,交全委会成员定向提名,把提名主体权利交给全委会。第四步,民主推荐。将提出来的预备人选再到所在地方或单位进行民主推荐,票数集中、群众公认的列为正式考察对象,考察过程中还要看"两票",即民主测评票和征求意见票。第五步,集体表决。经常委会票决后,再提交全委会表决或征求意见。通过这种形式操作,阳光公开,解决了初始人选产生的路径问题,而且也是简便易行的。

### 2. 信息全面公开

嘉兴市委组织部在嘉兴党建网"红船网"上设立了"阳光组工"栏目,把能公开的信息全部公开。及时公布选拔任用方案,把空缺职位及职位要求、任职资格条件、选拔程序等在"红船网"、《嘉兴日报》等媒介上公开;实时更新报名情况,及时公告进入笔试、面试、差额考察对象人选名单;对提出的政策性问题,及时在网上公告解答;拟任人选确定后,及时进行任前公示。在 2010 年竞争性选拔副处级领导干部预备人选工作中,在公示形式上进行了大胆尝试和探索,除了公开入围人选的照片、学历、工作简历、现任职务等信息,还公开了其配偶、父母的从业情况,子女的就学情况等。将拟任提拔干部家庭成员基本信息向全社会公示,此举在全国尚属首例。中国政法大学行政法学副教授解志勇认为,公示拟任提拔干部家属身份的更大价值还在于,它通过增加官员个人信息公开的内容,实现了对官员隐私边界的收缩,并在无形之中再次宣示了这样一个基本的现代法治理念:在公共利益面前,在监督制约权力的根本法治原则面前,作为掌握公权力的政府官员,其个人隐私决不能与一般民众等量齐观,而必须作出必要的让渡。否则,官员一面希望执掌公权,一面又不愿意牺牲部分个人隐私权,那么,被牺牲的就必将是公众的知情权、监督权。① 实践证明,将后备干部家属的身份、职业等信息,也纳入干部任前公示的范畴,这是嘉兴干部选拔任用的一大进步,既有利于推动任前公示制度本身的不断完善,也有利于提升干部信息的透明度,更好地满足公众的知情权、监督权。

### 3. 引入网络直播

在 2008 年竞争性选拔副处级领导干部和竞争性选拔后备干部工作中,首次引入网络直播,对教育局副局长职位的面试进行现场直播,对其他职位的面试则现场录制,并上传到"红船网"。在 2009 年中层干部跨部门竞岗交流工作中,其中两场面试采用了同步网络直播,分别是关于嘉兴市新居民事务局综合处副处长和嘉兴市交通局政策法规处处长的职位面试,全程向社会公众公开,还在其间开通了评论的通道,及时听取网民的意见和建议。网上直播提供了一

---

① 《嘉兴选拔干部 要晒家庭背景》,《人民日报》2010 年 11 月 30 日第 11 版。

个公平竞争、展示自我、学习锻炼的好平台,消除了对评委作出不公正评判的担忧,让人踏实、放心、服气。在干部选任工作中,在网络上做到全程公开,极大地提升了公众的参与度,是极具探索性的做法。

### 4. 加强群众监督

为切实保障群众对干部选拔任用的知情权、参与权、选择权、监督权,提高选人用人群众满意度,使竞争性选拔干部工作做到公开、公平、公正,嘉兴在深化干部人事制度改革中,注重依靠群众,充分发挥群众的参与监督作用。市委组织部专门邀请部分"两代表一委员"担任群众监督员。在面试中,专家评委的分组由群众监督员现场抽签决定;群众监督员参与到干部选拔工作的各个环节中去,进行全程监督,真正做到了群众监督与组织监督相结合,场内监督与场外监督相结合,过程监督与结果监督相结合。

### (三)用人机制科学化实践

制度带有根本性、全局性、长期性和稳定性。坚持以科学发展观为指导,建立健全有利于科学发展、社会和谐的干部选拔任用机制,不仅是实现经济社会又快又好发展的必然要求,也是解决领导班子和干部队伍中存在问题的现实需要。

### 1. 畅通干部交流渠道

中层干部资源的合理配置,直接影响机关工作的效能和水平。据统计,2009 年在同一职位上任职超过 5 年的科级干部,在市级机关里超过百人。由于市级机关部门编制、职数及专业性的限制,部门之间的交流协作存在一定的障碍。这种格局不利于机关事业单位活力的激发。2009 年,开展了市级机关(部门)中层干部跨部门竞岗交流,此次采用新形式的横向交流,开辟了一条全新通道,为干部拓宽视野、增长才干创造了机遇。以市公安局为例,参加竞岗交流和互挂交流的干部多达 10 人,而且他们的去向不再局限于司法系统,而是更多地进入了像港区管委会、经贸委、审计局、旅游局、粮食局、人事局这样的部门。这有利于干部的多岗位锻炼,同时也加深了部门之间的了解和协作。最终有 27 人成为市级机关(事业单位)竞岗交流的中层干部,另外还有 90 人参加了为期半年的市级机关跨部门互挂交流。时任嘉兴市委常委、组织部长杨立平表示,让干部在多种环境中摔打和磨炼,可以激发他们的活力和创造力。"这一次,我们希望打破部门性质和个人身份的限制,打通跨部门、跨系统、跨行业的人才交流通道,加强不同部门之间的联系、了解、沟通与合作。"此次"换岗",不仅涉及行政机关与党群机关之间的交流,还包括了行政机关与国企事业单位、党群机关与国企事业单位,以及地方部门与垂直单位之间的人员交流。这是一次干部人事制度改革上的开拓性尝试,竞岗交流首先打破了部门和岗位的壁垒,拓宽了选人用人的渠道。而随后推进的跨部门互挂交流,更是突破了许多原有的制度束缚。专家评价,在原有的干部选拔交流制度的基础上,嘉兴市采取的这种全新尝试,在制度层面有一定的突破性意义。[①]

2. 优化配置班子结构

2006—2007 年,市、县两级党委换届后,新一届市委、县(市、区)委领导班子注重"老中青"结合,既保留了适当数量的原班子成员,又及时充实新生力量,实现了新老班子成员的正常交替。年龄上形成梯次结构,并呈年轻化趋势,市委常委平均年龄 47.3 岁,比上届下降 1.4 岁;县(市、区)委常委平均年龄 42.1 岁,比上届下降 2.2 岁。学历层次明显提高,市委常委具有大专以上学历,其中研究生学历以上 6 名,比上届增加 2 名;县(市、区)委常委具有大专以上学历,其中研究生学历以上 14 名,比上届增加 6 名。市、县(市、区)常委班子更加注重配备多种专业的领导干部,知识结构多元化,优势互补较明显。在 2008 年镇、村换届后,新一届镇党委班子人员大幅精简,素质明显提高。与上一届相比,班子成员总数减少 127 名,精简 25.4%。其中,镇党委副书记从原来的 186 名,减少为 108 名,精简 41.9%。大专以上学历 353 人,占党委委员总数的 94.6%,比上届提高了 16.6%。其中,党委书记大专以上,占 96.3%;党委副书记大专以上学历 103 人,占 95.4%。在村级换届选举中,着眼于建立一支符合现代新农村建设的农村基层干部队伍,全市有 52 名大学生经过选举进入村"两委"班子,有力地改善了村班子的文化结构,为新农村建设注入了新活力。同时,全市有 154 名企业主、49 名专业合作社组织领办人、69 名种植养殖能手进入村"两委"班子,进一步提升了村班子的能力结构。[②]

3. 加快后备干部培养

不断拓宽挂派干部锻炼的新思路,补充储备后备干部,为干部队伍的可持续性建设打好基础。一是选派德才素质好、政策理论水平高、有培养前途和发展潜力的年轻干部到上级机关挂职锻炼,使其在更大的舞台接受锻炼和考验。近三年来共选派 20 名干部到国家发改委、水利部、科技部、环保部和省委组织部、省发改委、省国土厅等上级机关进行挂职锻炼。二是选派优秀年轻干部到基层挂职锻炼,让他们在承担和完成急难险重任务中砥砺品质、锤炼作风、增长才干。从 2010 年开始,通过市县联动采取选派年轻干部到上级机关、外省市、

——————————

① 蒋蕴、王国锋:《百人"大换岗":嘉兴干部交流的"鲶鱼效应"》,《浙江日报》2009 年 9 月 9 日。

② 中共嘉兴市委组织部课题组:《党的组织建设科学和水平问题研究》,载《嘉兴市党的建设研究会调研课题成果汇编(2010 年度)》,2011 年。

新市镇、城乡一体新社区、重大任务一线岗位、农村和企业挂职等8中方式,实施千名干部实践锻炼增长才干。三是其他形式的挂职锻炼。如近三年选派了53名干部赴信访部门、重点工程和重点项目等基层一线单位时间学习,选派4批20名干部到上海世博局挂职。

# 三、深化干部选拔任用方式的再思考

对比分析有关省市在干部选拔任用方式创新方面的组织实施、考评技术应用、民意运用、配套制度建设等方面的探索,结合嘉兴的实践,提出了竞争模式的选择、资格条件的设置、考试方法的应用、择优手段的完善、扩大群众参与和强化监督等对策思路。

## (一)根据岗位特点选择合理的竞争模式

竞争性选拔干部有公开选拔、公推公选、竞争上岗、公开遴选等多种方式,各种方式基本包含了笔试、面试、测评、考察等环节,但又有各自的特点。因此,在实践中,要充分把握各种方式的特点,选择符合竞争岗位的合适的方式。

### 1.公开选拔适合面向全社会选拔专业型或高层次领导人才

公开选拔的对象一般是面向社会,采取公开报名、考试与考察相结合的方式,具有范围广、公开性和透明度高的特点,因此一般适用于选拔专业性强的岗位。在选拔一些本地缺乏的领导人才、后备干部或一些群众关注的关键岗位的时候,为扩大选拔范围,将更多的优秀人才纳入选拔范围,也可以采用公开选拔的方式。公开选拔要着重在加强考试测评上下工夫,注重综合分析考量,产生拟任人选。

### 2.公推公选适合定向选拔领导干部

公推公选就是在较大范围内首先通过自我推荐和民主推荐,再通过考试、考核和组织考察等程序公开选拔干部,实现"由多数人在多数人中选人"。由于公推公选在一定范围内既"推"又"选",因此更适合定向选拔,有利于选拔出群众基础好、工作业绩较为突出、综合素质较强的领导干部。公推公选虽然也要"考",但强调"推",要着重抓好推荐和测评环节的工作,要重视对干部履历分析和工作业绩分析,综合考虑民意与考试成绩。

### 3.竞争上岗适合选拔机关内设机构领导成员

一般来讲,竞争上岗主要是指党政机关在本机关本系统,通过考试与考察相结合的办法,选拔任用内设机构领导成员的一种方式。由于面向系统内部,干部相互之间比较了解,平时比较熟悉,因此在竞争上岗的过程中要避免简单地以分取人,更加注重民主推荐、民主测评的结果。对于需集中开展部门之间中层干部交流任职时,可采取"跨部门竞岗交流"的模式。

### (二)科学运用考试方式

在竞争性选拔干部的过程中,最需要引入科学手段、最能体现"竞争"要求的就是考试测评。必须按照"干什么、考什么"、"用什么、选什么"的原则,将考量领导干部的各种要素科学融入笔试、面试环节中,切实让干得好的考得好。

#### 1.科学设置笔试内容

不同的工作岗位需要不同类型的干部与之相匹配。要按照"以事择人、以岗定人、考用一致"的原则,注意针对性,要有区分度,不出怪题偏题,注意文化基础知识和专业知识的覆盖面和广泛性,范围宽窄适度,深浅难易适中。注意贴紧拟选职务的素质要求,贴紧拟选单位的行业特点、应试干部的实际能力水平。提出的问题应当与现实有联系,语言要通俗、简洁、鲜明,便于应试者理解分析。题型设计要有开放性和启示性,能启发思路,有利于运用实际工作经验和知识答题。既要注重考察应知应会的基本理论知识,又要注意考察在工作中运用知识指导实践的能力和水平。只有做到人岗相适,才能最大限度地发挥人才资源的比较优势,充分激发干部队伍活力,实现干部工作社会效益的最大化。

#### 2.科学采用面试方法

结构化面试是当前采用较多的一种方法,对应试者进行综合直观的测定和直接的横向比较,考核其某方面的基本素质、能力倾向和个性特征、逻辑思维能力、分析问题能力、决策能力、口头表达能力以及实际工作经验等。在大型的竞争性选拔干部的面试工作中,可采用"大评委制",采取考官打分与评委打分相结合方式进行,评委席包括固定评委和变动评委,固定评委从区内组织人事部门、有关专家学者中抽调,变动评委由用人单位领导及相关部门领导组成。这种方式选择面宽、搭配合理,充分体现了民主和公平。

#### 3.运用新型技术手段进行测试

对干部素质要求相对高些的职位,可以通过技术手段,将应试者置于一系列模拟的工作环境中,对应试者的心理和行为表现进行观察和评价,从而了解应试者是否胜任拟委任的工作,预测应试者的各项潜在能力以及欠缺之处。较常用的有人格心理测验、职业能力倾向测验、文件筐作业、模拟工作情景的"无领导小组讨论"等。通过人格心理测验可以了解应试者对工作角色、工作职责和工作环境的偏爱,进而发掘其品性。职业能力倾向测验可以采用图形判断推理、言语理解、数量运算与类比推理等作为主要内容,预测判定应试者在所从事的领域内取得成功的可能性。文件筐作业技术可以确定应试者能否很好地理解一个新的工作环境并在较短时间内作出正确的管理决策等。适当引入上述的一些先进测评技术,可以提高干部的胜任力。

### (三)提高考核评价的真实性

推行竞争性选拔干部工作,应切实把增强干部的能岗相适度作为重要标准,不断改进民主推荐和民主测评方式,合理划定推荐和测评范围,力求让知情人投知情票、说知情话,不断拓宽干部群众合理表达意愿的渠道,切实提高民主推荐、民主测评、民意调查过程中民意表达的科学性和真实性。

1.定量考察与定性考察相结合

引入量化评价机制,合理设定考核评价的指标体系,在考察对象的个人情况、群众评价、考察组评价等各项指标的权重分配方面要做到科学、合理,同时要细化各项指标的具体评分办法。实行定性与定量相结合的方式,注重考核评价结果的分析比较,实现定性与量化评价的相互印证,通过准确评价和综合比较实现好中选优,防治把"年轻化"搞成"低龄化",把"知识化"搞成"学历高"。要让不同特点的干部通过公平、科学的通道进入"赛场",真正体现不拘一格选人。

2.综合运用考察"三票制"

在竞争性选拔中,要科学设置竞争性选拔的各项指标,把考与干结合起来;要多结合平时工作实绩,防止以考定乾坤,避免出现会考不会干的干部;要加强考后培养管理,防止一考了之,避免出现高分低能型干部。综合考察要注重"三票",即"个人素质票+群众测评票+组织评价票"。基本素质票,包括对考察对象的基本条件、领导岗位经历、基层工作经历、年度考核和奖惩等指标进行量化评分;群众测评票,包括对考察对象的民主测评等指标进行量化评分;组织评价票,包括考察对象单位领导班子分析评分和考察组个人评价评分。要根据不同类别领导职位的特点,科学确定个人情况、群众评价、组织评价等各项指标的权重,着重观察其工作方式、方法、业务熟练程度和工作效率;着重培训其工作能力、业务水平和职业道德;着重考核其工作实绩、工作效果和群众评价满意度。在准确评价和综合比较中选拔和使用干部。竞争性选拔的成本比较高,要充分运用其成果,在选拔使用一批干部的同时,还要做到储备一批、激励一批,密切关注那些受职位限制而落选的其他优秀者。

3.进行跟踪管理

对选用上岗的干部要加强跟踪管理,建立日常档案,动态掌握干部的适应情况和人岗匹配度,对经工作一段时间发现实际能力不强、只能纸上谈兵的,要立即进行调整;对一些优秀干部使用不当的,也要及时进行调整或交流重用。以完善差额选拔干部办法为重点,把竞争性选拔工作经验运用于日常干部选拔任用中,实现竞争性选拔和日常选拔工作同步推进,让优秀人才梯次涌现,源源不断。

### (四)建立健全配套制度体系

完善竞争性选拔任用干部不是一项独立的工作,需要建立健全与之紧密联系、相互衔接的一系列配套制度,通过配套制度来促进竞争性选拔任用干部工作,进一步提升竞争性选任干部的水平。

1.增强竞争性选任干部的计划性

将竞争性选任干部作为一项常态化工作,促进其与落实干部队伍建设的总体规划统一协调、统筹推进。要树立全市一盘棋的理念,加强对全市竞争性选任干部工作的统筹和协调,特别是在报考范围、使用条件、方法程序上加强指导,避免形成无序竞争,造成资源浪费。每年对领导班子和中层职位的干部配备情况进行摸底分析,合理安排选拔任用的节奏,具体时间应结合我市部门、单位实际统筹安排。

2.提高选任干部全过程信息公开的透明度

"阳光是最好的防腐剂",在竞争性选拔干部过程中,要借助报刊、电视、网络等媒体,实行全过程信息公开。如公布报考职位和资格条件,各个环节的考试成绩第一时间向考生和公众发布,及时在媒体通报工作进展情况等。继续选择部分业务涉及面广、社会关注度高的领导职位,进行电视、网络"现场直播",进一步提高公开度和透明度,让竞争性选拔的每个环节都在"阳光"下运作。落实好推荐考察预告制、干部实绩公示制等,使干部群众更全面了解入围干部的基本情况。

3.拓展干部选拔任用的参与权

只有依靠群众,充分走群众路线,才能准确地选拔任用群众满意的干部,杜绝选人用人上的不正之风。落实群众的参与权必须注意以下几个方面:一是要有参与的机会,并体现出参与的广泛性和全面性。二是要有参与的具体方式和途径,如通过参与选拔任用干部政策的制定和宣传行使参与权,通过直接参与选拔任用干部各个环节的工作行使参与权,通过监督选拔任用干部各个环节的工作行使参与权等。三是要有对参与者的条件限制。一方面,要按照层级相关原则划定参与者的范围;另一方面,要求参与者在知情、参与、选择、监督的方法和程序上都要按法律法规办事。

4.加强成本和风险控制

加强竞争性选拔干部工作的统筹和成本核算,通过组织联动、资源统筹、规模化运作、综合运用成果等措施,降低经济成本、人力成本、时间成本和社会成本,提高综合效益,为常态化创造条件。同时,加强对竞争性选拔中的个人风险、社会风险和组织风险的研究和防控,以低风险化促常态化。

# 嘉兴市廉洁文化建设的实践与思考

□ 嘉兴市纪委课题组

在新的历史阶段,文化的力量正悄悄地却又坚定地融入经济、政治、社会建设中,作为一方土地的血脉和灵魂,已经成为经济发展的"助推器"、政治文明的"导航灯"、社会和谐的"黏合剂"。廉洁文化是文化建设极其重要的组成部分。嘉兴作为党的诞生地,如何在大文化建设的背景下,在反腐倡廉建设不断向纵深推进的今天,大力弘扬廉洁文化、构建廉洁社会,已经成为顺应新形势新任务的紧迫任务。

## 一、充分认识廉洁文化建设的重要意义

廉洁文化以廉洁为核心价值,是关于廉洁的理念、习惯、思维方式、制度以及与之相对应的生活方式、行为规范的总和。

廉洁文化是廉政文化的延伸和拓展,两者既相互联系又有所区别:一是应用主体不同。廉政文化的主体是掌握行政公共权力的公职人员,廉洁文化的主体是社会各阶层成员。廉政文化要求党政机关及其干部清正廉洁、务实高效,廉洁文化要求全民洁身自好、廉洁从业。二是建设重点不同。廉政文化旨在通过营造廉洁奉公、勤政不迁的政治氛围,以增进公职人员抵制腐败的意识和能力。廉洁文化旨在通过营造崇廉耻贪、诚信做人的社会氛围,达到规范社会公德、促进社会文明、建立和谐社会和清廉社会的目的。三是文化属性不同。廉政文化是一种组织文化,是以国家权力机关为核心的政治组织所追求的以廉洁从政的认知模式和行为模式。廉洁文化是一种社会文化,其目标是培养公众廉洁从政、廉洁从业的信仰和追求,使廉洁成为全社会的共识。

廉洁文化作为一种积极向上的社会文化,在当前建设现代政治文明,推进物质富有和精神富有的现代化过程中具有十分重要的现实意义。

### (一)廉洁文化建设是嘉兴打造"三城一市"的必然要求

嘉兴市第七次党代会提出了"全面建设创业创新城、人文生态城、和谐幸福城,加快建设现代化网络型田园城市"的目标任务,要实现这一宏伟目标,最终要靠文化软实力和发展软环境来支撑,而廉洁文化建设有助于增强城市的凝聚力、号召力和吸引力,提升城市的综合竞争力。

廉洁文化有利于营造清正严明、廉洁高效的政治环境。廉洁文化通过倡导以廉洁为标志的世界观、人生观、价值观,引导党员干部规范用权、服务人民,巩固勤政廉政的思想基础,激发干净干事的精神动力,不断提高政府部门的执行力、公信力,形成一个清正廉洁的良好政治生态,为"三城一市"建设提供保证。

廉洁文化有利于营造诚实守信、廉洁从业的经济环境。廉洁文化通过倡导公平竞争、诚实守信的价值取向,可以更好地提高各类从业人员的职业道德,减少市场经济的负面影响,营造一个健康有序稳定的投资创业环境,保障经济协调发展。

廉洁文化有利于营造凝心聚力、从善和谐的社会环境。廉洁文化通过倡导"以廉为荣、以贪为耻"价值观念,推动大家廉洁自律、廉洁从业,自觉实践、相互激励、相互监督,共同构筑起反腐倡廉的坚强防线。

### (二)廉洁文化建设是社会主义核心价值体系的重要内容

廉洁文化是一种具有多重价值的复合型精神文化,它以廉洁思想和廉洁精神为根本,是社会主义核心价值体系的题中应有之义。

廉洁文化彰显了社会主义核心价值体系。廉洁文化建设所要求的崇尚廉洁、鄙弃贪腐的价值取向,与倡导"八荣八耻"的社会主义核心价值体系一脉相承。廉洁文化作为一座城市的精神品格,无论是观念层面的文化精神、市民意识还是生活层面的风俗人情、社会风气,必然渗透于文化的各个方面。只有大力推进廉洁文化建设,才能更好地丰富社会主义核心价值体系,才能更好地塑造优秀城市精神,引导全体市民为全市的奋斗目标而努力。

廉洁文化践行了社会主义核心价值体系。当前,在经济社会转型发展的同时,在我们生活中也出现了一系列道德失范、诚信缺失等现象,引起了社会公众的强烈不满和深深忧虑。廉洁文化虽不具有强制性,但它面向社会大众,一旦作为核心价值的部分在社会成员中产生心理共鸣,就会使全市人民实现行为的自我约束和控制,并产生强大的、积极的、相对稳定的持久影响。这种廉洁因子的根深蒂固,可以不断扩大社会主义核心价值体系的群众基础和社会基础,有利于社会主义核心价值观在全社会扎根。

### （三）廉洁文化建设是推进反腐倡廉建设的战略选择

从我国反腐进程看，党风廉政建设和反腐败工作已经从运动反腐、制度反腐，进入了文化反腐的新阶段。当前，腐败已经污染到了文化的层面，渗透到了集体意识的层面，在局部领域中，甚至产生了不以"廉"为荣却以"贪"为能的文化畸形，对党的事业和反腐败斗争带来了极大危害。文化最大的特征就是在于它对人的思想意识的影响力。廉洁文化作为先进文化的核心内容，是反腐倡廉内在的价值导向和支持力量，其社会教化功能有利于拒腐倡廉观念的形成，其社会导向功能有利于遏制腐败风气的蔓延，其社会监督功能有利于控制腐败行为的发生。

从国际反腐经验来看，制度反腐、舆论监督、文化土壤，是反腐治本的三大法宝。随着我国惩防体系建设的不断深入，以及公众参与、民主监督的深入推进，制度反腐、舆论监督已经初显成效。在此情况下，文化反腐迫切需要同步跟进。只有在全社会形成一种崇尚廉洁的文化环境，通过制度反腐、舆论监督、文化反腐三管齐下，形成相互作用的局面，才能不断巩固和扩大反腐成果，推动反腐倡廉建设向纵深发展，永葆党的生机与活力。

## 二、嘉兴市廉洁文化建设的基础条件和存在的问题

廉洁文化建设是一个发展的过程，是历史与现实共同作用的产物。嘉兴在廉洁文化建设中具有独特的优势、充沛的资源和扎实的工作基础。

### （一）地域廉政文化的传承

在中国传统历史中，廉洁是做人为官的基本品质，正所谓廉洁乃"仕者之德"、"人生大纲"和"为政之本"。嘉兴廉洁之风由来已久，植根于地域的历史文化，积淀于这个地方的精神禀赋和人文气质。

#### 1. 传承内容

嘉兴地处太湖流域，是吴越文化、运河文化的交融之地，自古以来就崇文厚德。在长期的生产生活中，嘉兴本地居民形成了秉礼勤劳、秀慧工巧、崇文好学和进取求新的文化性格，涌现出一大批以德修身、崇尚气节、正直勤勉的清官廉吏。如，唐代陆贽，宋代常同，明代毛晟，清代陆稼书、许瑶光，以及近代沈钧儒、张元济，等等。在这些清官群体身上，集中展现了"为官之法，廉洁为本"的从政伦理，"勤廉以养廉"的廉政思想，"清廉传家"的教化思想，"重民恤民"的民本思想。

### 2.传承方式

丰富生动的地域廉政文化思想,在历史演进中通过地方文献、民谣谚语、书画题记、碑志铭文、文人笔记、诗词歌赋等耳熟能详的形式流传至今,弥漫在嘉兴社会各个阶层。如,从北宋至清末,嘉兴境内先后编印州府级志书 17 部、县级志书 89 部,传统的乡邦文献记录了清廉事迹,供后人学习敬仰;清初至道光年间,嘉兴新建书院 21 所,用书院私塾传播了廉洁理想;嘉兴市图书馆现存的家谱有《董氏家谱》、《嘉兴谭氏家谱》、《嘉禾宋氏支谱》等 40 多种,其中"恩荣"(记述受命制诰、科举中式、耆寿、贞妇、烈女等人物)、"祠宇"(记载祠堂、祠规、家训族产等)等内容包含丰富的清廉思想。通过各具特色的记录形式,丰富多样的传播载体,嘉兴地域廉政文化绵延千年,源远流长。

### 3.传承效果

从仁义廉耻的做人之本、以民为本的执政理念、深明大义的高尚气节,到克己奉公的修身之志,廉洁思想、从政道德已成为一种普世的价值观,其影响超越了时代所限,为世人所遵守推崇。据《中国大百科全书》记载,明清两代江浙共出进士 2800 多人,其中嘉兴就有 600 多人,如此众多的官吏晋升,却鲜有遭人唾弃的贪腐之徒,无论是在名家史书、官吏传记,还是明间传言、诗词歌赋中,贪腐行为均少有发生、少有记载,廉政文化的影响力显而易见。

## (二)红色廉政文化的引领

红色文化是中国共产党在革命斗争和建设实践中所形成的先进文化,廉洁思想是红色文化的核心。嘉兴充分发挥党的诞生地政治资源优势,大力传承和发扬红色廉政文化,引领全社会廉洁文化发展。

### 1.弘扬"红船精神"

2005 年 6 月,时任浙江省委书记习近平在《光明日报》发表署名文章《弘扬"红船精神"走在时代前列》,系统总结、深刻阐述了"红船精神"所蕴含的"开天辟地、敢为人先的首创精神,坚定理想、百折不挠的奋斗精神,立党为公、忠诚为民的奉献精神"的内涵。此后,嘉兴市专门成立"红船精神"研究会,邀请国内党建专家学者,就"红船精神"及党的先进性、纯洁性建设进行了深入研讨,提炼出"敢为人先、走在前列、勤廉为民"等勤政廉政的元素,为嘉兴廉洁文化发展注入了灵魂。

### 2.组织"红船节"活动

每年举办以"一船红中国、万众跟党走"为主题的"七一"红船节系列活动,通过举办"红歌合唱赛"、"红色阅读"、"红船论坛"报告会、"红船网"建设、"红船行"电视节目播出等,不断扩大党建和反腐倡廉知识的普及面。开展"红船先锋"先进基层党组织和优秀共产党员评选,大力宣传勤廉先进典型,激发干部群众学习先进、争做先进的热情。积极发展"红色旅游",以新建成的南湖革命纪念馆新馆为龙头,打造"红色廉政文化一条街"、"红色传统教育一条路"等廉洁文化旅游精品路线,加强理想信念教育,让干部群众感受共产党人执政为民的情怀。

3. 举办"红船杯"廉政文化赛事

有效整合各类资源,以"红船杯"冠名,每年选定载体,组织开展一系列有影响的全国性廉政文化精品赛事,吸引全国各地积极参与。近年来,先后举办了"红船杯"学党章知识竞赛、廉政漫画大赛、廉政楹联创作大赛、廉政诗歌朗诵比赛、廉政故事演讲比赛、廉政农民画大赛、岗位廉政情景剧邀请赛等,为各个领域、各个行业的干部群众提供了倡廉、述廉、传廉、颂廉的舞台,在全社会营造了崇尚清廉的良好氛围。

### (三)廉政文化建设的支撑

近年来,嘉兴以廉政文化"六进"(指进机关、进社区、进家庭、进学校、进企业、进农村)工程为抓手,进行了积极探索、大胆创新,取得了明显效果,为廉洁文化的普及推广打下了深厚基础。

1. 突出主题创建

发挥"大宣教"联席会议成员单位作用,构建"纪委统筹、六进归口"的工作机制,推动廉政文化均衡高质发展。进机关,以"为民、务实、清廉"为主题,结合创建"五型机关"工作,引导党员干部牢固树立"立党为公、执政为民"理念;进社区,以"创清风家园"为主题,有机融入创建文明社区之中,发挥社区党组织和党员的作用,提高社区居民关心支持参与反腐倡廉建设的积极性;进家庭,以"树廉洁家风"为主题,引导党员干部家属、子女当好"廉内助",共同构建家庭拒腐防变的坚强防线;进学校,以"敬廉崇洁"为主题,根据学生特点,将廉洁教育纳入德育教育内容、融入学校各项教学活动;进企业,以"诚信廉洁、依法经营"为主题,把廉政文化融入到企业生产经营管理和企业文化建设之中,增强员工的廉洁从业意识;进农村,以"创清廉村风"为主题,结合基层党风廉政建设、文明村镇创建、农村文化设施建设等,创建乡风文明的社会主义新农村。

2. 丰富阵地建设

通过各种途径聚合文艺人才,组建反腐倡廉报道员、宣讲员、创作员、宣传员、指导员等队伍,并依托各县(市、区)和乡镇文化馆(站)、基层业余文化团等,建立健全基层廉政文化队伍。充分运用本地创作人才和廉政素材,先后创作一大批以反腐倡廉为题材的小品、舞蹈、曲艺、诗歌、书画、公益广告等作品。充分挖掘本地廉政文化资源,相继建成以全国廉政教育基地——南湖革命纪念馆为引领,倪天增事迹陈列馆、丰子恺廉政漫画馆、沈钧儒纪念馆、沈鸿纪念馆等一批省级、市级廉政教育基地。深入开展廉政文化"六进"示范点创建活动,建成省级廉政文化"六进"示范点 30 个,并有一大批市、县级示范点遍布城乡。创设"南湖清风"廉政网站、电视专题节目、"行风热线"广播专题节目,"廉政视窗"刊物,廉政手机报、镇村简报等宣传阵地,借助各类媒体的力量,增强廉政文化传播的广度。

### 3. 注重品牌打造

扎实推进"一地一品"廉政文化建设,依托田歌、宣卷、铗子书、皮影戏等具有广泛群众基础的民间文化艺术形式,创作出一大批廉洁文化作品,以文化传承力量推动了廉政文化持续发展。在"南湖清风"主品牌的引领下,嘉善"水乡清风"、平湖"绿野清风"、海盐"盐邑清风"、海宁"潮乡清韵"、桐乡"菊香清风"等特色廉政文化品牌相继创建。

### (四)嘉兴人文精神的推动

人文精神是城市文明的核心,是市民共同的精神追求。嘉兴在统筹城乡文化发展、凝聚城市人文精神、弘扬社会主义核心价值观等方面的工作,烘托助推了廉洁文化发展。

### 1. 文化基础设施的依托

近年来,共投入 20 多亿元新建了"一院三馆"(大剧院、图书馆、群艺馆、博物馆)、秀洲中国农民画艺术中心等一批标志性公共文化基础设施,并且实现了乡镇图书馆、镇村文化活动中心的全覆盖,有 2000 多支文艺团队活跃在城乡。运用 VPN 技术推广服务模式,协调整合农村党员干部现代远程教育系统和各县(市、区)教育网络等各种现有网络资源,实现公共文化信息资源在全市共建共享。这些平台、场馆,为廉洁文化的普及、渗透、发展提供了物质条件。

### 2. 城市文明创建的激励

以创建全国文明城市为抓手,全力提升政府服务品质、社会法治水平、公民道德素质、城市公共秩序等衡量城市廉洁水平的各项指标。2011 年,在中央文明办组织的考核检查中,嘉兴市各项指标均位居全国前列,荣获"全国文明城市"桂冠,这是对廉洁文化建设的最高褒奖和强大激励。

### 3. 核心价值体系的感染

2005 年,从历史渊源、自然环境特色、民风民俗传统、经济政治文化发展等方面,提炼了"崇文厚德、求实创新"嘉兴人文精神。2012 年,通过开展"我们的价值观"大讨论,集全市人民智慧征集评选了"勤、善、和、美"核心价值关键词。在讨论过程中,看不见、摸不着的精神理念被广为传播,成为人们日常生活中时刻践行的廉洁文化建设主题。

### (五)廉洁文化建设中存在的问题

我市廉洁文化发展已具备了比较好的工作基础、文化基础和群众基础,廉洁文化建设具备了一定的知晓率、覆盖面和影响力。但是整个推进过程中,也存在着一些问题和不足。

#### 1.工作规划层面较低

目前,廉洁文化发展较多地停留在每年确定一些工作主题和项目上,停留在就廉洁文化本身而规划廉洁文化发展,没有立足于全市大文化发展的格局中去思考,从构建全社会廉洁文化发展体系的角度去谋划。在实际操作中,容易导致工作布局不完整,很多事情只能是摸着石头过河,难以做到心中有数,社会发动的广泛性和群众的参与性也受到限制。

#### 2.工作推进不够深入

虽然廉政文化"六进"涉及一些部门和单位,但工作的表层化、不平衡显而易见。不少单位的廉政文化建设,仅停留于做好规定动作,特色不明显,推进主动性显得不强,活动的方式方法还比较单一,廉政文化建设内容缺乏生动活泼和群众喜闻乐见的素材与活动形式,缺乏渗透力、感染力、吸引力和影响力。

#### 3.工作机制尚未完善

近年来,社会各界参与廉洁文化建设的热情不断高涨,但较多地停留在组织推动层面。一些基层单位和群众甚至认为,廉洁文化建设是政府机关的事,与自己无关,主动参与、协作配合的积极性不高。公众参与廉洁文化建设的内生动力有待进一步加强,工作机制有待进一步完善。

## 三、构建廉洁文化发展体系的对策思路

### (一)明确指导思想

坚持反腐倡廉战略方针,把廉洁文化建设融入嘉兴"文化强市"战略总体部署,大力弘扬廉洁价值理念,广泛开展廉洁文化创建活动,建立全社会齐抓共管长效机制,着力营造崇廉尚洁的社会风尚,为加强"三城一市"建设提供思想保障和文化支撑。

### (二)树立工作目标

经过 3~5 年时间的努力,努力实现以下三个方面的目标。

#### 1. 廉洁文化发展体系基本建成

全市廉洁文化建设组织机构健全、工作规划科学、活动载体丰富、各项保障有力,成功塑造具有鲜明地方特色的"南湖清风"廉洁文化品牌,培育一批不同层面不同领域的工作典型,地域廉洁文化的辐射力、影响力进一步扩大。

#### 2. 社会成员廉洁意识显著增强

通过开展大众化、系统化的廉洁文化建设,广大干部群众反腐倡廉观念进一步增强,自身行为进一步规范,腐败风气蔓延势头得到有效遏制,腐败行为发生率大幅降低。

#### 3. 崇廉尚洁文化氛围初步形成

廉洁文化从一种外在的表现形式转化为内在的文化认同,成为干部的从政追求、公众的生活方式、城市的文化品牌,文化反腐作用不断显现,对全市经济社会发展和反腐倡廉建设产生积极而持续的影响。

### (三)把握基本原则

在推进廉洁文化建设过程中,要把握好以下三项原则。

#### 1. 有益借鉴的原则

既要深入挖掘嘉兴地域文化、红色文化中的廉洁因子,增强廉洁文化建设的根植性;又要发扬党的优良传统,善于借鉴和吸收国内外廉洁文化建设的成功经验,增强廉洁文化建设的时代性和创造性。

#### 2. 统筹推进的原则

既要统筹规划,加强廉洁文化建设顶层设计和系统安排,增强工作的指导性、计划性和系统性;又要稳步推进,突出重点领域、重点行业开展有针对性的创建活动,以重点领域的突破带动整体水平提升。

#### 3. 面向社会的原则

既要把所有社会阶层、社会群体都吸纳进来,形成人人参与、全民创建的工作格局;又要适应廉洁文化普及性、渗透性的特点,做到贴近实际、贴近生活、贴近群众,使廉洁文化在广大社会成员的实践、参与中得到丰富和发展。

### (四)突出建设重点

围绕重点领域,以"目标、制度、人"为核心,加强系统构建、专项构建和联合构建,在全社会形成相互支持、相互作用的廉洁文化发展体系。

**1.党政机关**

以"决策科学民主、权力运行透明、干部清正廉洁"为目标,深化廉洁机关建设,以此来引领带动廉洁社会建设。一是加强廉洁从政教育。把反腐倡廉教育纳入干部教育培训规划,利用报刊、电视、网络等宣传阵地,依托"红船论坛"、"纪检讲坛"等载体,因地制宜、分层分类开展党性党风党纪教育。二是丰富廉政文化活动形式。结合核心价值观讨论和机关文化建设,以"读廉政书、看廉政片、听廉政课、写廉政文、展廉政艺、做廉政人"为主要内容,大力开展廉政文化创建活动。三是健全廉洁从政制度体系。大力推进党务政务公开、岗位廉政风险防控、权力阳光行动等工作,逐步完善具有机关特点的反腐倡廉制度体系,达到制度保廉的目的。

**2.公共事业单位**

以提升"职业道德化、行业廉洁性、群众满意度"为目标,准确把握教育、卫生等公益部门的特点,有针对性地开展廉洁文化建设。一是加强职业道德教育。深入开展全行业、全系统职业道德教育,进一步端正医德医风和师德师风,形成良好的职业操守和荣誉感。二是规范行业廉洁行为。针对易发多发腐败问题的关键环节,深入抓好岗位廉洁风险排查工作,进一步完善廉洁从业各项制度,使廉洁文化融入到日常管理和队伍建设的始终。三是注重"阳光服务"。积极开展医疗服务阳光收费、教育阳光招生等活动,加大民主评议行风力度,深化治理商业贿赂专项行动,以强有力的社会监督促进行业廉洁。

**3.社会领域**

以"行业严格自律、企业诚信经营、员工廉洁从业"为目标,在"两新"组织、专业市场、中介机构中深入开展廉洁文化建设,不断铲除腐败滋生的土壤。一是培育廉洁从业理念。开展廉洁文化进企业、进市场、进车间活动,提炼鲜明的廉洁从业警言,建设反贪拒腐、诚信守法的企业文化。二是促进行业自律。充分发挥行业协会作用,建立行业性的廉洁从业行为规范,实行公开承诺、接受社会监督,加强行业自我管理、自我规范,弘扬诚信守法、廉洁从业的行业新风。三是健全诚信体系。建立企业诚信评价平台,实行信用等级评定、发布信用排行榜、提供信用信息查询,加强信用奖惩,营造诚信守法的外部环境。

**4.农村基层**

以"干部廉洁履责、群众移风易俗、村务管理规范"为目标,把廉洁文化融入到乡规民约之中,融入到农村事务管理之中,促进农村社会稳定和繁荣发展。一是开展群众性的廉洁文艺活动。根据农村群众文化心理和审美习惯,组织"廉洁文化下乡"和"大篷车巡演"等活动,传递和弘扬廉洁思想。二是建设普及性的廉洁文化场所。利用镇村广播、图书馆、便民服务中心等,开展形式多样的廉洁教育,挖掘农村历史资源和人文景观,打造"一村一品"廉政文化景观,使廉洁文化融入村容村貌。三是构建适应性的廉洁履职规范。大力推行"阳光村务",加强"五强"村监委建设,完善村务公决、村务公开、资金管理、民主监督、廉情预警等制度,促进基层干部规范履行职责。

### 5.社区家庭

以"社区清廉和谐、家庭助廉倡廉、市民诚实守信"为目标,深入开展社区、家庭廉洁文化建设,不断夯实全社会廉洁文化建设的基础。一是建设廉洁社区。丰富社区廉洁活动,设立社区廉洁讲坛,弘扬社区廉洁新风;强化社区廉洁监督,规范社区事务公开、议事协商、民主听证等制度,健全社区干部勤廉公示和居民评价干部制度,推进清廉社区建设。二是建设廉洁家庭。组织廉洁文明家庭大讨论、发放弘扬廉洁家风倡议书、举办居民廉洁教育课、开展家庭助廉知识竞赛,引导家庭成员积极参与廉洁文化建设;开展"廉洁文明家庭"、"廉内助"、"贤内助"等评选表彰,创建一批廉洁文化进家庭示范点,使"家庭助廉,人人有责"的观念深入人心。

## (五)注重品牌传播

打造廉洁文化品牌,并在广泛传播中使其成为一股强大的文化力量,渗透社会各个领域,浸润人们的思想。

### 1.开展品牌塑造

一是提炼品牌内涵。深入挖掘嘉兴地域廉洁文化的历史传承和时代内涵,围绕我市"勤、善、和、美"等核心价值观要求,开展廉洁文化品牌表述语征集,提炼出全市人民普遍认同和富有感召力的廉洁文化主题词。二是征集品牌标识。以"南湖清风"为主题,面向全国开展嘉兴廉洁文化标识设计、评选活动,形成富有特色、专属专用的"南湖清风"廉洁文化注册商标。三是培育品牌集群。鼓励各行各业培育廉洁文化品牌,在全市形成"南湖清风"品牌引领的各具特色、相互支撑、互生共赢的品牌群。

### 2.注重品牌经营

一是项目支撑。实施廉洁文化建设精品工程,固化"红船杯"廉洁文化系列赛事,"反腐倡廉建设.海宁论坛"、"红色廉政文化.南湖讲坛"等载体,扩大嘉兴廉洁文化建设影响力。二是基地推动。充分利用全市各地历史、文化、政治、科教资源,以创建全国、全省廉政教育基地为龙头,建设一批廉洁教育基地和示范点,形成历史与现代相衔接、正面与反面相对照、展示与教育教育相结合的基地群。三是产业带动。充分利用"南湖清风"标识作用,对各项精品赛事形成的廉洁文化产品进行市场化经营,对全市廉洁文化教育基地、示范点和主题景观等进行整合串联和宣传推介,建设若干条廉洁文化旅游精品线路,促进廉洁文化建设可持续发展。

### 3. 加强品牌传播

一是文化传播。将廉洁文化活动场所建设纳入全市公共文化设施网络布局,建设一批与城乡环境相协调、与自然生态相融合的廉洁文化设施,丰富群众精神文化生活;把廉洁题材纳入文学艺术创作,电影和电视剧制作,报刊、图书、音像电子出版计划,重点规划、扶持一批体现廉洁主题的创作项目,着力打造深受群众喜爱的优秀廉洁文化作品,提高廉洁文化产品和服务的供给能力。二是媒体传播。注重研究传播艺术,在充分发挥传统媒体作用加强反腐倡廉宣传教育的基础上,高度重视新兴媒体运用,开辟廉洁文化网站、廉洁政务微博、廉洁手机报等新载体,打造技术先进、传输快捷、覆盖广泛的传播平台,不断提高廉洁文化传播能力。三是理论传播。依托科研院校的力量,筹建地方廉洁文化研究中心,深入开展廉洁文化建设理论研究和实践探索,组织开展廉洁文化建设项目申报、评比和表彰活动,为廉洁文化发展提供智力支持。

## (六) 健全工作机制

强化可操作性的工作机制建设,确保全市廉洁文化建设稳步、有序推进。

### 1. 健全组织机制

把廉洁文化建设放在大文化建设的突出位置,建立全市廉洁文化建设联席会议制度,明确各级纪委、组织、宣传、党校和行业主管部门,以及新闻媒体、文化艺术、网络管理、社科研究的工作职责,进一步理顺领导体制和工作机制,形成"党委政府统一领导、纪委组织协调、部门各司其职、群众广泛参与"的工作体系。充分发动社会各界力量,建立健全廉洁文化研究员、宣传员、创作员、指导员等队伍,为廉洁文化发展提供人才支撑。

### 2. 健全保障机制

各级党委、政府是推动廉洁文化建设的责任主体,把廉洁文化发展统一纳入大文化发展规划,加大经费投入力度,同时鼓励企业和个人积极参与廉洁文化建设,建立健全政府投入为主、社会各方支持的廉洁文化建设经费保障机制。

设立专项资金,对廉洁文化建设重要活动、重大项目、重点场馆实行财政扶持。

3.健全评价机制

将廉洁文化建设列入党风廉政建设责任制、惩防体系建设和公共文化服务体系建设考核范围,探索建立可量化的廉洁文化绩效评估体系,完善专家咨询、民意测评、问卷调查等制度,及时评估建设绩效,动态修正建设路径,确保廉洁文化始终沿着科学的轨道发展。

# 嘉兴市农村基层党组织群众工作能力研究

□ 嘉兴市党建研究会课题组

党的十八大报告指出，"着力解决人民群众反映强烈的突出问题，提高做好新形势下群众工作的能力"。党的群众工作，是中国共产党依据人民群众是历史的创造者这一历史唯物主义原理，宣传、发动、教育和组织中国各族人民，从事共同推动中国社会发展的全局性工作；是中国共产党依据全心全意为人民服务的根本宗旨，实现、维护和发展人民群众根本利益的长期性工作。党中央从全面推进中国特色社会主义事业的高度，作出了加强和创新社会管理的重大决策，强调群众工作是社会管理基础性、经常性、根本性工作，并且提出，党的基层组织和基层干部是做好群众工作最基本、最直接、最有效的力量。如何提高换届后基层党组织做群众工作的能力，是当前加强农村社会管理的一项重要任务。

## 一、内涵意义

要把新时期党的群众工作做实、做细、做深、做好，既要有强烈的工作热情和工件责任心，又要深刻认识新形势下做群众工作能力的内涵要求。党的十六届四中全会《决定》提出："各级党委和政府要积极研究和把握新形势下群众工作的特点和规律，探索新途径、新方法，不断提高组织群众、宣传群众、教育群众、服务群众的本领。"

### （一）内　涵

1.组织群众的能力

组织群众是凝聚群众力量、推动科学发展的根本途径。要提高在群众中树立自身威信的能力。这需要党组织提高自身的形象素质及人格魅力，遇到责任不推诿,碰到困难不退缩,见到难事不躲避,公道正派,干净干事。要提高组织群众参与基层民主政治建设的能力。农村基层党组织要尊重民意和发扬民主,把人民群众纳入决策的主体中来,通过召开座谈会、听证会、咨询会、恳谈会等形式,广泛听取社会各个领域和各种群体的意见。在实施过程中,坚持公开公平公正,提高工作的透明度,让群众积极参与监督,防止暗箱操作。对于群众一时不能理解和接受的政策问题,要通过与人民群众多通气、多协商、多讨论来解决。要提高及时发现矛盾善于化解矛盾的能力。要经常性地开展入农家、进企业,变上访为下访,化消极为积极,准确掌握本地群众的所求、所思和所忧,提前理顺各种关系,及时发现矛盾并解决在萌芽状态。一旦发生突发事件,要沉着应对,尤其是镇(街道)党委主要负责人要第一时间赶到现场,果敢决策,及时有效平息事态,做到问题在基层解决,矛盾在基层化解,确保一方平安。对于问题复杂的群体性事件,采取有力措施控制好局面,及时向上级领导请示汇报,防止矛盾扩大化和复杂化。

### 2. 宣传群众的能力

通过宣传和发动群众,让群众深刻理解党的路线方针政策,推进各项政策的贯彻落实,这是做群众工作的一个重要方面。当前一些地方出现的群众对党和政府的方针政策不理解、干群关系紧张等问题,许多都是基层党组织缺乏宣传群众所造成的。要提高大众化地开展宣传工作的能力。在推进某项工作或开展某项活动时,要善于用群众的语言,以群众喜闻乐见的方式,摆事实,讲道理。针对群众的疑惑及顾虑,则要深入细致耐心地做好疏导解释工作。要提高利用新兴媒体进行宣传的能力。现在"人人都有麦克风",互联网和手机等新兴媒体以其传递迅捷、覆盖面广、互动性强等特征,已然成为人们交往、联系和获取信息的基本手段,并且成为许多群众反映意见和诉求、参政议政的重要途径。基层党组织要充分利用好手机、互联网等信息化手段,落实"守土有责"的责任,培育一批"意见领袖",学会充分开展网络实时互动交流,既要积极鼓励网民参政议政、建言献策、实施监督,又要主动对其进行规范和引导,杜绝有害信息,净化网络环境,实现党群关系的良性互动。目前一些地方开展网络党支部、党建微博、论坛、QQ群、手机报建设等做法,值得借鉴推广。要提高树立先进典型加强宣传效果的能力。先进典型是体现社会主义道德要求的模范,是人民群众学习的楷模。要按照"三贴近"的要求,积极改进创新典型宣传工作,在科学、求实、依法上下工夫,将提升先进典型引领价值的要求贯穿典型宣传的全过程,确保典型立得住、传得开、叫得响,从而形成创先争优的良好氛围。

### 3. 教育群众的能力

用科学的理论武装群众,才能产生正确的行为,并发挥强大的力量。要提高说服教育群众的能力。要善于与群众平等交流,听取群众的各种意见。要善于创造良好的氛围,使有怨气、有情绪的群众能够心平气和地听取解释,做到进得了门,谈得上话,交得了心。要提高示范引导的能力。要积极培育推广示范经验,加强总结提炼,及时推广示范单位创造的好做法好经验,努力使点上的成功探索成为指导面上工作的普遍经验。要提高分类指导做好群众工作的能力。要充分考虑当地的经济条件、人文环境、工作对象、存在的突出问题等,因地制宜,因人制宜,因事制宜,有侧重地推进群众工作。通过人对人、点对点、面对面地提供服务,最终实现人联人、情联情、心联心,不断加深党和人民群众的血肉感情,实现"一竿子插到底"的工作效应。

### 4.服务群众的能力

党的群众工作的本质是服务人民群众。当前,人民群众的生活条件更好了,国家用于民生的投入也更多了,但是群众对干部的怨言却越来越多了,问题的症结在于干部没有根据群众的实际需求提供优质的服务。要提高与群众建立深厚感情的能力。要继承和发扬我党在长期实践中积累的优良传统工作方法。例如干部夜访群众、同吃同住同劳动等,深入群众,了解群众真实需求,与群众真正打成一片。农村基层党组织服务群众,不能停留在口号和一般要求上,对惠及群众的事要真心办,对困难群众要真心帮,对群众的呼声和意见要真心听。只有带着感情为群众服务,成为群众的贴心人,才能赢得群众的理解和支持。要提高根据群众的实际需求提供服务的能力。要学会找准群众关心的热点和难点问题,解决群众最关心、最直接、最现实的问题。目前,农民群众致富与基层党组织所提供的社会服务的依赖性较大,这就需要基层党组织尽可能多地为群众提供资金、信息、技术以及政策法规方面的服务,特别是要服务低收入群众增收。实际上,嘉兴各地的高效益农业示范基地背后多有基层党组织努力工作的结果。要提高建立服务群众长效机制的能力。要强化便民机制建设,建立健全首问责任制、办事承诺制、AB岗工作制等制度,强化干部为民服务意识,优化服务水平,方便群众办事。镇(街道)要继续深入开展机关效能建设,发挥机关效能建设投诉中心的作用,提高机关办事效率。村里要积极推进村级服务中心便民服务扩容升级活动,深化进组入户拉家常活动,作为提高群众满意度,密切党群干群关系的重要举措。

### (二)意 义

做好群众工作是党的一项基本工作。在我国,农业是第一产业,农民是最大群体,农村是最基层社区,新形势下密切联系农民群众,加强农村社会管理及创新具有极其重要的意义。农村基层党组织主要包括镇(涉农街道)和村(农村社区)的党组织,是党在农村全部工作和战斗力的基础,提高农村基层党组织做群众工作的能力,对于提高农村社会管理的科学化水平,构建农村和谐社会,显得更为重要,更为紧迫。

1. 农村群众工作是加强和巩固基层党组织领导核心地位的基础性工作

农村基层党组织是党在农村工作的基础,是推进农村改革发展的战斗堡垒,落实科学发展观和提高执政能力,必须抓基层,打基础。农村基层党组织做好了群众工作,关系理顺了,群众拥护了,党在农村的执政根基才能牢固,党在农村的各项路线、方针、政策才能得到更好的贯彻执行,社会主义新农村建设的各项事业才能得到更好的发展。几年来,嘉兴在统筹城乡发展上走在全国前列,这与农村基层党组织一以贯之努力做好群众工作是分不开的。在新的历史条件下,党要加强和巩固党组织在农村各种组织和各项工作中领导核心地位,更好地把党的性质中固有的人民性体现出来,使广大农民群众自觉接受党的领导。必须进一步做好群众工作,党对农村各项工作实行统一领导,协调和处理农村社会各方面的利益,回应广大农民群众的诉求,化解农村社会矛盾,维护农村的社会公正和社会秩序,保证农村经济平稳较快发展和社会和谐稳定。

2. 农村群众工作是深入推进农村经济社会发展的保障性工作

推进农村改革发展,关键在党。近年来,嘉兴全市上下深入实施城乡一体化战略,扎实推进统筹城乡综合配套改革和"两新"工程建设,着力保持了农业稳步发展、农民持续增收、农村和谐稳定的良好势头,嘉兴已经成为全国农民人均纯收入最高的地区之一,也是全国城乡居民收入差距最小的地区之一。但是也要清醒地看到,我们仍面临不少困难和问题,统筹城乡综合配套改革中的一些深层次问题仍未根本解决,"三农"问题仍然是制约嘉兴经济社会发展的难点重点问题。目前农村各项改革已进入深水区,如何深化完善各项制度政策及运行机制,深化统筹就业、社会管理、党组织建设和特色村落保护等,如何让广大百姓从中更多地得到实惠,都有待于深入研究探索、联动推进。这就需要农村基层党组织发挥组织、宣传和引领广大群众的重要作用,充分发挥蕴含在群众中的智慧和创造活力,引领农村健康发展。同时,加强农村社会管理是农村社会和谐稳定的重要保障。构建和谐社会,重点难点在农村,关键在于加强农村社会建设,推进农村社会进步,创新农村社会管理,从根本上改变农村社会建设严重滞后、农村社会管理不够适应农村新形势的局面,也需要农村基层党组织做好农村群众工作。大量事实表明,加强农村基层党组织工作,增强组织功能、服务功能,找准工作着力点,提高基层党组织服务群众、做好群众工作、解决复杂矛盾能力的关键,是把党的组织优势转化为构建和谐社会的强大力量,是推动经济社会持续发展和长治久安的坚强组织保障。

3.农村群众工作是换届后基层党组织必须着力加强的首位性工作

近年来,嘉兴广大农村基层党组织紧紧围绕全市改革发展稳定大局,坚持从本地实际出发,充分发挥广大党员的先锋模范作用,为全市农村的改革开放和现代化建设作出了重要贡献。截至 2012 年 12 月,嘉兴全市应换届的 790 个村党组织共选举产生了 2707 名村党组织班子成员,更趋年轻化,平均年龄 41.1岁,比上届降低 2.8 岁,其中 35 岁及以下 684 名,占 25.3%,比上届增加13.6%;党组织书记平均年龄 44.9 岁,比上届降低 1.8 岁;全市共有 92 名大学生"村官"进入村党组织班子,比上届增加 49 名,其中 1 人当选书记。嘉兴各镇党委也完成了换届,全市 321 名新一届镇党委委员平均年龄 38.9 岁,比上届下降 2.2 岁,其中 35 岁以下占 32.1%,30 岁以下年轻干部有 31 人;大学本科以上学历占 83.8%,比上届提高了 20.1 个百分点;党委班子成员中女干部 63 人,占总数的 19.6%;新进党委班子 37 人,占 11.5%。虽然基层党组织干部的年龄更轻、学历更高,但也难免存在缺乏基层工作经验、缺乏做群众工作能力等问题。基层工作不力,再好的政策措施也难以贯彻,再好的发展思路也难以落实,再好的发展成果也难以巩固。因此,换届后的嘉兴农村基层党组织,必须迅速提高自身做群众工作的能力,开创农村各项工作的新局面。

## 二、实践探索

"十一五"以来,嘉兴各地在创新群众工作模式,努力提高基层党组织做群众工作的能力等方面进行了大量探索和实践,受到了人民群众的广泛好评,一些做法也引起了省、市领导的高度重视。

### (一)加强农村基层党组织带头人队伍建设,大力提升服务群众、做好群众工作的本领

做好群众工作是农村基层党组织的一项基本职责,也是农村基层干部的一项基本工作。近年来,嘉兴市大力加强农村基层党组织书记队伍和干部队伍建设,一是开展教育培训。通过先进性教育、学习实践科学发展观、创先争优等活动开展思想教育,不但重视镇(街道)干部的教育培训,还把村党组织书记的培训纳入整个干部培训规划。二是加强实践锻炼。让年轻干部更多地走访、联系和帮助群众解决一些实际问题和困难,组织年轻干部到上级部门、工业功能区、重点项目一线挂职,参与村庄整治、征地拆迁、纠纷调解等中心工作。三是注重考核激励。突出量化打分、民意反馈、实绩考核等重点环节,把群众满意程度作为考核基层党组织的重要依据,农村基层党组织做群众工作的能力得到新的提高。

### (二)完善镇村服务平台建设,有效发挥基层阵地凝聚群众的功能和作用

服务人民群众是我们党的"立党之本、执政之基、力量之源"。嘉兴农村基层党组织始终坚持强化服务意识,完善服务措施,提高服务人民群众的能力和水平。近年来,嘉兴市为增强基层党组织管理服务的能力,突出加强服务平台的建设。在镇级建立了党群服务中心,在村(社区)建立了为民服务中心,汇聚了一些服务党员群众的经济、政治、文化等丰富资源,提供"一站式"便民服务,覆盖率达到100%。此外,全市在镇级层面上,强化社会保障措施,加大基础设施建设、教育事业以及农村合作医疗保险、养老保险等社会保障方面的投入,让广大农民共享改革发展的成果。在村级层面,一些地方建立了多支服务队伍,为群众服务。其中在市本级成立了96345党员志愿者服务总站,在各县(市、区)和镇(街道)下设24个分站、52个点,形成一个覆盖全市、辐射到镇的志愿服务网络。

### (三)创新工作机制,建立健全做好群众工作的组织网络和工作载体

1.推进"网格化管理、组团式服务",提高为民办事的能力

推行"网格化管理、组团式服务"是全省重点推开的一项加强基层组织建设、推动经济社会平稳较快发展的有力抓手和有效载体。嘉兴各地以村党组织为单位,划为大网络,配备了由3~5名联村干部、村干部,1名医务人员,1名民警组成的村级管理服务团队。大网格再划分出若干小网格,由村干部带领党员、三小组长一代表,实行分区域责任制,点对点、面对面地为群众提供多元化服务,完善了为民办事的长效机制,实现党员、干部联系群众全覆盖,服务群众经常化。目前,嘉兴全市已建立责任网格8600多个,组建网格服务团队4100多支。同时,以各类有专业特长的优秀党员为中心,建立了各类党员志愿服务专业工作室135个。

2.总结推广"六六群众工作制"、"驻村工作室"等基层经验,提高联系群众的能力

长期以来,嘉兴逐渐形成了党员领导干部联系基层、联系群众,党群共建、党群结对等比较健全的群众工作机制,创新了社会管理的形式。其中南湖区"六六群众工作制"群众工作体系比较典型,这是一个联户(系)干部—中心户(社区服务员)—群众的三级组织网络。2011年,南湖区进一步成立了区委群众工作部,开发了群众工作信息系统平台,有效地促进了社会管理服务重心下移、保障下倾、工作下延。平湖市则率先建立的镇(街道)干部"驻村工作室",每周一、三、五上午,镇、街道干部到村里上班。一些地方还要求每一位驻村干部主

动联系所驻村的一个组，以及一户困难户、一户种养大户、一户个体户、一户骨干户和一户党员户，与他们结对子。与以往的联村干部相比，驻村工作室让干部深入群众制度化。此外，各地还探索出一系列党联系群众的工作机制，例如设立"民情四站"（民生档案站、民情气象站、民需种子站、民声回应站）；在村设置专门的民情工作室、舆情收集员等；创制"民情晴雨表"；建立"民生台账"制度；实行"两代表一委员"定时定点接访群众制度；开展"进组入户拉家常"、"定期户情夜访"等活动，实时掌握社会动态、群众诉求、基层意见，对群众反映的问题，如实登记下来，能解决立即解决，不能解决妥善处理，做好解释工作，并逐级反映到上级党委。

3. 构建三级联动大调解体系，提高社会矛盾调处的能力

嘉兴秀洲区紧紧围绕社会管理创新综合试点工作要求，根据中央领导关于完善人民调解、行政调解、司法调解三位一体大调解工作体系的要求，将构建社会矛盾"大调解"工作体系作为重点项目扎实推进。以全区为单位建立一级大网格，以各镇（街道）为单位建立二级网格，以行政村村（社区）为单位建立三级网格，本着"一站式受理、一条龙服务、一揽子解决"的理念，从镇（街道）到村（社区），具有调解职能的各种组织无处不在，并实行"网中有格、按格定岗、人在格上、事在网中"的运作模式，工作人员时刻盯紧网格内的动态，服务群众，服务企业，服务基层。依托大调解体系，农村基层党组织努力化解各类社会矛盾纠纷。尤其是在产业升级、征地拆迁、教育医疗、环境保护、安全生产等容易引起社会矛盾的领域，组织开展排查化解矛盾专项攻坚活动，集中力量化解，提高了社会矛盾调处的能力。通过这项工作的实施，秀洲区矛盾排摸率达到98%以上，调处率达100%，调解成功率达99.3%，重大、疑难纠纷联合调解率达100%，调解结果回访满意率达96%，无涉法涉诉案件发生，凸显了集约、高效、专业、公信的"大调解"维稳工作优势。

### （四）存在的问题

嘉兴在提高基层党组织服务群众、做好群众工作的能力方面做了很多工作，取得了一定成效。但是，随着社会主义市场经济的不断发展和农村改革的日益深化，基层党组织服务群众、做好群众工作能力与新形势、新要求还存在一定的差距。一是基层干部服务群众、做好群众工作的能力较弱。部分村干部自身素质不高，带头致富和带领群众共同致富的能力不强，思路不清晰，办法不多，部分村干部遇到深层次问题，政治敏锐性不强，大局意识不牢，存在不愿管、不会管、不敢管的现象，部分村干部工作因循守旧，仍然沿袭着传统的思想和认识，对待社会问题角色定位模糊，服务意识不强，服务本领不高，解决复杂矛盾

的方式单一。二是党组织无钱办事的问题较为突出。一些村级集体经济收入渠道单一，无钱办事的问题突出，影响了基层党组织服务群众、做好群众工作和解决复杂矛盾的能力。三是服务群众、做好群众工作的保障措施不完善。个别村级阵地开展各项活动不够经常，发挥阵地的议事决策中心、服务调解中心等作用不够明显，影响了基层党组织宣传教育群众、为民办事、凝聚人心的能力。四是服务群众、做好群众工作机制有待完善。个别村对辖区村民进行分类管理和开展定期走访工作不到位，开展基层组织建设活动不扎实，落实村干部轮流值班制度不经常。部分村干部对"四议两公开"认识不到位，工作中怕麻烦，没有严格按照规定的程序和要求落实。

## 三、深化对策

### （一）夯实基础，强化职能，解决基层党组织群众工作战斗力不强的问题

基层党组织的战斗力不强，做好群众工作也无法保障。要加强换届后基层党组织领导班子的教育培训，增强群众工作意识，提高群众工作本领。

#### 1. 夯实基础

要切实加强村级党组织建设，真正发挥基层党组织在服务社会、实现组织目标、协调利益关系、引导有序政治参与等方面的功能作用。要突出农村实用知识，以提高"双带"能力为切入点，使基层党组织带头人成为农村工作的行家里手。同时要加强基层后备干部的培养，创新选拔机制，真正把那些政治强、思想好、懂经济、善开拓、有闯劲、能干事的优秀干部选拔出来作为后备干部，并加强实践锻炼，采取上挂、下派、交流、换岗等形式，引导后备干部到困难多、矛盾多、问题多的地方去，帮助基层解决一些实际困难和问题，以期及早成材，为基层党组织注入新鲜血液和新的活力。

#### 2. 强化职能

一是发挥村级组织解决复杂矛盾的作用。不断加强村"两委"班子建设，完善村级组织规范化管理制度，定期组织召开各种会议，集中处理村务，化解矛盾纠纷，加强教育培训，传播致富技术，使村级组织真正成为自我教育、自我管理、自我服务的群众性自治组织。二是增强社会服务的透明度。进一步加强基层民主政治建设，规范村级组织各项议事规则，加强基层党务、政务公开工作，建立健全民主监督制度，实现农民群众对村务的监督权和对村干部的评议权。三是推进基层服务体系建设。要整合基层服务组织力量，健全职能互补、协作配合、齐抓共管的基层社会服务体系，强化社会服务作用，有力促进农村和谐稳

定,形成党委、政府统一领导,政法部门牵头协调,各部门基层站所协作联动,建立维护稳定、便民利民服务、社会服务为一体的基层社会服务体制。

### (二)完善机制,提升素质,解决干部群众工作能力较弱的问题

农村群众工作是一项涉及各部门、各行业、各阶层的全局性工作,是一项长期艰巨的工作。这就需要通过完善机制、提升素质来解决干部群众工作能力较弱的问题。

#### 1.完善机构

一是要从建立和完善群众工作的长效机制入手,健全工作机构网络,通过建立健全县、镇、村三级群众工作机构网络体系的建设,构建纵向到底、横向到边的群众工作体系,推进群众工作制度化、常态化。二是要建立健全考核机制。考核具有导向性,可以强化干部做好群众工作的责任感。可以把群众工作纳入基层党组织考核体系和党员个人考核指标体系,细化工作任务,量化工作标准,将群众工作目标任务层层分解落实到具体单位、具体责任人,要求明确、责任到位、重点突出,针对性强,调动各方面的积极性。三是完善监督管理机制。党风关系党的形象,党风廉政建设是群众关注的热点。要加强对农村基层党组织公共权力运行的有力制约,例如促进镇级、村级重大事项运行的规范化,加强对政策风险的控制,通过审查、审议等环节,实现上级党委政府的提前介入,解决基层重大事项决策内容不符合规定的问题。开展问廉问责问效,严肃查处各种违纪违规问题,等等。

#### 2.提升素质

应加强基层党员干部的理论学习和党性锻炼,牢记公仆宗旨,以代表最广大人民的根本利益作为想问题、办事情、作决策的出发点和落脚点,强化服务意识,塑造党员干部服务人民群众的良好形象。一是抓住关键,提高适应新形势新任务需要的能力。进一步拓宽培训渠道及方式,分层次开展社会服务知识技能的专业培训,采取跟班学习、集中培训等方式,辅之以经验交流、观摩考察等方式,提升服务群众、做好群众工作和解决复杂矛盾的能力,转变基层党组织传统的服务理念。二是抓住难点,增强解决复杂矛盾的能力。基层党组织处在发展生产、服务群众的第一线,有大量的矛盾和问题需要解决。因此,要学会做好群众思想政治工作的方式方法,善于运用说服教育、示范引导、提供服务的办法,调动、引导好群众的积极性。对群体性事件,要透过现象抓住问题的本质,早发现、早处置,力争把问题解决在萌芽状态。三是突出重点,增强为民服务的能力。通过实施为民办实事、好事等民生工程,引导广大村干部转换角色定位,主动服务群众。从群众的利益出发,想群众所想,急群众所急,解群众所难。遇

到责任不推诿,碰到困难不退缩,见到难事不躲避,公道正派的掌好权、树好威,团结带领群众共同前进。

### (三)加强领导,完善措施,解决干部做群众工作办法不多的问题

在农村,群众情绪理得顺不顺、群众工作做得好不好,关键在于基层干部。基层干部是做农村群众工作的中坚力量,肩负着宣传政策、理顺情绪、化解矛盾、维护稳定的重任。做好新时期的农村群众工作,是每一位基层干部的职责所在。

#### 1. 加强领导

一是加强农村社会服务的帮助指导。建立发挥村级阵地作用的机制,严格落实村干部值班制度,保证村级阵地随时向群众开放,通过开展党的政策法规学习、实用技术培训以及举办各类文体活动等方式,把各方面群众吸引到村委会来,使基层阵地真正成为群众办事议事、学习科技、开展活动的中心。二是要充实基层工作力量。及时调整充实编制,配强基层党组织,特别是村党组织的人员。保障基层干部特别是村党组织干部的基本生活待遇,改善工作条件和工作环境,加大从村干部中考试录用镇街道公务员的比例。三是重视在经济上增强基层党组织服务管理的实力。要加大财政转移支付力度,并通过资金扶持、政策扶持、项目扶持等办法大力实施"强村计划",并通过党员捐赠、募集等途径建立党群关爱资金等等,形成长效收益机制,发展壮大村级集体经济,解决没钱办事的问题。

#### 2. 完善措施

一是要进一步创新社会服务机制。乡镇党委、政府要以促进农民增收致富为目标,创新服务模式和工作机制,转变工作方式,把工作重点转移到为农民提供更多更广的服务上来,开展镇干部下乡驻村工作,推进农村经济社会全面协调发展。二是建立联系和服务群众的长效机制。以开展创先争优活动为载体,全面推行领导干部联系点制度,深入基层一线听取基层干部群众意见和建议,帮助群众解决一些实实在在的困难。大力开展"无职党员设岗定责"、党员示范户、党员承诺制、结对帮扶等活动,积极为弱势群体办实事、办好事、解难事。三是标本兼治,切实化解基层矛盾。开展矛盾纠纷排查化解活动,重点排查群众关心的征地拆迁、土地承包、干群关系等问题引发的矛盾,进一步解决涉及群众切身利益的问题,杜绝各类苗头性的问题发生,全力化解历史遗留的重大信访问题,有效预防和减少越级上访事件的发生。推进社会治安防控体系建设,建立专群结合、群防群控的社会治安防控网络,加强社情、舆情、民情、政情的收集,建立和规范信息收集、处理和研判制度,不断提高基层党组织服务群众、做

好群众工作、解决复杂矛盾的能力。

　　随着我市经济的快速发展,城乡一体化加快推进,如何更加重视社会发展和民生改善,努力做好群众工作,着力化解社会发展滞后的突出矛盾,是摆在我们面前的突出任务。对此,我们一定要充分认识做好群众工作的重要性、紧迫性、艰巨性,时刻保持清醒的头脑,进一步突出群众工作在加强和创新社会管理中的基础性、保障性地位,切实增强忧患意识、责任意识,在探索中不断加以推进。

# 附录　2012 年嘉兴市主要经济指标

表 1　2012 年嘉兴市行政区划

| 地区 | 镇<br>（个） | 街道<br>（个） | 居民委员会<br>（个） | 村民委员会<br>（个） | 土地面积<br>（平方公里） | 人口密度<br>（人/平方公里） |
|------|------|------|------|------|------|------|
| 全市 | 44 | 29 | 355 | 815 | 3915 | 880 |
| 市区 | 10 | 12 | 113 | 183 | 968 | 876 |
| 南湖区 | 5 | 8 | 72 | 63 | 426 | 1122 |
| 秀洲区 | 5 | 4 | 41 | 120 | 542 | 683 |
| 嘉善县 | 6 | 3 | 45 | 104 | 507 | 761 |
| 平湖市 | 6 | 3 | 56 | 106 | 537 | 911 |
| 海宁市 | 8 | 4 | 61 | 161 | 668 | 997 |
| 海盐县 | 5 | 4 | 46 | 85 | 508 | 740 |
| 桐乡市 | 9 | 3 | 34 | 176 | 727 | 935 |

资料来源：嘉兴市民政局。

## 表 2　2012 年全市、市区主要经济指标(一)

| 指标 | 计量单位 | 全市 | 比上年增减(%) | 市区 | 比上年增减(%) |
|---|---|---|---|---|---|
| 年末常住人口 | 万人 | 454.40 | 0.3 | 120.91 | 0.4 |
| 年末户籍人口 | 万人 | 344.52 | 0.4 | 84.84 | 0.7 |
| ♯非农业人口 | 万人 | 157.57 | 0.8 | 44.29 | 1.1 |
| 地区生产总值 | 亿元 | 2884.94 | 8.7 | 713.30 | 7.4 |
| 第一产业 | 亿元 | 150.05 | 1.1 | 31.32 | 1.0 |
| 第二产业 | 亿元 | 1620.82 | 8.4 | 350.05 | 5.8 |
| ♯工业 | 亿元 | 1460.76 | 9.1 | 308.59 | 6.8 |
| 第三产业 | 亿元 | 1114.07 | 10.2 | 331.93 | 9.8 |
| 人均 GDP(按常住人口计算) | 元 | 63580 | 8.2 | 59119 | 7.1 |
| 人均 GDP(按常住人口计算) | 美元 | 10072 | 8.2 | 9365 | 7.1 |
| 固定资产投资额 | 亿元 | 1642.31 | 10.4 | 444.83 | 11.7 |
| 社会消费品零售总额 | 亿元 | 1083.74 | 14.3 | 300.53 | 11.6 |
| 进出口总额 | 亿美元 | 287.44 | 0.9 | 78.09 | 3.1 |
| ♯出口总额 | 亿美元 | 196.03 | 1.7 | 56.35 | 1.7 |
| 合同利用外资 | 亿美元 | 28.14 | −9.6 | 10.05 | −3.5 |
| 实际利用外资 | 亿美元 | 17.82 | 3.5 | 6.81 | 13.6 |
| 财政一般预算总收入 | 亿元 | 471.92 | 13.4 | 145.57 | 9.8 |
| ♯地方财政收入 | 亿元 | 257.73 | 13.8 | 84.02 | 8.6 |
| 财政一般预算支出 | 亿元 | 260.70 | 8.3 | 87.27 | 4.1 |
| 金融机构存款余额 | 亿元 | 4453.07 | 9.3 | 1510.16 | 8.8 |
| ♯城乡居民存款余额 | 亿元 | 2144.49 | 14.6 | 622.27 | 14.0 |
| 金融机构贷款余额 | 亿元 | 3419.53 | 12.5 | 1155.72 | 10.2 |
| 城镇居民人均可支配收入 | 元 | 35696 | 13.2 | 33626 | 13.6 |
| 农村居民人均纯收入 | 元 | 18636 | 11.5 | 18264 | 11.6 |
| 居民消费价格指数 | % | — | | 102.2 | |
| 城镇恩格尔系数(同比增减百分点) | % | 33.00 | −1.4 | 35.40 | −2.0 |
| 农村恩格尔系数(同比增减百分点) | % | 32.09 | −1.8 | 28.91 | −4.5 |
| 农村人均居住建筑面积 | 平方米 | 72.39 | 1.0 | 75.95 | 3.6 |
| 城镇居民现住房人均总建筑面积 | 平方米 | 35.55 | −0.1 | 31.23 | −0.2 |

注:地区生产总值增长率按可比价格计算,金融机构存贷款为人民币口径。

表 3  2012 年全市、市区主要经济指标(二)

| 指标 | 计量单位 | 全市 | 比上年增减(%) | 市区 | 比上年增减(%) |
|---|---|---|---|---|---|
| 农村实有劳动力 | 万人 | 166.08 | 1.7 | 34.53 | 2.7 |
| ♯农业劳动力 | 万人 | 31.96 | −3.6 | 7.86 | −1.6 |
| 农作物播种面积 | 千公顷 | 340.50 | 0.1 | 86.60 | 0.6 |
| 农业总产值 | 亿元 | 253.85 | 0.7 | 62.29 | −1.5 |
| ♯种植业 | 亿元 | 120.60 | 3.7 | 22.34 | 5.6 |
| 牧业 | 亿元 | 94.08 | −3.0 | 30.18 | −6.4 |
| 渔业 | 亿元 | 28.84 | 1.9 | 8.21 | −0.8 |
| 粮食总产量 | 万吨 | 138.40 | 2.3 | 35.40 | 2.2 |
| 油菜籽产量 | 万吨 | 5.50 | −14.5 | 1.10 | −9.0 |
| 水产品产量 | 万吨 | 188034 | 4.2 | 54792 | −0.5 |
| 肉类总产量 | 万吨 | 39.30 | −3.3 | 13.40 | −10.2 |
| 水果总产量 | 万吨 | 29.43 | 11.0 | 10.15 | 6.7 |
| 蚕茧总产量 | 万吨 | 2.50 | −7.4 | 0.23 | −8.4 |
| 全年生猪出栏数 | 万头 | 461.09 | −4.6 | 167.68 | −11.8 |
| 全年家禽出栏数 | 万只 | 4678.54 | 1.0 | 877.19 | −9.0 |

注:此表为年度初步预计数据。农业总产值增幅采用可比增幅。

表4 2012 年全市、市区主要经济指标(三)

| 指标 | 全市(亿元) | 比上年增减(%) | 市区(亿元) | 比上年增减(%) |
|---|---|---|---|---|
| 1.规模以上工业总产值 | 6004.13 | 7.7 | 1378.35 | 4.6 |
| ♯新产品产值 | 1853.07 | 12.4 | 436.65 | 5.1 |
| ♯轻工业 | 2927.21 | 5.6 | 612.94 | 1.4 |
| 重工业 | 3076.92 | 9.8 | 765.41 | 7.4 |
| ♯国有企业 | 322.38 | 5.6 | 175.05 | 9.0 |
| 集体企业 | 4.97 | −13.4 | 1.42 | −10.7 |
| 股份合作制 | 14.33 | −5.9 | 11.29 | −6.1 |
| 有限责任公司 | 612.23 | 20.0 | 148.58 | 2.0 |
| 股份制企业 | 818.19 | 3.5 | 162.14 | 16.5 |
| 私营企业 | 2249.58 | 7.4 | 410.26 | 2.2 |
| 其他企业 | 0.31 | −14.1 | — | — |
| 港澳台投资企业 | 733.65 | 7.4 | 150.52 | 2.7 |
| 外商投资企业 | 1247.71 | 7.0 | 318.75 | 2.9 |
| ♯国有及国有控股企业 | 669.21 | 11.6 | 235.51 | 7.0 |
| ♯大中型工业 | 3221.84 | 8.4 | 893.02 | 6.9 |
| 2.工业销售产值 | 5874.04 | 7.4 | 1359.14 | 4.7 |
| ♯出口交货值 | 1313.00 | 4.1 | 280.17 | 3.9 |
| 3.工业产品销售率(%) | 97.83 | −0.27 | 98.61 | 0.06 |
| 4.高新技术产业总产值 | 1198.24 | 10.7 | 254.23 | 5.4 |
| 5.装备制造业总产值 | 1236.95 | 8.0 | 365.56 | 4.9 |
| 6.战略性新兴产业总产值 | 1998.55 | 9.7 | 394.84 | 6.8 |

表 5　全市规模以上工业前十大行业分布（四）

| 2011 年 | | | 2012 年 | | |
|---|---|---|---|---|---|
| 行业 | 总产值（亿元） | 占比（%） | 行业 | 总产值（亿元） | 占比（%） |
| 总　计 | 5677.00 | 100.00 | 总　计 | 6004.13 | 100.00 |
| 纺织业 | 791.63 | 13.94 | 纺织业 | 713.37 | 11.88 |
| 化学纤维制造业 | 518.94 | 9.14 | 电力、热力生产和供应 | 584.51 | 9.74 |
| 化学原料制品制造业 | 517.23 | 9.11 | 化学原料制品制造业 | 572.46 | 9.53 |
| 电力、热力生产和供应 | 502.95 | 8.86 | 化学纤维制造业 | 500.64 | 8.34 |
| 通用设备制造业 | 322.76 | 5.69 | 纺织服装鞋帽制造业 | 391.94 | 6.53 |
| 纺织服装鞋帽制造业 | 304.19 | 5.36 | 通用设备制造业 | 345.54 | 5.76 |
| 皮革毛皮羽绒制品业 | 287.05 | 5.06 | 皮革毛皮羽绒制品业 | 336.40 | 5.60 |
| 电气机械及器材制造 | 285.15 | 5.02 | 电气机械及器材制造 | 292.16 | 4.87 |
| 非金属矿物制品业 | 275.52 | 4.85 | 黑色金属冶炼及压延加工业 | 282.15 | 4.70 |
| 黑色金属冶炼及压延加工业 | 241.34 | 4.25 | 非金属矿物制品业 | 254.45 | 4.24 |

表 6 2012 年全市、市区主要经济指标(五)

| 指标 | 全市(亿元) | 比上年增减(%) | 市区(亿元) | 比上年增减(%) |
|---|---|---|---|---|
| 固定资产投资完成额 | 1642.31 | 10.4 | 444.83 | 11.7 |
| 1.房地产开发完成投资 | 415.88 | 8.5 | 149.30 | 9.6 |
| 商品房销售额 | 322.48 | 16.9 | 136.17 | 31.6 |
| ♯住宅 | 254.81 | 29.4 | 104.94 | 48.8 |
| 2.投资项目(单位)投资 | 1226.43 | 11.0 | 295.53 | 12.8 |
| ♯基础设施投资 | 234.56 | −16.5 | 52.76 | 11.2 |
| 按国有控股情况分 | | | | |
| ♯国有及控股企业投资 | 400.84 | −2.3 | 135.25 | 10.7 |
| 非国有投资 | 1241.47 | 15.2 | 309.58 | 12.2 |
| ♯民间投资 | 1005.89 | 17.7 | 245.16 | 14.4 |
| 按三次产业分 | | | | |
| 第一产业 | 14.08 | 11.6 | 6.28 | −15.8 |
| 第二产业 | 785.92 | 2.3 | 151.23 | 12.0 |
| 第三产业 | 842.30 | 19.1 | 287.33 | 12.3 |
| 工业生产性投资 | 742.15 | 12.8 | 150.73 | 13.2 |
| 生产性服务业投资 | 239.59 | 28.4 | 86.57 | 17.8 |

表 7   2012 年分县(市、区)主要经济指标(一)

| 地区 | GDP (亿元) | 比上年增减(%) | 第一产业 (亿元) | 比上年增减(%) | 第二产业 (亿元) | 比上年增减(%) |
|---|---|---|---|---|---|---|
| 全　市 | 2884.94 | 8.7 | 150.05 | 1.1 | 1620.82 | 8.4 |
| 市　区 | 713.30 | 7.4 | 31.32 | 1.0 | 350.05 | 5.8 |
| 南湖区 | 385.24 | 8.2 | 14.81 | 1.1 | 172.00 | 7.3 |
| 秀洲区 | 328.37 | 6.8 | 16.51 | 1.0 | 180.25 | 5.1 |
| 嘉善县 | 345.77 | 8.5 | 23.62 | 1.1 | 200.44 | 8.8 |
| 平湖市 | 423.15 | 10.0 | 18.12 | 1.2 | 263.64 | 10.5 |
| 海宁市 | 575.62 | 9.1 | 24.43 | 1.4 | 339.58 | 8.5 |
| 海盐县 | 300.90 | 11.5 | 20.74 | 2.0 | 187.82 | 13.3 |
| 桐乡市 | 525.58 | 8.8 | 31.83 | 0.3 | 278.86 | 8.3 |

| 地区 | 工业增加值 (亿元) | 比上年增减(%) | 第三产业 (亿元) | 比上年增减(%) | 人均GDP (元) | 比上年增减(%) |
|---|---|---|---|---|---|---|
| 全　市 | 1460.76 | 9.1 | 1114.07 | 10.2 | 63580 | 8.2 |
| 市　区 | 308.59 | 6.8 | 331.93 | 9.8 | 59119 | 7.1 |
| 南湖区 | 147.76 | 8.9 | 198.42 | 9.6 | 62301 | 7.7 |
| 秀洲区 | 163.03 | 5.8 | 131.62 | 10.0 | 55827 | 6.8 |
| 嘉善县 | 183.33 | 9.0 | 121.71 | 9.6 | 60385 | 8.7 |
| 平湖市 | 251.24 | 12.0 | 141.38 | 10.1 | 62050 | 9.2 |
| 海宁市 | 294.43 | 7.1 | 211.61 | 11.0 | 70330 | 8.3 |
| 海盐县 | 176.13 | 13.8 | 92.34 | 9.7 | 69252 | 11.0 |
| 桐乡市 | 246.62 | 9.2 | 214.90 | 10.6 | 63827 | 8.2 |

表 8 2012 年分县(市、区)主要经济社会指标(二)

| 地区 | 总人口<br>(万人) | 比上年<br>增减(%) | 非农人口<br>(万人) | 比上年<br>增减(%) | 出生人口<br>(人) | 比上年<br>增减(%) |
|------|------|------|------|------|------|------|
| 全 市 | 344.52 | 0.4 | 157.57 | 0.8 | 29903 | 20.1 |
| 市 区 | 84.84 | 0.7 | 44.29 | 1.1 | 7341 | 13.9 |
| 南湖区 | 47.81 | 0.5 | 33.50 | 0.7 | 4224 | 12.9 |
| 秀洲区 | 37.04 | 0.9 | 10.79 | 2.3 | 3117 | 15.2 |
| 嘉善县 | 38.60 | 0.2 | 18.21 | 0.6 | 2959 | 21.1 |
| 平湖市 | 48.89 | 0.2 | 23.50 | 0.5 | 4080 | 31.9 |
| 海宁市 | 66.61 | 0.4 | 23.01 | 0.6 | 6329 | 19.9 |
| 海盐县 | 37.59 | 0.3 | 21.81 | 0.5 | 3242 | 17.2 |
| 桐乡市 | 67.99 | 0.5 | 26.75 | 1.0 | 5952 | 22.1 |

| 地区 | 死亡人口<br>(人) | 比上年<br>增减(%) | 出生率<br>(‰) | 比上年<br>增减(%) | 死亡率<br>(‰) | 比上年<br>增减(%) |
|------|------|------|------|------|------|------|
| 全 市 | 25133 | 5.9 | 8.70 | 1.42 | 7.31 | 0.38 |
| 市 区 | 5451 | 0.2 | 8.68 | 1.01 | 6.45 | −0.03 |
| 南湖区 | 3005 | −2.0 | 8.86 | 0.98 | 6.30 | −0.16 |
| 秀洲区 | 2446 | 3.0 | 8.45 | 1.05 | 6.63 | 0.14 |
| 嘉善县 | 2967 | 11.8 | 7.67 | 1.32 | 7.69 | 0.80 |
| 平湖市 | 3661 | 4.5 | 8.35 | 2.01 | 7.50 | 0.31 |
| 海宁市 | 5039 | 7.4 | 9.52 | 1.55 | 7.58 | 0.49 |
| 海盐县 | 2720 | 5.0 | 8.64 | 1.24 | 7.25 | 0.32 |
| 桐乡市 | 5295 | 8.9 | 8.77 | 1.56 | 7.81 | 0.60 |

表 9  2012 年分县(市、区)主要经济社会指标(三)

| 地区 | 固定资产投资(亿元) | 比上年增减(%) | 第二产业投资额(亿元) | 比上年增减(%) |
|---|---|---|---|---|
| 全 市 | 1642.31 | 10.4 | 785.92 | 2.3 |
| 市 区 | 444.83 | 11.7 | 151.23 | 12.0 |
| 南湖区 | 282.86 | 15.9 | 75.19 | 18.5 |
| 秀洲区 | 161.98 | 5.1 | 76.04 | 6.3 |
| 嘉善县 | 210.28 | 15.3 | 109.05 | 12.4 |
| 平湖市 | 228.91 | −6.5 | 133.92 | −18.1 |
| 海宁市 | 303.67 | 21.9 | 145.65 | 10.6 |
| 海盐县 | 199.39 | 0.7 | 121.11 | −8.9 |
| 桐乡市 | 255.23 | 18.3 | 124.96 | 15.3 |

| 地区 | 第三产业投资额(亿元) | 比上年增减(%) | 工业生产性投资(亿元) | 比上年增减(%) |
|---|---|---|---|---|
| 全 市 | 842.30 | 19.1 | 742.15 | 12.8 |
| 市 区 | 287.33 | 12.3 | 150.73 | 13.2 |
| 南湖区 | 202.15 | 16.0 | 74.69 | 21.0 |
| 秀洲区 | 85.17 | 4.4 | 76.04 | 6.4 |
| 嘉善县 | 100.34 | 17.5 | 109.05 | 12.4 |
| 平湖市 | 93.10 | 17.7 | 133.83 | 13.2 |
| 海宁市 | 156.95 | 34.5 | 145.47 | 10.5 |
| 海盐县 | 76.33 | 17.8 | 80.29 | 13.7 |
| 桐乡市 | 128.25 | 21.7 | 122.77 | 14.6 |

表10 2012年分县(市、区)主要经济社会指标(四)

| 地区 | 合同利用外资<br>(亿美元) | 比上年<br>增减(%) | 实际利用外资<br>(亿美元) | 比上年<br>增减(%) |
|---|---|---|---|---|
| 全 市 | 28.14 | −9.6 | 17.82 | 3.5 |
| 市 区 | 10.05 | −3.5 | 6.81 | 13.6 |
| 南湖区 | 2.01 | 70.4 | 1.30 | −0.4 |
| 秀洲区 | 3.00 | 34.5 | 1.66 | 28.9 |
| 嘉善县 | 5.07 | 1.1 | 3.37 | 2.5 |
| 平湖市 | 4.75 | 15.8 | 2.36 | 31.1 |
| 海宁市 | 3.88 | −19.8 | 2.35 | −15.3 |
| 海盐县 | 1.09 | −62.9 | 0.65 | −50.7 |
| 桐乡市 | 3.30 | −13.5 | 2.27 | 12.2 |

| 地区 | 进出口总值<br>(亿美元) | 比上年<br>增减(%) | 出口总值<br>(亿美元) | 比上年<br>增减(%) |
|---|---|---|---|---|
| 全 市 | 287.44 | 0.9 | 196.03 | 1.7 |
| 市 区 | 78.09 | 3.1 | 56.35 | 1.7 |
| 南湖区 | 28.46 | 5.7 | 20.29 | −4.0 |
| 秀洲区 | 22.30 | 7.2 | 17.84 | 8.3 |
| 嘉善县 | 31.25 | −7.4 | 22.99 | −1.6 |
| 平湖市 | 69.58 | 7.1 | 36.17 | 2.3 |
| 海宁市 | 50.14 | −4.3 | 39.88 | 0.8 |
| 海盐县 | 19.74 | 3.3 | 15.11 | 0.3 |
| 桐乡市 | 38.65 | −0.5 | 25.53 | 6.6 |

表 11  2012 年分县(市、区)主要经济社会指标(五)

| 地区 | 规模以上工业总产值(亿元) | 比上年增减(%) | 工业用电量(亿千瓦时) | 比上年增减(%) |
|---|---|---|---|---|
| 全　市 | 6004.13 | 7.7 | 289.23 | 6.6 |
| 市　区 | 1378.35 | 4.6 | 73.46 | 8.8 |
| 南湖区 | 746.26 | 6.5 | 24.36 | 9.3 |
| 秀洲区 | 632.10 | 2.5 | 49.10 | 8.5 |
| 嘉善县 | 740.30 | 3.9 | 35.36 | −2.3 |
| 平湖市 | 1037.62 | 11.4 | 39.84 | 10.1 |
| 海宁市 | 1139.84 | 6.9 | 51.05 | 5.4 |
| 海盐县 | 569.14 | 17.2 | 30.28 | 15.9 |
| 桐乡市 | 1138.87 | 7.5 | 58.68 | 3.7 |

| 地区 | 规模以上工业利税总额(亿元) | 比上年增减(%) | 规模以上工业利润总额(亿元) | 比上年增减(%) |
|---|---|---|---|---|
| 全　市 | 432.13 | −4.7 | 255.91 | −10.8 |
| 市　区 | 85.15 | −4.9 | 56.30 | −10.1 |
| 南湖区 | 34.53 | −6.0 | 22.02 | −12.3 |
| 秀洲区 | 50.62 | −4.1 | 34.28 | −8.7 |
| 嘉善县 | 45.40 | −29.4 | 25.83 | −38.2 |
| 平湖市 | 83.47 | 29.0 | 52.87 | 30.1 |
| 海宁市 | 67.71 | −6.4 | 34.15 | −16.7 |
| 海盐县 | 85.23 | 16.2 | 51.81 | 16.8 |
| 桐乡市 | 65.16 | −27 | 34.96 | −38.2 |

表 12　2012 年分县(市、区)主要经济社会指标(六)

| 地区 | 规模以上高新技术产业产值(亿元) | 比上年增减(%) | 规模以上装备制造业产值(亿元) | 比上年增减(%) |
|---|---|---|---|---|
| 全　市 | 1198.24 | 10.7 | 1236.95 | 8.0 |
| 市　区 | 254.23 | 5.4 | 365.56 | 4.9 |
| 南湖区 | 179.57 | 4.1 | 201.03 | 6.5 |
| 秀洲区 | 74.67 | 8.6 | 164.53 | 3.0 |
| 嘉善县 | 177.96 | 6.0 | 226.49 | 15.6 |
| 平湖市 | 311.40 | 27.2 | 235.33 | 8.5 |
| 海宁市 | 210.15 | 5.9 | 154.66 | 2.4 |
| 海盐县 | 87.78 | 7.7 | 147.95 | 3.3 |
| 桐乡市 | 156.72 | 5.3 | 106.96 | 19.1 |

| 地区 | 规模以上高新技术产业产值占工业总产值比重(%) | 比上年增减(%) | 规模以上装备制造业产值占工业总产值比重(%) | 比上年增减(%) |
|---|---|---|---|---|
| 全　市 | 19.96 | 1.3 | 20.60 | −0.4 |
| 市　区 | 18.44 | −0.1 | 26.52 | −0.4 |
| 南湖区 | 24.06 | −0.8 | 26.94 | −0.5 |
| 秀洲区 | 11.81 | 0.3 | 26.03 | −0.3 |
| 嘉善县 | 24.04 | 0.1 | 30.60 | 3.5 |
| 平湖市 | 30.01 | 10.5 | 22.68 | −1.4 |
| 海宁市 | 18.44 | −1.5 | 13.57 | −0.9 |
| 海盐县 | 15.42 | −1.1 | 25.99 | −2.9 |
| 桐乡市 | 13.76 | −0.3 | 9.39 | −0.4 |

表 13　2012 年分县(市、区)主要经济社会指标(七)

| 地区 | 社会消费品零售总额(亿元) | 比上年增减(%) | 城镇居民人均可支配收入(元) | 比上年增减(%) |
|---|---|---|---|---|
| 全　市 | 1083.74 | 14.3 | 35696 | 13.2 |
| 市　区 | 300.53 | 11.6 | 33626 | 13.6 |
| 南湖区 | 208.81 | 9.4 | — | — |
| 秀洲区 | 91.71 | 16.9 | — | — |
| 嘉善县 | 120.53 | 15.6 | 36405 | 13.2 |
| 平湖市 | 121.57 | 15.8 | 37509 | 13.0 |
| 海宁市 | 242.80 | 14.7 | 37634 | 13.4 |
| 海盐县 | 82.24 | 15.0 | 37682 | 13.2 |
| 桐乡市 | 216.08 | 15.7 | 36591 | 12.9 |

| 地区 | 城镇居民现住房人均总建筑面积(平方米) | 比上年增减(%) | 城市居民恩格尔系数(%) | 比上年增减(%) |
|---|---|---|---|---|
| 全　市 | 35.55 | −0.10 | 33.00 | −1.40 |
| 市　区 | 31.23 | −0.20 | 35.40 | −2.00 |
| 南湖区 | — | — | — | — |
| 秀洲区 | — | — | — | — |
| 嘉善县 | 35.34 | 0.10 | 33.70 | −1.70 |
| 平湖市 | 37.73 | −0.10 | 34.60 | −0.40 |
| 海宁市 | 36.78 | 0.10 | 29.60 | 0.00 |
| 海盐县 | 37.55 | 0.40 | 28.30 | −1.60 |
| 桐乡市 | 42.96 | 0.20 | 29.90 | −1.90 |

表 14　2012 年分县(市、区)主要经济社会指标(八)

| 地区 | 农村居民人均纯收入（元） | 比上年增减（%） | 农村居民人均居住建筑面积（平方米） | 比上年增减（%） |
|---|---|---|---|---|
| 全　市 | 18636 | 11.5 | 72.39 | 1.0 |
| 市　区 | 18264 | 11.6 | 75.95 | 3.6 |
| 南湖区 | 18232 | 12.0 | 67.99 | 8.6 |
| 秀洲区 | 18279 | 11.4 | 79.47 | −4.9 |
| 嘉善县 | 18496 | 12.0 | 58.24 | 2.0 |
| 平湖市 | 18547 | 11.5 | 73.27 | 0.8 |
| 海宁市 | 19364 | 11.3 | 65.65 | 0.1 |
| 海盐县 | 18726 | 11.6 | 69.62 | 0.7 |
| 桐乡市 | 18386 | 11.3 | 91.52 | 0.8 |

| 地区 | 农村居民恩格尔系数（%） | 比上年增减（%） | 地方财政收入（亿元） | 比上年增减（%） |
|---|---|---|---|---|
| 全　市 | 32.09 | −1.81 | 257.73 | 13.8 |
| 市　区 | 28.91 | −4.47 | 84.02 | 8.6 |
| 南湖区 | 34.78 | −1.31 | — | — |
| 秀洲区 | 26.39 | −5.71 | — | — |
| 嘉善县 | 29.11 | −1.98 | 27.31 | 12.3 |
| 平湖市 | 33.13 | −4.95 | 38.02 | 17.2 |
| 海宁市 | 30.13 | −0.74 | 44.29 | 14.1 |
| 海盐县 | 36.04 | −0.40 | 22.33 | 29.9 |
| 桐乡市 | 35.55 | 1.58 | 41.76 | 15.1 |

表 15  2012 年分县(市、区)主要经济社会指标(九)

| 地区 | 城市居民人均<br>消费支出<br>(元) | 比上年<br>增减(%) | 农村居民<br>人均消费支出<br>(元) | 比上年<br>增减(%) |
|---|---|---|---|---|
| 全　市 | 21720 | 11.2 | 12326 | 15.1 |
| 市　区 | 21641 | 10.6 | 14703 | 23.4 |
| 南湖区 | — | — | 12245 | 13.7 |
| 秀洲区 | — | — | 15911 | 26.8 |
| 嘉善县 | 21789 | 13.2 | 13760 | 15.8 |
| 平湖市 | 21235 | 11.7 | 12131 | 21.3 |
| 海宁市 | 21189 | 8.9 | 12316 | 16.9 |
| 海盐县 | 23389 | 11.3 | 10942 | 15.5 |
| 桐乡市 | 22043 | 13.2 | 10852 | 1.3 |

| 地区 | 城镇居民人均娱乐教育文化<br>支出占家庭支出的比例(%) | | 农村居民人均娱乐教育文化支出<br>占家庭支出的比例(%) | |
|---|---|---|---|---|
| | 2012 年 | 2011 年 | 2012 年 | 2011 年 |
| 全　市 | 9.0 | 10.4 | 9.9 | 11.0 |
| 市　区 | 8.5 | 9.9 | 7.7 | 11.8 |
| 南湖区 | — | — | 9.2 | 14.3 |
| 秀洲区 | — | — | 7.1 | 10.7 |
| 嘉善县 | 10.7 | 11.4 | 9.9 | 9.8 |
| 平湖市 | 9.1 | 10.2 | 9.5 | 10.6 |
| 海宁市 | 9.0 | 11.9 | 13.9 | 14.3 |
| 海盐县 | 8.9 | 10.9 | 9.9 | 9.0 |
| 桐乡市 | 9.0 | 9.9 | 8.4 | 9.6 |

表16 2012 年分县(市、区)主要经济社会指标(十)

| 地区 | 地方财政支出（亿元） | 比上年增减（%） | 金融机构人民币存款余额（亿元） | 比上年增减（%） |
|---|---|---|---|---|
| 全　市 | 260.70 | 8.3 | 4453.07 | 9.3 |
| 市　区 | 87.27 | 4.1 | 1510.16 | 8.8 |
| 南湖区 | — | — | — | — |
| 秀洲区 | — | — | — | — |
| 嘉善县 | 27.99 | 10.7 | 443.68 | 9.2 |
| 平湖市 | 37.44 | 13.7 | 576.01 | 4.6 |
| 海宁市 | 43.32 | 8.7 | 856.92 | 12.6 |
| 海盐县 | 23.46 | 13.3 | 366.82 | 9.7 |
| 桐乡市 | 41.23 | 8.5 | 699.48 | 10.1 |

| 地区 | 金融机构人民币贷款余额（亿元） | 比上年增减（%） | 城乡居民储蓄存款余额（亿元） | 比上年增减（%） |
|---|---|---|---|---|
| 全　市 | 3419.53 | 12.5 | 2144.49 | 14.6 |
| 市　区 | 1155.72 | 10.2 | 622.27 | 14.0 |
| 南湖区 | — | — | — | — |
| 秀洲区 | — | — | — | — |
| 嘉善县 | 338.63 | 10.0 | 227.00 | 13.6 |
| 平湖市 | 411.32 | 7.6 | 271.48 | 13.6 |
| 海宁市 | 616.72 | 14.1 | 426.59 | 16.9 |
| 海盐县 | 374.64 | 18.5 | 196.51 | 13.0 |
| 桐乡市 | 522.49 | 17.9 | 400.64 | 15.5 |

表 17　2012 年分县(市、区)主要经济社会指标(十一)

| 地区 | 失业保险参保人数(万人) | 比上年增减(%) | 领取失业保险金人数(万人) | 比上年增减(%) |
|---|---|---|---|---|
| 全　市 | 94.83 | 9.9 | 9.35 | 15.7 |
| 市　区 | 26.56 | 16.8 | 2.62 | 14.9 |
| 嘉善县 | 10.28 | 9.1 | 0.79 | 14.5 |
| 平湖市 | 16.65 | 5.0 | 0.88 | 44.3 |
| 海宁市 | 18.20 | 7.4 | 3.16 | 9.3 |
| 海盐县 | 9.34 | 9.1 | 0.82 | 10.8 |
| 桐乡市 | 13.80 | 7.8 | 1.07 | 23.0 |

| 地区 | 参加基本养老保险人数(含事业,万人) | 比上年增减(%) | 参加基本医疗保险人数(含大病统筹,万人) | 比上年增减(%) |
|---|---|---|---|---|
| 全　市 | 202.83 | 15.3 | 168.80 | 15.5 |
| 市　区 | 58.69 | 7.8 | 49.22 | 21.0 |
| 嘉善县 | 21.66 | 21.3 | 16.30 | 12.3 |
| 平湖市 | 33.91 | 21.9 | 28.08 | 10.1 |
| 海宁市 | 32.62 | 18.5 | 33.63 | 11.5 |
| 海盐县 | 19.84 | 15.3 | 14.83 | 20.4 |
| 桐乡市 | 36.11 | 16.3 | 26.74 | 16.5 |

**表 18　2012 年分县(市、区)主要经济社会指标(十二)**

| 地区 | 全年城镇人均低保支出水平(元) | 比上年增减(%) | 全年农村人均低保支出水平(元) | 比上年增减(%) | 城乡各种社会救济对象(人次) | 比上年增减(%) |
|---|---|---|---|---|---|---|
| 全　市 | 4272 | 11.9 | 2918 | 13.2 | 106587 | −3.0 |
| 市　区 | 4256 | 9.3 | 3353 | 36.9 | 21240 | −0.5 |
| 嘉善县 | 3722 | 21.9 | 3067 | 46.2 | 19131 | 3.8 |
| 平湖市 | 4872 | 1.5 | 3635 | 1.4 | 13028 | 0.5 |
| 海宁市 | 3591 | 33.1 | 2414 | 3.9 | 24091 | 0.3 |
| 海盐县 | 4143 | 21.9 | 2370 | 18.3 | 16882 | −6.5 |
| 桐乡市 | 4762 | 12.6 | 3341 | 13.3 | 12215 | 1.6 |

| 地区 | 提供就业岗位(万个) | 比上年增减(%) | 城镇新增就业人数(万人) | 比上年增减(%) | 全年共发放养老金(不含事业,亿元) | 比上年增减(%) |
|---|---|---|---|---|---|---|
| 全　市 | 72.40 | −19.6 | 9.39 | 31.5 | 70.39 | 49.5 |
| 市　区 | 40.10 | −12.2 | 3.84 | 43.3 | 24.94 | 32.0 |
| 嘉善县 | 6.41 | 19.4 | 0.93 | 17.7 | 9.44 | 105.2 |
| 平湖市 | 5.03 | −31.0 | 1.01 | 4.1 | 10.84 | 66.8 |
| 海宁市 | 10.40 | −25.2 | 1.43 | 24.3 | 9.85 | 44.9 |
| 海盐县 | 5.00 | −4.4 | 0.98 | 42.0 | 6.62 | 65.5 |
| 桐乡市 | 5.46 | −56.6 | 1.19 | 38.4 | 8.70 | 38.1 |

注:全市城镇新增就业岗位数包括嘉兴港区数据。城乡各种社会救济对象(人次),除低保对象外的临时生活救助和医疗救助。

表 19  2012 年分县(市、区)主要经济社会指标(十三)

| 地区 | 城市享受最低生活保障户数(万户) | 比上年增减(%) | 城市享受最低生活保障人数(万人) | 比上年增减(%) | 农村享受最低生活保障户数(万户) | 比上年增减(%) |
|---|---|---|---|---|---|---|
| 全　市 | 0.41 | −8.8 | 0.61 | −16.4 | 1.23 | −8.2 |
| 市　区 | 0.12 | −7.7 | 0.18 | −9.5 | 0.25 | −16.7 |
| 嘉善县 | 0.05 | −16.7 | 0.07 | −22.2 | 0.19 | −5.0 |
| 平湖市 | 0.12 | 9.1 | 0.18 | −5.3 | 0.2 | 0.0 |
| 海宁市 | 0.06 | 0.0 | 0.10 | −16.7 | 0.27 | 0.0 |
| 海盐县 | 0.03 | −25.0 | 0.04 | −33.3 | 0.11 | −21.4 |
| 桐乡市 | 0.03 | −25.0 | 0.05 | −16.7 | 0.21 | −8.7 |

| 地区 | 农村享受最低生活保障人数(万人) | 比上年增减(%) | 城镇累计支出低保金(万元) | 比上年增减(%) | 农村累计支出低保金(万元) | 比上年增减(%) |
|---|---|---|---|---|---|---|
| 全　市 | 2.27 | −14.3 | 2783.5 | −0.1 | 7110.6 | 4.1 |
| 市　区 | 0.41 | −28.1 | 808.6 | −1.1 | 1374.9 | −1.6 |
| 嘉善县 | 0.28 | −6.7 | 292.0 | 6.3 | 867.3 | 37.8 |
| 平湖市 | 0.36 | 0.0 | 900.3 | −1.3 | 1301.4 | 8.4 |
| 海宁市 | 0.58 | −9.4 | 358.8 | 10.8 | 1435.8 | 3.4 |
| 海盐县 | 0.22 | −24.1 | 166.8 | −18.2 | 599.4 | 3.2 |
| 桐乡市 | 0.42 | −14.3 | 257.0 | 1.3 | 1531.8 | 5.9 |

注:资料来源嘉兴市民政局。

表 20 2012 年全省及长三角城市主要经济指标(一)

| 地区 | 地区生产总值(亿元) | 比上年增减(%) | 第一产业(亿元) | 比上年增减(%) | 第二产业(亿元) | 比上年增减(%) |
|---|---|---|---|---|---|---|
| 浙江省 | 34606.30 | 8.0 | 1669.49 | 2.0 | 17312.37 | 7.3 |
| 杭 州 | 7803.98 | 9.0 | 255.93 | 2.5 | 3626.88 | 8.5 |
| 宁 波 | 6524.70 | 7.8 | 269.97 | 1.6 | 3516.73 | 6.0 |
| 温 州 | 3650.06 | 6.7 | 112.90 | 1.2 | 1843.06 | 6.0 |
| 嘉 兴 | 2884.94 | 8.7 | 150.05 | 1.1 | 1620.82 | 8.4 |
| 湖 州 | 1661.97 | 9.7 | 123.31 | 2.5 | 888.20 | 10.7 |
| 绍 兴 | 3620.10 | 9.7 | 184.72 | 2.9 | 1949.07 | 9.7 |
| 金 华 | 2700.12 | 10.2 | 134.44 | 4.0 | 1344.66 | 10.2 |
| 衢 州 | 982.75 | 8.7 | 79.85 | 3.1 | 531.91 | 8.7 |
| 舟 山 | 851.95 | 10.2 | 83.05 | 5.5 | 385.42 | 12.3 |
| 台 州 | 2927.34 | 7.5 | 201.12 | 2.5 | 1435.04 | 7.1 |
| 丽 水 | 885.17 | 10.5 | 79.35 | 3.6 | 446.09 | 12.6 |
| 南 京 | 7201.57 | 11.7 | 184.64 | 4.9 | 3170.78 | 11.9 |
| 无 锡 | 7568.15 | 10.1 | 137.22 | 4.6 | 4012.03 | 9.3 |
| 常 州 | 3969.75 | 11.5 | 126.30 | 4.6 | 2100.76 | 11.7 |
| 苏 州 | 12011.65 | 10.1 | 195.08 | 4.4 | 6502.25 | 7.8 |
| 南 通 | 4558.67 | 11.8 | 319.09 | 4.6 | 2414.11 | 12.4 |
| 扬 州 | 2933.20 | 11.7 | 203.86 | 4.6 | 1555.78 | 12.2 |
| 镇 江 | 2630.05 | 12.8 | 116.72 | 5.4 | 1419.54 | 13.1 |
| 泰 州 | 2701.67 | 12.5 | 191.75 | 4.4 | 1434.53 | 13.1 |
| 上 海 | 20101.33 | 7.5 | 127.80 | 0.5 | 7912.77 | 3.1 |
| 省内位次 | 6 | 7 | 5 | 11 | 5 | 8 |
| 长三角位次 | 12 | 13 | 10 | 15 | 10 | 12 |

表 21　2012 年全省及长三角城市主要经济指标(二)

| 地区 | 工业增加值<br>(亿元) | 比上年<br>增减(%) | 第三产业<br>增加值<br>(亿元) | 比上年<br>增减(%) | 规模以上<br>工业总产值<br>(亿元) | 比上年<br>增减(%) |
|---|---|---|---|---|---|---|
| 浙江省 | — | — | 15624.44 | 9.3 | 58436.76 | 6.6 |
| 杭　州 | 3190.32 | 9.1 | 3921.17 | 10.1 | 12884.26 | 7.3 |
| 宁　波 | 3170.02 | 6.0 | 2738.00 | 10.9 | 11962.12 | 1.3 |
| 温　州 | 1615.07 | 4.5 | 1694.10 | 8.0 | 4166.68 | −1.4 |
| 嘉　兴 | 1460.76 | 9.1 | 1114.07 | 10.2 | 6004.13 | 7.7 |
| 湖　州 | 796.54 | 11.3 | 650.46 | 9.6 | 3396.26 | 15.9 |
| 绍　兴 | 1738.45 | 9.9 | 1486.31 | 10.8 | 8429.55 | 10.4 |
| 金　华 | 1164.51 | 10.5 | 1221.02 | 10.9 | 3889.87 | 11.6 |
| 衢　州 | 457.56 | 9.2 | 370.99 | 10.0 | 1356.11 | 4.8 |
| 舟　山 | 298.29 | 13.6 | 383.48 | 9.1 | 1215.66 | 11.3 |
| 台　州 | 1289.21 | 7.1 | 1291.18 | 8.6 | 3598.36 | 4.1 |
| 丽　水 | 381.49 | 13.3 | 359.73 | 9.6 | 1533.76 | 16.6 |
| 南　京 | 2748.45 | 11.0 | 3846.15 | 11.8 | 11405.12 | 11.8 |
| 无　锡 | 3717.88 | 9.0 | 3418.90 | 11.3 | 14499.66 | 2.9 |
| 常　州 | 1900.55 | 11.7 | 1742.69 | 11.6 | 9031.34 | 12.1 |
| 苏　州 | 5879.93 | 7.4 | 5314.32 | 13.5 | 28783.65 | 5.2 |
| 南　通 | 1992.11 | 12.3 | 1825.47 | 12.3 | 10101.20 | 14.1 |
| 扬　州 | 1345.98 | 11.8 | 1173.56 | 12.1 | 7342.38 | 14.7 |
| 镇　江 | 1309.54 | 12.7 | 1093.79 | 13.0 | 6157.77 | 17.3 |
| 泰　州 | 1237.05 | 13.2 | 1075.39 | 13.0 | 7107.39 | 19.8 |
| 上　海 | 7159.36 | 2.8 | 12060.76 | 10.6 | 31548.41 | −0.4 |
| 省内位次 | 5 | 7 | 7 | 4 | 4 | 6 |
| 长三角位次 | 10 | 10 | 12 | 12 | 13 | 10 |

表 22 2012 年全省及长三角城市主要经济指标（三）

| 地区 | 规模以上工业产销率（%） | 比上年增减（%） | 工业用电量（亿千瓦时） | 比上年增减（%） | 固定资产投资（亿元） | 比上年增减（%） |
|---|---|---|---|---|---|---|
| 浙江省 | 97.38 | −0.64 | 2402.73 | 0.8 | 17095.96 | 21.4 |
| 杭 州 | 98.75 | −0.09 | 396.19 | 2.7 | 3722.75 | 20.1 |
| 宁 波 | 97.06 | −1.29 | 384.59 | −1.0 | 2901.43 | 21.6 |
| 温 州 | 97.56 | −0.11 | 210.51 | −4.0 | 2110.34 | 37.0 |
| 嘉 兴 | 97.83 | −0.27 | 289.23 | 6.6 | 1642.31 | 10.4 |
| 湖 州 | 97.14 | −0.21 | 126.50 | 3.2 | 970.73 | 20.6 |
| 绍 兴 | 97.43 | −0.15 | 276.83 | 3.0 | 1722.56 | 20.8 |
| 金 华 | 95.66 | −1.56 | 202.91 | −3.2 | 1133.18 | 31.3 |
| 衢 州 | 97.50 | −1.02 | 94.96 | 3.0 | 570.76 | 13.1 |
| 舟 山 | 96.74 | −2.30 | 22.29 | −11.0 | 600.81 | 26.2 |
| 台 州 | 95.50 | −1.69 | 156.67 | −0.2 | 1242.56 | 23.3 |
| 丽 水 | 95.34 | 0.15 | 49.29 | 0.8 | 471.98 | 31.7 |
| 南 京 | 98.33 | −0.40 | 265.64 | 3.4 | 4558.49 | 21.3 |
| 无 锡 | 97.58 | −0.97 | 464.51 | 0.5 | 3618.07 | 16.1 |
| 常 州 | 97.90 | −0.20 | 277.88 | 4.0 | 2621.56 | 18.0 |
| 苏 州 | 98.60 | −0.80 | 982.66 | 3.9 | 5142.51 | 20.2 |
| 南 通 | 98.62 | −0.61 | 222.96 | 5.1 | 2886.47 | 21.4 |
| 扬 州 | 97.08 | −0.19 | 123.20 | 1.0 | 1783.65 | 20.9 |
| 镇 江 | 98.07 | −0.19 | 151.62 | 1.8 | 1500.67 | 22.0 |
| 泰 州 | 98.05 | 0.20 | 164.81 | 6.2 | 1454.59 | 21.2 |
| 上 海 | 99.33 | −0.11 | 786.25 | −2.40 | 5254.38 | 3.7 |
| 省内位次 | 2 | 6 | 3 | 1 | 5 | 11 |
| 长三角位次 | 9 | 9 | 6 | 1 | 11 | 15 |

表 23　2012 年全省及长三角城市主要经济指标(四)

| 地区 | 房地产<br>开发投资<br>(亿元) | 比上年<br>增减(%) | 社会消费品<br>零售总额<br>(亿元) | 比上年<br>增减(%) | 实际利<br>用外资<br>(亿美元) | 比上年<br>增减(%) |
|---|---|---|---|---|---|---|
| 浙江省 | 5226.27 | 16.8 | — | 13.5 | 130.69 | 12.0 |
| 杭　州 | 1597.36 | 22.6 | 2944.63 | 15.5 | 49.61 | 5.0 |
| 宁　波 | 884.35 | 17.1 | 2329.30 | 15.4 | 29.13 | 3.6 |
| 温　州 | 687.50 | 1.0 | 1929.29 | 9.1 | 3.98 | 290.0 |
| 嘉　兴 | 415.88 | 8.5 | 1083.74 | 14.3 | 17.82 | 3.5 |
| 湖　州 | 211.17 | 14.3 | 703.87 | 15.4 | 10.26 | 9.1 |
| 绍　兴 | 467.71 | 16.0 | 1158.66 | 15.1 | 9.54 | 18.6 |
| 金　华 | 285.19 | 40.1 | 1260.00 | 15.7 | 2.23 | —0.2 |
| 衢　州 | 75.79 | 7.3 | 396.36 | 15.2 | 0.51 | 11.6 |
| 舟　山 | 158.94 | 36.1 | 290.50 | 16.0 | 1.83 | 70.0 |
| 台　州 | 357.38 | 12.0 | 1304.30 | 15.2 | 4.75 | 232.3 |
| 丽　水 | 84.99 | 55.5 | 371.09 | 17.5 | 1.04 | 134.4 |
| 南　京 | 1015.76 | 13.3 | 3080.58 | 15.4 | 41.30 | 15.8 |
| 无　锡 | 974.37 | 11.0 | 2427.94 | 14.4 | 40.10 | 14.4 |
| 常　州 | 597.01 | 5.5 | 1404.53 | 14.7 | 33.61 | 10.1 |
| 苏　州 | 1263.36 | 5.4 | 3213.10 | 14.8 | 91.65 | 1.7 |
| 南　通 | 481.70 | 26.8 | 1708.65 | 15.5 | 22.05 | 1.8 |
| 扬　州 | 235.84 | 19.3 | 967.87 | 14.4 | 21.38 | 1.7 |
| 镇　江 | 205.48 | 45.2 | 761.70 | 15.7 | 22.14 | 22.5 |
| 泰　州 | 234.48 | 2.7 | 737.60 | 14.3 | 14.50 | 2.3 |
| 上　海 | 2404.53 | 5.9 | 7387.32 | 9.0 | 151.85 | 20.5 |
| 省内位次 | 5 | 9 | 7 | 10 | 3 | 10 |
| 长三角位次 | 10 | 12 | 11 | 15 | 11 | 12 |

表 24　2012 年全省及长三角城市主要经济指标（五）

| 地区 | 出口总额（亿美元） | 比上年增减（%） | 地方财政收入（亿元） | 比上年增减（%） | 财政总支出（亿元） | 比上年增减（%） |
|---|---|---|---|---|---|---|
| 浙江省 | 2245.70 | 3.8 | 3441.23 | 9.2 | 4161.88 | 8.3 |
| 杭　州 | 412.62 | −0.6 | 859.99 | 9.5 | 786.28 | 5.2 |
| 宁　波 | 614.45 | 1.0 | 725.50 | 10.3 | 828.44 | 10.4 |
| 温　州 | 176.96 | −2.6 | 289.64 | 6.9 | 387.79 | 4.7 |
| 嘉　兴 | 196.03 | 1.7 | 257.73 | 13.8 | 260.70 | 8.3 |
| 湖　州 | 73.96 | 0.6 | 138.55 | 13.5 | 167.51 | 10.4 |
| 绍　兴 | 255.57 | −1.7 | 265.76 | 11.6 | 278.71 | 10.0 |
| 金　华 | 213.13 | 40.7 | 214.89 | 15.7 | 271.95 | 15.7 |
| 衢　州 | 18.59 | 5.6 | 63.42 | 10.1 | 138.89 | 10.8 |
| 舟　山 | 92.24 | 23.4 | 85.56 | 11.9 | 155.22 | 4.8 |
| 台　州 | 172.39 | 1.2 | 220.42 | 10.1 | 287.93 | 8.4 |
| 丽　水 | 19.76 | 8.9 | 64.61 | 12.6 | 167.94 | 8.9 |
| 南　京 | 319.01 | 3.4 | 733.02 | 15.4 | — | — |
| 无　锡 | 413.13 | −2.4 | 658.03 | 7.0 | — | — |
| 常　州 | 199.60 | 3.1 | 378.99 | 8.0 | — | — |
| 苏　州 | 1746.89 | 4.5 | 1204.33 | 9.4 | — | — |
| 南　通 | 187.86 | 4.3 | 419.72 | 12.3 | — | — |
| 扬　州 | 81.72 | 11.6 | 225.00 | 3.2 | — | — |
| 镇　江 | 77.37 | 37.7 | 215.48 | 18.5 | — | — |
| 泰　州 | 69.45 | −7.1 | 223.62 | 6.5 | — | — |
| 上　海 | 2068.07 | −1.4 | 3743.71 | 9.2 | — | — |
| 省内位次 | 5 | 5 | 5 | 2 | 7 | 8 |
| 长三角位次 | 9 | 8 | 10 | 3 | — | — |

表 25  2012 年全省及长三角城市主要经济指标(六)

| 地 区 | 金融机构存款余额(亿元) | 比上年增减(%) | 金融机构贷款余额(亿元) | 比上年增减(%) | 农村居民人均纯收入(元) | 比上年增减(%) |
|---|---|---|---|---|---|---|
| 浙江省 | 66679.10 | 9.5 | 59509.20 | 11.8 | 14552 | 11.3 |
| 杭 州 | 20148.77 | 9.5 | 18090.90 | 9.2 | 17017 | 11.6 |
| 宁 波 | 11980.50 | 12.4 | 11961.02 | 12.0 | 18475 | 11.8 |
| 温 州 | 7744.94 | 2.6 | 7013.00 | 9.7 | 14719 | 11.1 |
| 嘉 兴 | 4597.34 | 10.3 | 3670.52 | 14.2 | 18636 | 11.5 |
| 湖 州 | 2285.66 | 8.7 | 1912.40 | 11.7 | 17188 | 11.7 |
| 绍 兴 | 5923.60 | 7.5 | 5129.15 | 14.9 | 17706 | 11.6 |
| 金 华 | 5324.39 | 12.2 | 4346.85 | 18.2 | 13286 | 11.9 |
| 衢 州 | 1299.52 | 12.3 | 1078.53 | 15.4 | 10714 | 11.2 |
| 舟 山 | 1389.97 | 5.7 | 1295.83 | 11.5 | 18601 | 12.9 |
| 台 州 | 4509.17 | 12.8 | 3893.16 | 12.2 | 14567 | 11.1 |
| 丽 水 | 1475.23 | 14.0 | 1117.86 | 16.6 | 8855 | 13.4 |
| 南 京 | 16540.43 | 16.1 | 13079.32 | 11.6 | 14786 | 12.8 |
| 无 锡 | 10740.38 | 10.5 | 8024.00 | 10.2 | 18509 | 12.6 |
| 常 州 | 5789.88 | 15.3 | 4018.21 | 14.6 | 16737 | 12.8 |
| 苏 州 | 18796.06 | 17.5 | 14877.84 | 16.5 | 19396 | 12.6 |
| 南 通 | 6477.80 | 15.4 | 4006.50 | 17.5 | 13231 | 12.8 |
| 扬 州 | 3365.22 | 17.6 | 2042.98 | 16.6 | 12686 | 13.1 |
| 镇 江 | 2903.48 | 17.3 | 2128.23 | 15.9 | 14518 | 13.2 |
| 泰 州 | 3076.17 | 16.8 | 2080.66 | 15.3 | 12493 | 13.1 |
| 上 海 | 63555.25 | 9.2 | 40982.48 | 10.2 | 17401 | 11.2 |
| 省内位次 | 6 | 6 | 7 | 5 | 1 | 8 |
| 长三角位次 | 10 | 11 | 11 | 8 | 2 | 14 |

表 26　2012 年全省及长三角城市主要经济指标(七)

| 地区 | 城镇居民人均可支配收入(元) | 比上年增减(%) | 城镇居民人均消费性支出(元) | 比上年增减(%) | 市区居民消费价格指数(%) | |
|---|---|---|---|---|---|---|
| | | | | | 12 月 | 2012 年 |
| 浙江省 | 34550 | 11.6 | 21545 | 5.4 | 101.9 | 102.2 |
| 杭　州 | 35704 | 10.1 | 22518 | 5.2 | 102.4 | 102.5 |
| 宁　波 | 38043 | 10.8 | 22887 | 5.5 | 101.7 | 101.7 |
| 温　州 | 34820 | 9.7 | 23975 | 2.7 | 100.5 | 102.3 |
| 嘉　兴 | 35696 | 13.2 | 21720 | 11.2 | 101.0 | 102.2 |
| 湖　州 | 32987 | 12.3 | 19898 | 9.5 | 102.0 | 102.0 |
| 绍　兴 | 36911 | 10.9 | 22204 | 9.1 | 102.8 | 102.0 |
| 金　华 | 33164 | 11.6 | 21974 | 9.9 | 101.8 | 102.2 |
| 衢　州 | 26232 | 12.9 | 16284 | — | 102.2 | 102.4 |
| 舟　山 | 34224 | 12.2 | 20958 | 9.3 | 101.0 | 101.7 |
| 台　州 | 33979 | 11.4 | 20643 | 4.2 | 100.7 | 102.0 |
| 丽　水 | 26309 | 12.5 | 17878 | 12.8 | 101.9 | 102.5 |
| 南　京 | 36322 | 12.8 | 23493 | 13.1 | 101.5 | 102.7 |
| 无　锡 | 34740 | 12.6 | 23000 | 16.3 | 102.3 | 102.5 |
| 常　州 | 33587 | 12.6 | 29541 | 14.0 | 102.2 | 102.5 |
| 苏　州 | 37531 | 12.9 | 23092 | 9.7 | 102.6 | 102.7 |
| 南　通 | 30206 | 12.8 | 17858 | 14.4 | 101.7 | 102.5 |
| 扬　州 | 28001 | 13.0 | 17550 | 9.7 | 102.6 | 102.6 |
| 镇　江 | 29454 | 12.5 | 17881 | 15.2 | 102.9 | 102.4 |
| 泰　州 | 27460 | 12.8 | 17071 | 10.4 | 104.0 | 101.7 |
| 上　海 | 40188 | 10.9 | 26253 | 4.6 | 102.2 | 102.8 |
| 省内位次 | 4 | 1 | 6 | 2 | 8 | 6 |
| 长三角位次 | 7 | 1 | 9 | 6 | 14 | 10 |

注:人均可支配收入、消费支出省内城市为全市数,外省城市为市区数。价格指数均为市区数(以去年同期为 100)。

# 后　　记

《2013年嘉兴经济社会发展蓝皮书》全面描写嘉兴市经济社会发展概况，各级领导和部门高度重视并给予了大力支持。本书的顺利出版使我们感到莫大的欣慰，今后我们将更加努力地把这项工作长远推进。

本书是中共嘉兴市委党校课题组集体劳动的成果，课题组成员付出了大量艰辛的劳动。报告由常务副校长周建新、副校长徐连林作出总体规划和设想，拟订报告大纲，课题组成员根据报告大纲进行调研，并结合自己的专业研究进行撰写。

在本书的编写过程中，始终得到市委、市政府有关领导及相关部门的指导和支持，调研过程中各个部门给予了大力帮助，使得课题组能够获得第一手资料，后期的编辑中也给予了大量的意见，保证了本书的撰写质量。在此，谨对所有支持和帮助本书撰写的各位领导和同志表示衷心的感谢。

本书是嘉兴市出版的第二部蓝皮书，虽然有了一定的撰写基础和经验，但难免存在一些疏漏之处，衷心希望有关专家和广大读者提出宝贵意见。

《2013年嘉兴经济社会发展蓝皮书》课题组

2013年4月

**图书在版编目（CIP）数据**

2013 年嘉兴经济社会发展蓝皮书 / 周建新主编. —杭州：浙江大学出版社，2013.8

ISBN 978-7-308-11956-6

Ⅰ.①2… Ⅱ.①周… Ⅲ.①区域经济发展－白皮书－嘉兴市－2013 ②社会发展－白皮书－嘉兴市－2013

Ⅳ.①F127.553

中国版本图书馆 CIP 数据核字（2013）第 184497 号

## 2013 年嘉兴经济社会发展蓝皮书

周建新　主编

| | |
|---|---|
| **责任编辑** | 田　华 |
| **封面设计** | 刘依群 |
| **出版发行** | 浙江大学出版社 |
| | （杭州市天目山路 148 号　邮政编码 310007） |
| | （网址：http://www.zjupress.com） |
| **排　　版** | 杭州中大图文设计有限公司 |
| **印　　刷** | 浙江省邮电印刷股份有限公司 |
| **开　　本** | 710mm×1000mm　1/16 |
| **印　　张** | 14.5 |
| **字　　数** | 268 千 |
| **版 印 次** | 2013 年 8 月第 1 版　2013 年 8 月第 1 次印刷 |
| **书　　号** | ISBN 978-7-308-11956-6 |
| **定　　价** | 40.00 元 |